LÉGENDES

DES

COMMANDEMENTS DE DIEU.

APPROBATION.

Denis-Auguste Affre, par la miséricorde divine et la grâce du saint Siége Apostolique, Archevêque de Paris.

MM. Paul Mellier et Plon, éditeurs, ayant soumis à notre approbation les ouvrages ci-dessous indiqués, faisant partie d'une collection qui a pour titre Bibliothèque des Légendes, savoir : *Légendes des sept péchés capitaux,* 1 vol.; *Légendes des commandements de Dieu,* 1 vol.,

Nous les avons fait examiner, et sur le rapport qui nous en a été fait, nous avons cru qu'ils pouvaient offrir une lecture intéressante et sans danger.

Donné à Paris, sous le seing de notre vicaire-général, le sceau de nos armes et le contre-seing de notre Secrétaire, le 18 octobre mil huit cent quarante-quatre.

F. DUPANLOUP,
vicaire-général.

Par Mandement de Monseigneur l'Archevêque de Paris :

E. Hiron,
chan. hon., pro-secr.

LE CHANOINE DE LIEGE.

LÉGENDES

DES

COMMANDEMENTS DE DIEU,

PAR

J. COLLIN DE PLANCY.

OUVRAGE APPROUVÉ PAR MONSEIGNEUR L'ARCHEVÊQUE DE PARIS,

PARIS,

PAUL MELLIER, LIBRAIRE-ÉDITEUR,
11, PLACE SAINT-ANDRÉ-DES-ARTS;

LYON,

GUYOT PÈRE ET FILS, LIBRAIRES,
39, GRANDE RUE MERCIÈRE.

LÉGENDES
DES
COMMANDEMENTS DE DIEU.

Premier commandement.
**Un seul Dieu tu adoreras
Et aimeras parfaitement.**

LE CHANOINE DE LIÉGE.

> Les crimes qui viennent de haut sont les plus grands, parce qu'ils ont d'ordinaire beaucoup de complices.
>
> PUFFENDORF.

I.

C'était un horrible prince que l'empereur Henri VI, le fils et le successeur de Frédéric-Barberousse. Il avait épousé Constance, fille de Roger, roi de Sicile. Disputant le trône de son beau-père au frère naturel de sa femme, il mit la Sicile en feu en 1194. Vainqueur, il traita ses ennemis sans pitié. Aux uns, disent les historiens, il fit crever les yeux ; il fit étrangler les autres : il fit clouer le diadème avec de longs clous sur la tête de celui qu'une partie des Siciliens avaient suivi comme roi. Il fit pendre ou brûler tous ceux qui lui portaient ombrage ; il fit mutiler et priver de la vue l'amiral Marghetti ; il fit traîner par les rues le comte d'Acerra attaché à la queue d'un cheval.

Le tableau des vengeances exercées en Sicile par ce prince cannibale serait épouvantable.

Dans cette guerre de fureurs et de crimes, il avait emmené la plupart de ses vassaux. Mais le duc de Brabant, Henri Ier (de la maison de Louvain), sachant les cruelles intentions du monarque, et peu soucieux de fatiguer son pays par une expédition lointaine sans profit et sans honneur, Henri Ier s'était abstenu de répondre à l'appel de son suzerain féodal. Le tyran ne devait pas le lui pardonner; et il songeait à en tirer vengeance.

Le duc de Brabant avait des ennemis dans le Hainaut, dans la Flandre, dans les provinces rhénanes, dans le pays de Namur. Il chercha à se faire ailleurs des appuis. L'évêque de Liége Radulphe étant mort, il proposa aux électeurs liégeois son frère Albert de Louvain. C'était au commencement de l'année 1192. Albert était un pieux et beau jeune homme, plein de vertus, de lumières et de bonté. Il enleva la plus grande partie des suffrages. Mais quelques chanoines, pensant que l'Empereur n'approuverait jamais cette élection, donnèrent leurs voix à l'archidiacre Aubert de Réthel.

Les deux élus envoyèrent des députés à l'Empereur, qui était à Cologne. D'abord Henri VI ne se prononça point. D'un côté, il voulait fermement repousser Albert de Louvain, à cause de la haine qu'il portait au duc de Brabant; de l'autre, il n'osait, malgré son despotisme, investir tout à coup Aubert de Rethel, nommé par une minorité trop peu imposante. Comme il était dans cet embarras, il appela Diderich de Hostadt, son conseiller favori, gentilhomme allemand, pétri de ressources et de finesses, ambitieux que le crime n'effrayait point, politique rusé, digne tout à fait de la haute faveur dont il jouissait auprès de Henri VI.

— Premièrement, dit aussitôt Diderich, vous êtes le maître, sire; et vous devez employer surtout votre pouvoir souverain à relever la dignité de votre couronne impériale. Un prince vaillant et victorieux ne doit avoir que des ordres à donner. Rappelez-vous donc toute la conduite de ceux de la maison de Louvain à votre égard. Du vivant de votre illustre père, quand votre majestueuse personne n'était encore que roi des Romains, vous n'avez pas oublié que, dans Liége même, le duc Henri de Brabant se montra votre ennemi, opposé à vos projets augustes. Depuis que le diadème du Saint-Empire repose si dignement sur votre tête, Henri de Brabant a refusé de vous suivre à la guerre de Sicile. On a même surpris ce vassal infidèle blâmant les actions de l'Empereur, son suzerain. Si son frère devient prince de Liége, c'est pour vous un ennemi de plus, et pour la maison de Louvain un accroissement de puissance que ne conseille pas l'intérêt bien entendu de Votre Majesté.

— Vous raisonnez parfaitement, Diderich! répondit le monarque, que tout ce discours avait frappé. Malgré l'immense majorité qui l'a élu, nous n'investirons certainement pas Albert de Louvain. Mais l'autre?

— L'autre non plus, répliqua Diderich de Hostadt. Aubert de Rethel est incapable. Un homme dont on ne connaît que l'ignorance ou la maladresse, un homme à qui l'on n'oserait confier l'emploi le moins important, dont le dévouement à l'Empereur n'est ni fondé, ni certain, un tel homme ne peut recevoir une autorité supérieure qui demande de l'habileté dans l'esprit, de la dignité dans le caractère, de la fermeté contre les ennemis de l'Empire. D'ailleurs il a obtenu trop peu de voix; et vous ne pourriez vous hasarder à la désapprobation qui accueillerait l'investiture d'Aubert.

— Mais que faire donc, Diderich?

— Lorsqu'il y a doute et défaut d'unanimité comme ici, il me semble que l'Empereur a le droit de rejeter les deux concurrents et d'imposer aux Liégeois un prince de son choix particulier.

— Si vous le croyez ainsi, je partage complétement votre opinion. Qu'est-ce auprès de moi que cette petite principauté turbulente! Cependant, ajouta l'Empereur un peu plus bas, Aubert de Rethel nous a offert trois mille marcs d'argent, en secret, pour nous engager à confirmer son élection.

— N'est-ce que cela? dit le favori, en respirant.

Je connais un homme plus convenable, un homme qui mettra tout d'accord, un homme capable et dévoué, qui comptera à Votre Majesté les trois mille marcs. Et du moins on ne dira pas que vous avez favorisé l'un des élus au détriment de l'autre.

— Quel est cet homme? demanda Henri VI.

Diderich dit un mot à l'oreille de l'Empereur. — Ah, fort bien! répondit le monarque, j'y songerai. C'est dans trois jours que je dois recevoir Albert de Louvain et Aubert de Rethel. J'y songerai.

Diderich de Hostadt envoya sur-le-champ un messager à son frère Lothaire, qui était prévôt de Bonn. C'était lui que le favori voulait élever sur le siége destiné au prince de Brabant. Lothaire accourut; et le matin même du jour où les deux élus attendaient leur audience, il remit à l'Empereur les trois mille marcs d'argent. Henri VI, avare et prévenu, n'hésita plus.

Il reçut les deux concurrents avec un visage composé, honora d'un air d'attention leurs harangues; puis il dit : — Messires, j'en suis fâché; mais quand il y a deux partis dans l'élection, la nomination m'appartient. J'annule donc, de ma puissance suzeraine, tout ce qui a été fait à votre égard.

Le clergé liégeois et ses chefs, qui étaient là tous présents, se réunirent contre cette prétention. Quarante dignitaires avaient élu Albert de Louvain, quatre ou cinq seulement appuyaient son rival. Les premiers soutinrent leur droit avec dignité; pour toute réponse, l'Empereur, présentant Lothaire, dit :

— Voilà votre prince-évêque ; c'est au prévôt de Bonn que nous donnons solennellement, et à lui seul, l'investiture impériale.

Tout le monde resta muet de surprise à ces paroles, excepté Albert de Louvain, qui se leva froidement, disant qu'il n'avait fait aucune brigue pour être élu; mais que son élection étant canonique, personne ne pouvait l'annuler, et qu'il en appelait au Pape.

Henri VI furieux jura brusquement que nul ne sortirait sans avoir prêté serment de fidélité à Lothaire. Il fit fermer toutes les portes. La colère qui éclatait dans ses yeux intimida les assistants. Aubert de Rethel lui-même se soumit. Lothaire fut reconnu évêque de Liége. Albert de Louvain seul ne céda pas ; ayant trouvé moyen de s'échapper, il prit la route de Rome. L'Empereur envoya des émissaires à tous ses vassaux pour leur enjoindre d'arrêter Albert. Mais le prince s'était si bien déguisé, il suivit des chemins si détournés, qu'il arriva, malgré tous les agents de Henri VI, jusqu'aux pieds du souverain pontife.

Pendant ce temps-là, Lothaire prenait possession du pays de Liége.

II.

Le saint-père Célestin III reçut le prince brabançon avec les plus grandes distinctions; il déclara son élection bonne et valable. Pour lui donner plus d'importance encore, il le créa cardinal de la sainte Église romaine et envoya l'ordre à Lothaire de descendre du siége épiscopal. Voulant ensuite que le prince fût sacré évêque, et sachant combien on redoutait Henri VI, le Pape remit à Albert deux brefs, le premier pour l'archevêque de Cologne, le second pour l'archevêque de Reims, dans l'espoir que si l'un des deux prélats n'osait obéir, l'autre peut-être aurait plus de courage.

Albert de Louvain reparut donc dans les Pays-Bas. Il se retira d'abord auprès du duc de Brabant, son frère. Son parti augmentait dans Liége, en raison des persécutions dont il était victime.

Quand l'Empereur sut qu'il était à Louvain, il fit sommer Henri de Brabant de le faire sortir de ses États. Henri, révolté d'un tel ordre, voulait tout braver plutôt que de s'y soumettre. Mais Albert lui dit : — Je ne veux pas, à cause de moi, que vos fidèles Brabançons soient dévorés par la guerre. L'Empereur viendrait avec une puissante armée, si vous lui résistiez, mon frère, et il ferait peut-être ici ce qu'il a fait en Sicile.

Le jeune et pieux prélat se réfugia alors au château de Limbourg. De là il envoya le premier bref à l'archevêque de Cologne, qui n'osa pas s'exposer au courroux de Henri VI. Mais l'archevêque de Reims, n'étant point sous la suzeraineté de l'Empereur, accueillit le second bref; — il invita Albert à le venir trouver; et peu de jours après, il le sacra solennellement évêque de Liége, dans son église métropolitaine.

On lit, dans les chroniques du temps, à propos de cette cérémonie, un petit fait que nous ne pouvons passer sous silence. C'était encore l'usage, dans les circonstances graves, de consulter les sorts par les saintes Écritures. On prenait un livre sacré, généralement la Sainte-Bible ou le Missel; on lisait la première phrase qui se présentait à l'ouverture du livre, et on en tirait des présages. Cette coutume, depuis, a été interdite par l'Église. Après donc qu'il eut sacré Albert, l'archevêque de Reims prit le livre des Saints-Évangiles et l'ouvrit; et la première phrase qu'il lut fut celle-ci (Saint-Marc, ch. 6, verset 27) :

« Le roi Hérode envoya un de ses gardes avec ordre de lui apporter la tête de Jean dans un bassin; et ce garde étant entré dans la prison lui coupa la tête. »

— Mon fils, dit l'Archevêque, tout ému, en regardant le prince avec des yeux baignés de larmes, vous entrez au service de Dieu; tenez-vous y toujours dans les voies de la justice et de la crainte, et préparez votre âme à la tentation, car vous serez martyr.

Ces paroles achevèrent d'attrister tous les assistants.

Cependant l'Empereur, dont la colère s'accrut encore en apprenant le sacre d'Albert, arriva tout à coup dans la capitale des Liégeois, n'ayant à la bouche que des paroles de vengeance. Il était entouré d'hommes sinistres ; et ceux qui le virent ne purent rien attendre que de terrible.

Il commença, une heure après son entrée à Liége, par faire raser toutes les maisons des partisans d'Albert de Louvain. Puis il envoya au duc de Brabant l'ordre de comparaître devant lui. Il lui reprochait d'aimer son frère !

Henri de Brabant, n'étant pas en mesure de résister au tyran, se rendit à l'ordre insolent qu'il venait de recevoir. Il trouva à la cour de Henri VI et parmi ses conseillers intimes le comte de Hainaut, Hugues de Worms, Diderich de Hostadt et d'autres ennemis, devant lesquels l'Empereur prit à tâche de lui imposer les lois les plus révoltantes. Il exigea d'abord qu'il déclarât nulle l'élection de son frère ; qu'il reconnût bonne et valable la nomination de Lothaire; et enfin qu'il prêtât à celui-ci serment de foi et hommage. Chacune de ces injonctions était un poignard enfoncé plus profondément dans le cœur de Henri. Il demanda un délai pour se décider.

— Je veux sur tous ces points, dit le monarque, être satisfait ce soir même.

Le Duc consterné fut suivi tout le jour par les

agents de l'Empereur, qui avaient ordre de le surveiller et de l'empêcher de quitter Liége. Il vit qu'il était investi. Ses amis, qu'il consulta, tremblaient.

— Nous savons, lui dirent-ils, que votre mort est jurée, si vous résistez; vous êtes dans les mains de l'Empereur; cédez à la violence.

Ces avis lui étaient insinués à voix basse et d'un air mystérieux qui leur donnait encore plus de solennité. Après avoir longuement et tristement réfléchi, le duc de Brabant, à la chute du jour, revint au palais de l'Empereur. Il se vit entouré, en y entrant, d'une foule de gardes armés, qui, le poignard à la main, le conduisirent en l'éclairant; ils brandissaient et secouaient leurs torches autour de sa tête, en lui répétant d'une voix sombre : Obéissez ! Les historiens content qu'il répondit : — Vous m'avez déjà brûlé le cœur; voulez-vous aussi me brûler la tête ? — Il parut devant l'Empereur, dans un état d'agitation difficile à décrire.

Toute la cour environnait le monarque, comme dans l'attente de quelque événement qui avait besoin d'être public. Le duc de Brabant, sachant à peine ce qu'il faisait, prononça tout ce que lui dictèrent les officiers de l'Empereur; il déclara nulle l'élection de son frère Albert; il approuva la nomination de Lothaire; avec un nuage sur les yeux, il laissa mettre ses mains dans les mains de Lothaire, pour la foi et l'hommage. Quand tout fut fait, l'Empereur dit : — C'est bien. Allez !

Le pauvre prince sortit aussitôt du palais et de la ville, accompagné de quelques chevaliers. Il regagna Louvain, l'âme navrée, le cœur brisé, protestant devant Dieu contre tout ce qu'il venait de faire. Il était loin de soupçonner que le despote n'en avait pas encore assez.

Dès qu'il eut quitté la salle où il avait obéi, l'Empereur, se tournant vers ses favoris, reprit : — Voilà déjà une victoire. Albert de Louvain n'est plus rien ici ; et vous voyez que son frère même l'abandonne. Mais croyez-vous que ce prince-évêque (car malgré nous il prend ce titre) pourra jamais se tenir en repos ?

— Non, jamais ! répondit Hugues de Worms.

— Que faut-il donc aviser ?

— Consulter avant toutes choses, dit l'inévitable Diderich, les intérêts de l'Empire et ceux du sceptre que vous portez, sire, avec tant d'éclat.

— Et ces intérêts, que demandent-ils ?

— Un membre doit être coupé, lorsqu'on ne peut le guérir. Un obstacle qu'on ne peut tourner, on le renverse. Un rebelle, on l'éteint. Un séditieux, on s'en délivre. Un ennemi, on le tue.

C'était Hugues de Worms qui parlait ainsi. Après qu'il eut respiré une seconde, il ajouta : — Tous ces troubles finiront avec la tête d'Albert de Louvain.

Sur ce mot, il se fit un profond silence. L'Empereur le rompit en disant tout bas : — Vous m'avez deviné. Mais il nous faut des hommes de dévouement pour marcher contre un évêque; car il est consacré......

Quoique ces paroles eussent été prononcées très-sourdement, trois officiers allemands s'avancèrent aussitôt, la main sur le poignard, en disant : —Nous voilà! faites un signe.

L'empereur laissa voir sur ses traits un sourire de satisfaction.

Il allait reprendre la parole, lorsqu'un murmure l'arrêta. Un vieillard, — perçant les rangs épais des courtisans,—tomba à genoux devant Henri VI. C'était un vieux chanoine de Liége; il se nommait Thomas. Sa figure vénérable, ses cheveux blancs, son âge avancé et son humble posture produisirent sur la brillante assemblée une sensation singulière. Les trois officiers le regardaient, comme trois démons regardent un ange qui vient leur disputer une âme chrétienne. L'Empereur fronça le sourcil et pressa ses lèvres; par un geste d'impatience et de mécontentement.

Le vieillard ne s'intimida point.

— Non, sire, dit-il, vous ne le ferez pas, ce signe qu'on vous demande. Vous n'ordonnerez pas la mort de l'oint du Seigneur. Vous ne joindrez pas le sacrilége au meurtre. Vous n'ensanglanterez pas de nouveau, sire, votre manteau impérial.

— De nouveau! s'écria l'Empereur; qu'est-ce à dire? Feriez-vous allusion à notre justice suprême en Sicile? Et votre bouche oserait-elle condamner les actes de notre volonté?

Le vieux chanoine baissa les yeux; son front s'était couvert de rougeur; il sentit qu'il ne fallait pas, dans un tel moment, irriter le tigre.

— Pardon, sire, répondit-il; je suis un faible vieillard; ma langue a pu vous offenser, quand pourtant mes lèvres ne s'ouvraient que pour la prière. Mais à un puissant monarque comme vous, qui possède l'Empire, qui commande à des royaumes, qui fait trembler ses vassaux, qu'importe la vie d'un serviteur de Dieu?

— Il lui importe, dit froidement l'Empereur, que ses ordres soient respectés en silence, et que les rebelles soient étouffés.

Puis, se tournant vers les trois officiers, en leur jetant le signe qu'ils attendaient :

— Vous m'avez compris! dit-il; ceux qui me servent ont seuls droit à mes bonnes grâces.

— Oh, non! sire, s'écria le chanoine; — vous m'entendrez; vous ne pouvez de la sorte ordonner le.....

— Le crime.... achevez, dit vivement l'Empereur avec un œil plein de colère. Mais, patience! ajouta-t-il, nous réprimerons cet esprit de troubles.

Henri VI, très-agité, marchait à grands pas. Thomas s'était relevé en contenant avec ses deux mains les battements de son cœur. Regardant autour de lui, il ne vit plus les trois assassins.

— Oh! dit-il avec angoisse, ils sont déjà sur la route de Reims.

Il voulut sortir à l'instant. Mais l'Empereur l'observait.

— Qu'on arrête cet homme, s'écria-t-il; et qu'on le retienne !

Le vieux chanoine prit alors un pan de la robe de l'Empereur :

— Vous ne pouvez me saisir ici, dit-il aux hommes d'armes qui levaient la main sur lui; je suis en asile. — Mais, vous, sire, souvenez-vous de cette journée ! — Vous avez été impitoyable. — Un autre jour l'expiera : vous demanderez grâce à votre tour; et peut-être elle vous sera refusée...

Le vieillard avait un ton si imposant en prononçant cette prophétie formidable, que Henri VI s'arrêta comme frappé de la foudre. Le chanoine aussitôt, lâchant le pan de la robe impériale, suivit les archers, qui l'enfermèrent dans un cachot. L'Empereur se retira en silence.

III.

Les trois officiers allemands, accompagnés de leurs serviteurs, suivaient au grand galop la route de Reims, tout en réfléchissant à la gravité de leur mission. Le crime va vite; et la vieille image d'Homère ne cessera jamais d'être vraie : L'offense a le pied léger; la réparation est boiteuse.

Les trois assassins ne se dissimulaient pas qu'ils allaient mettre à mort un évêque consacré, un cardinal de l'église romaine. Ils sentaient que l'anathème serait lancé sur eux, et ils comptaient sur le temps du repentir. Ils savaient aussi quelle horreur pouvait inspirer le meurtre d'Albert de Louvain ; et ils songeaient aux mesures qu'il leur fallait prendre pour accorder leur sûreté avec ce qu'ils appelaient le service de l'Empereur.

Tout leur plan était fait, lorsqu'ils arrivèrent à Reims. Ils prirent le ton de grands seigneurs, firent de la dépense et se donnèrent pour trois hauts barons qui avaient encouru la disgrâce de l'Empereur. On les reçut d'autant mieux qu'on détestait Henri VI. Dès le second jour, comme ils expliquaient, à la porte de l'abbaye de Saint-Remi, qu'ils avaient été obligés de se sauver précipitamment de Liége pour éviter la colère du tyran, et qu'ils étaient venus à Reims en apprenant que l'évêque Albert s'y était réfugié, parce qu'ils tenaient à honneur de partager la retraite d'un si digne prélat, leur ton ingénu, leur air de vérité en imposèrent à un bon religieux, qui les conduisit à l'évêque fugitif. Albert de Louvain les accueillit comme des compagnons d'infortune, les admit à sa table, et se livra dans leurs mains avec toute la bonté qui faisait le fond de son caractère. Il les conduisait à l'église ; il prenait part à leurs promenades. Ses vertus et sa piété eussent dû les toucher. Mais leur résolution ne s'ébranlait point. Ils ne cherchaient que l'occasion de commettre le meurtre assez secrètement pour avoir le temps de s'échapper ensuite ; car ils étaient dans un pays qui n'obéissait pas à l'Empereur.

On était au mois de novembre. Un matin, avant le jour, ils allèrent attendre leur proie à la porte de la grande église de Notre-Dame, où ils savaient qu'Albert venait aux matines. Un chanoine, qui les entrevit dans l'obscurité, leur demanda avec effroi ce qu'ils cherchaient.

— Nous attendons le prince-évêque pour l'accompagner, dirent-ils.

Le chanoine, les reconnaissant, se rassura. Mais ce jour-là Albert ne vint point, parce qu'il était malade. Diverses circonstances fortuites retardaient ainsi le crime de jour en jour.

Ils méditèrent donc une promenade dans des lieux écartés. Albert y donna les mains. On lui prêta un cheval ; car il se trouvait dans une grande détresse. On lit aussi qu'il était triste et abattu ; qu'il semblait prévoir sa mort, qu'il la regardait comme prochaine, et qu'il y était toujours préparé. Mais il ne se défiait aucunement des trois officiers allemands, qu'il appelait ses amis.

Le 24 novembre de l'année 1193, ils sortirent de Reims pour leur promenade, avec l'évêque, et prirent un chemin peu fréquenté. Ils étaient suivis de leurs quatre serviteurs ; ils avaient chargé leurs chevaux de leurs valises, comme gens qui se préparent à un voyage. L'évêque, remarquant ces particularités, leur en demanda la raison.

— Nous attendons des messagers de notre pays, dirent-ils. Ils doivent arriver ce soir même : le chemin que nous prenons nous conduit à leur rencontre ; et nous emportons des valises pour y placer les effets qu'ils nous apportent.

Le conte était assez maladroit. Le pieux Albert n'en conçut toutefois aucune défiance. Il n'avait avec lui qu'un de ses chanoines et un vieux domestique qui n'avait jamais voulu le quitter.

Les Allemands avaient dressé toutes leurs batteries ; deux de leurs serviteurs marchaient aux deux côtés du chanoine, deux autres aux deux côtés du domestique ; deux des officiers allaient à la droite et à la gauche de l'évêque, le troisième précédait de quelques pas. La campagne qu'ils parcouraient était déserte. Afin que le prélat ne s'aperçût pas de la longueur du chemin qu'on lui faisait faire et de l'approche de la nuit, les trois Allemands étaient encore assez maîtres de leurs têtes pour l'amuser sans relâche par des contes divertissants et des propos joyeux.

Néanmoins la nuit commençait à s'épaissir ; la lune se levait tristement dans un ciel sinistre. Le chanoine représenta au bon évêque qu'il était temps de rentrer dans la ville.

— Quelques pas encore, dit le premier officier ; et si nous ne trouvons point nos gens à ce détour, nous rentrerons.

2

On descendait alors un chemin creux, qui conduisait à un petit ravin très-propre à faire un coupe-gorge.

C'était, comme nous l'avons dit, le 24 novembre. Quatre jours auparavant, l'Empereur s'était effrayé d'un rêve. Il n'oubliait pas les paroles du vieux chanoine Thomas, ni sa menace prophétique ; son esprit s'en troublait ; il n'avait pas de nouvelles de ses trois Allemands ; il voyait autour de lui le calme de la terreur. — J'ai eu tort peut-être, dit-il ; j'aurais pu m'y prendre autrement ; qu'on mette en liberté le vieillard.

Et le prisonnier libre, ayant trouvé un cheval, s'était hâté de prendre la route de Reims, espérant encore arriver assez tôt, comptant aussi que le complot avait pu échouer, car on l'assurait qu'Albert de Louvain était vivant. Il entrait à Reims, ce même jour, 24 novembre, à trois heures après midi.

Dès qu'il eut mis le pied dans la ville, Thomas se fit indiquer le logis de l'évêque Albert. Il y courut. On lui apprit que, depuis deux heures, le prélat se promenait dans la campagne avec ses amis.

— Quels amis? demanda-t-il plein d'anxiété.

— Trois seigneurs allemands, qui ont encouru la disgrâce de l'Empereur.

— Trois assassins! s'écria le vieillard. Dieu veuille que je sois venu assez vite pour les prévenir !

Il raconta alors, au grand épouvantement de ses auditeurs, tout ce qui s'était passé à Liége. Pourtant, quand on lui eut dit que tous les jours les trois Allemands se trouvaient avec Albert, et que dix fois déjà ils eussent pu le tuer s'ils l'avaient voulu, le vieillard confiant respira. — Dieu les a touchés peut-être, se dit-il. — Puis voyant venir la nuit, il se reprit de peur et demanda : — Combien sont-ils à cette promenade?

— Oh, tous les trois! avec leurs quatre domestiques.

— Et qui accompagne le prince?

— Un chanoine et un vieux serviteur.

— Sont-ils partis armés?

— Qui? les Allemands? des chevaliers? Ils le sont toujours. Aujourd'hui, par extraordinaire, ils avaient leurs valises derrière la selle de leurs chevaux.

Thomas pâlit; il s'informa avec agitation de l'heure où l'évêque ordinairement revenait de sa promenade.

— Il devrait être rentré, lui dit-on; car voici la nuit.

— Mes amis, dit le vieillard, allons à sa rencontre. Qui sait si nous ne le sauverons pas!

Les soupçons et les craintes avaient grandi dans les esprits. Douze Rémois offrirent au vieux chanoine de l'accompagner; ils montèrent à cheval et se mirent en marche.

Avant de sortir de la ville, l'un d'eux s'arrêta subitement.

— Il me vient, dit-il, une idée qui peut calmer

2.

ou redoubler nos inquiétudes. Entrons dans le logis des Allemands, et voyons s'ils ont tout emporté.

On passait, en ce moment, devant la maison que les officiers de l'Empereur occupaient. On apprit avec terreur qu'en effet ils n'avaient rien laissé, et qu'ils avaient emballé leurs hardes comme gens qui s'en vont.

— Nous n'arriverons pas à temps, dit Thomas en essuyant ses larmes ; et il pressa son cheval par la route qu'avaient prise l'évêque et ses assassins.

Ce ne fut qu'après une heure de course que Thomas et ses compagnons parvinrent au petit ravin. Ils passaient, lorsqu'à vingt pas du chemin ils entendirent un soupir profond. La lune éclairait un groupe qui paraissait immobile. Aucune voix ne s'élevait pour réclamer aide ou secours. Mais un nouveau soupir plus étouffé fit juger qu'il y avait là quelque chose de mystérieux. Un jeune homme y courut et poussa un cri d'horreur. L'évêque Albert était là, inanimé ; son chanoine, étendu près de lui, avait un bâillon sur la bouche ; le fidèle domestique, percé de coups, également bâillonné, s'était soulevé et cherchait à dégager sa tête pour secourir encore son maître chéri.

Thomas et tous les autres se précipitèrent sur le théâtre du carnage. Ils apprirent du chanoine et du domestique toute l'horrible tragédie. Le pieux Albert demandait au premier officier de rentrer enfin à la ville ; cet Allemand se retourna aussitôt, se jeta sur lui et le frappa d'un coup si violent, qu'il lui brisa la tête et le renversa par terre. Là, pendant que leurs serviteurs retenaient, en les maltraitant, le chanoine et le domestique, les deux autres officiers, mettant pied à terre, avaient plongé treize fois leur poignard dans le sein de leur victime déjà morte. Après quoi ils s'étaient enfuis à travers la campagne, emmenant le cheval du prélat.

— Et depuis une heure, ajouta le domestique, nous pensions que Dieu seul pouvait nous venir en aide.

— Ainsi, dit en pleurant le vieux Thomas, une heure plus tôt, nous l'eussions sauvé!

Les douze Rémois voulaient courir à la poursuite des meurtriers.

— Mais où aller, dirent-ils, sans savoir le chemin qu'ils ont suivi, et quand ils ont sur nous une heure d'avance?

— On se borna donc à retourner à la ville pour rendre les honneurs funèbres au saint prélat, et donner des soins au pauvre serviteur, dont heureusement les blessures n'étaient pas mortelles.

IV.

Dès qu'on sut à Reims, le lendemain matin, le forfait qui avait été commis, tout le peuple se porta à l'église métropolitaine, où le corps était exposé.

On avait recouvert ce corps meurtri de ses habits pontificaux; et tout le clergé l'entourait en grand deuil (1). Le chanoine qui avait été témoin du crime partit pour Rome, chargé d'informer le souverain pontife de tout ce qui venait de se passer. Le vieux Thomas, qui ne pouvait pardonner au duc de Brabant d'avoir, pour ainsi dire, abandonné son frère, prit la robe sanglante du martyr et s'en fut à Bruxelles.

Il se présenta devant le duc Henri :

— Seigneur, lui dit-il, qu'avez-vous fait de votre frère? Privé de votre appui, une bête féroce l'a dévoré!

En disant ces mots, il étala aux pieds du prince la robe déchirée et souillée de sang. Le duc de Brabant, à ce spectacle, fit éclater un violent désespoir.

— Le sang de mon frère demande vengeance, s'écria-t-il; j'ai abandonné mon frère! ce sang innocent retombera sur moi!

Sa douleur devint si vive, qu'il fallut le consoler par de longs efforts.

— Si je n'ai pas protégé ses jours, dit-il enfin, je vengerai sa mort.

Il fit un appel à ses sujets, à ses vassaux, à ses parents, à ses amis. Une clameur d'abomination s'é-

---

(1) Ce corps, resté à Reims, fut accordé plus tard aux prières de l'archiduc Albert. Il arriva à Bruxelles le 11 décembre 1612 et fut remis dans la nouvelle église des Carmélites déchaussées. Les pieuses religieuses possèdent toujours cette sainte relique.

tait élevée dans tous les Pays-Bas contre l'assassinat d'Albert. Tous les princes, tous les seigneurs, tous les chevaliers répondirent à l'appel de Henri de Brabant. Une ligue formidable se leva contre les meurtriers. L'évêque imposé Lothaire et son frère Diderick s'étaient réjouis, disait-on, de cette mort, qu'ils attendaient; on marcha contre eux. L'Empereur fut si effrayé de l'irritation générale produite par le meurtre d'Albert, qu'il n'osa plus l'avouer. Le chanoine qui était allé à Rome revint avec un bref du Pape qui plaçait Albert de Louvain au nombre des saints martyrs que l'Église honore, et qui frappait d'anathème, retranchait de la communion et séparait de la société des fidèles tous ceux qui avaient pris part au crime.

Henri VI, troublé, chassa de sa cour et de ses États les assassins. Il permit au duc de Brabant de nommer un nouvel évêque, de concert avec les Liégeois. Il abandonna Lothaire et son frère à la colère publique. Diderick de Hostadt comptait sur l'appui de Baudouin V, comte de Hainaut. Mais Baudouin lui envoya l'ordre de quitter Maubeuge, où il s'était retiré. Lothaire s'enfuit et mourut peu après dans l'exil; les trois assassins furent égorgés en Hongrie; Diderick expira de colère loin de ses domaines, que Henri de Brabant avait saccagés. Baudouin de Hainaut mourut dans l'année qui suivit l'homicide. Tous ceux qui avaient été les ennemis du saint évêque disparurent ainsi en peu de temps. L'Empereur restait presque seul; il avait pris la croix et voulait faire le pèlerinage de la Terre-Sainte pour apaiser le ciel. Mais Dieu savait que la vertu et la piété n'étaient pas rentrées dans son cœur.

Comme il était donc à Messine, en 1197, annonçant toujours qu'il allait partir de là avec son armée pour la Palestine, mais différant toujours son départ, et achevant d'épuiser la Sicile, qu'il avait quelques années auparavant si cruellement ensanglantée, il se trouva indisposé au retour d'une chasse. L'impératrice, sa femme, Constance de Sicile, princesse de quarante ans, lasse enfin des tyrannies que son époux faisait peser sur ses malheureux sujets, profita de cette circonstance pour former une conspiration contre lui. Elle fit couronner son fils, le jeune Frédéric, qui entrait dans sa quatrième année. Elle pensait, en renversant Henri VI et le reléguant dans une forteresse, pouvoir régner avec son enfant. Le tyran découvrit ce complot; et avec quelques affidés, il imaginait des supplices pour sa femme même, au moment où il fut prévenu. Son palais fut investi; on l'enferma dans une tour, et Constance allait faire déclarer sa déchéance, lorsqu'il parvint à obtenir d'elle une entrevue. Il se montra si disposé à changer de conduite, il promit si solennellement de pardonner à tous les chefs de la révolte et de leur conserver les postes où l'impératrice les avait placés, il dissimula si bien que Constance se réconcilia avec lui.

Mais il ne fut pas plutôt rentré dans son palais,

que, s'enfermant derechef avec ses officiers favoris, il voulut dans la nuit même se défaire de ses ennemis et se baigner encore dans le sang. Heureusement pour Constance, elle avait gagné en secret presque tous les confidents de l'Empereur. Elle fut avertie; et lorsque Henri VI, tenant devant lui un parchemin, sur lequel il écrivait avec une plume d'or les noms des victimes et les supplices divers qu'il leur destinait, demanda à boire, selon sa coutume, on lui servit un flacon de vin empoisonné. Il but sans rien sentir et poursuivit son travail. Il parlait par phrases rompues, tout en écrivant. A Constance il faisait crever les yeux, puis il la reléguait dans un monastère; un des chefs devait être pendu entre deux chiens; un autre, pendu la tête en bas; un autre, brûlé; un autre, coupé en quatre; un autre, traîné à la queue d'un cheval. Il disposait ainsi de cent quatre-vingts personnes, dont il arrangeait la mort, sans se douter que la mort le tenait lui-même.

Bientôt pourtant ses yeux se troublèrent : sa poitrine brûla. Il demanda des rafraîchissements, qui ne le calmèrent point. Des médecins vinrent et annoncèrent une décomposition qu'ils ne comprenaient pas.

— Je suis empoisonné, s'écria-t-il d'une voix éclatante; — et il tira son poignard.

Les favoris qui l'entouraient le virent alors si effrayant, qu'ils prirent la fuite. Le tyran se jeta sur un médecin, et le retenant :

— Sauve-moi ou je te tue, lui dit-il.

— Sire, répondit le docteur en maîtrisant son épouvante, calmez-vous ; je vais à l'instant chercher une potion qui éteindra le feu, dont vous êtes dévoré.

Le médecin s'échappa et ne reparut point.

L'Empereur, absolument seul, appelait tous ses gens. Personne ne venait. Il s'épuisa de hurlements. Il voulut marcher ; ses jambes chancelantes ne le soutenaient déjà plus.

— Un prêtre ! s'écria-t-il enfin d'une voix sombre ; — un prêtre ! je vais mourir.

Le silence le plus profond régnait autour de lui. Dans son agonie, le monarque s'agitait sur son siège impérial, tenant toujours son poignard et balbutiant des mots sans suite. Au bout de quelques minutes pourtant, il entendit des pas. Une porte s'ouvrit et un homme parut. Le prince releva la tête.

— Écoutez, dit-il en montrant le parchemin, faites exécuter tous ces coupables à l'instant, je veux revoir du sang ; — je veux qu'on me sauve ; — ne suis-je pas l'Empereur ?

Mais celui qui venait d'entrer était un vieux prêtre, courbé sous le poids des années et des peines.

— Je croyais, dit-il, que vous m'appeliez pour confesser vos crimes !

— Mes crimes ! dites-vous, qui ose parler de mes crimes ?

— Les Siciliens égorgés, massacrés, mutilés par vous ; Richard-Cœur-de-Lion, ce prince de la croix, enfermé dans un cachot par vos intrigues; les dignités de l'Église vendues; le sang des justes versé; et les lignes sanglantes de ce parchemin : ne sont-ce pas là des crimes? Et la mort d'Albert de Louvain, l'avez-vous expiée? Le jour où vous avez ordonné ce meurtre sacrilége, je vous ai dit : — « Un autre jour viendra où ce forfait se lèvera devant vous. Vous avez refusé grâce; ce jour-là, à votre tour, vous la demanderez et peut-être vous ne l'obtiendrez pas. » Mais non; la miséricorde de Dieu est grande; elle vous offre le pardon.

— O ciel! murmura Henri VI, qui êtes-vous donc?

— Le chanoine Thomas. Je vous apporte de tristes paroles : préparez-vous à la mort....

— A la mort! je mourrais sans me venger! Où sont mes officiers, mes gardes, mes vassaux, mes chevaliers, mes serviteurs?

— Vous n'en avez plus.

— Ma couronne....

— Elle n'est plus à vous.

— Et je mourrais ainsi! reprit Henri, passant tout à coup de la rage à la terreur; ô grâce, mon père, je vais vous confesser tout! Vous pouvez me faire grâce; vous êtes un saint homme; vous pouvez me réconcilier avec Dieu. Donnez-moi l'absolution et Dieu me recevra!

— Malheureux prince! que le repentir vous touche; vous avez à expier. Vous qui avez été inflexible, vous le voyez, ici-bas tout vous abandonne.

Confessez donc vos péchés ; que Dieu parle à votre cœur, au moment où la tombe va s'ouvrir.....

Mais Henri VI était devenu muet. —

Cette scène ne dura que quelques moments. L'Empereur s'agita, se tordit, poussa des cris rauques, et ne pouvant trouver, ni dans son cœur, ni dans sa bouche, un mouvement de vrai repentir, il ne put se débarrasser du fardeau de ses forfaits. Il rendit l'âme avec une sorte de grondement affreux, et tomba la figure bouleversée sur le tapis. Le vieux chanoine de Liége se mit à genoux auprès du mort et fit sur lui les dernières prières. C'était le 28 septembre de l'année 1197.

Comme Henri VI était mort sous l'anathème, on n'osa pas l'inhumer en terre sainte. Mais on lit dans la légende de saint Albert de Louvain (appelé aussi saint Albert de Liége) que, trois mois après, le bon saint apparut au Pape et lui dit : — Puisque j'ai pardonné, pardonnez aussi. — Alors le souverain-pontife permit qu'on enterrât parmi les chrétiens la dépouille mortelle de l'Empereur. Quant à son nom, il est resté dans la fange des noms maudits.

UNE SCÈNE DES GUEUX.

> BERLAIMONT. Ils sont fiers de leur titre de gueux.
> NOIRCARMES. Il n'y a pourtant pas de quoi.
> *Comédie de la Vache maigre.*

Avant que Dieu n'écrivît de sa main le Décalogue, qui est la substance de sa loi, il en avait gravé les préceptes capitaux dans le cœur de l'homme; et tout égarés que fussent les enfants d'Adam, partout, cependant, ils savaient qu'ils ne s'étaient pas faits eux-mêmes, et ils élevaient au ciel leurs adorations et leurs hommages. Mais ce culte s'altéra chez les peuples dispersés; chacun se forma des dieux à sa fantaisie; Satan se fit adorer; l'idolâtrie, la magie, les superstitions se répandirent. Quant à l'athéisme, cette incroyable négation, qui n'a peut-être jamais existé qu'en fanfaronnade, elle fut long-temps inconnue.

Dieu voulut conserver chez une petite nation fidèle le dépôt de la vérité, et il lui donna la loi écrite. Le premier des dix commandements qui la résument impose les trois premières vertus, à savoir la foi, l'espérance et la charité; et de tous les préceptes il est le plus grand. Si nous n'avions hâte de conter, et si nous écrivions ici un traité dogmatique, nous ferions voir comment il établit le culte d'adoration que nous devons à Dieu, le culte d'honneur que nous devons à la sainte Vierge, aux anges et aux saints ; comment en nous défendant de tailler des idoles *pour les adorer*, il ne nous défend pas de révérer les reliques et les images des saints ; comment au contraire il voit avec bienveillance les hommages que nous rendons humblement à ses fidèles amis, devenus auprès de lui nos intercesseurs.

Nous dirons comment il réprouve et comment il châtie ceux qui s'attaquent non-seulement à lui, ce qui est le comble de la frénésie insensée, mais à ses saints, à ses temples, à ses ministres, à son culte.

Nous sortons à peine d'une époque où nos yeux ont vu Dieu proscrit et ses saints outragés ; si nous osions faire ici le triste catalogue de ces pauvres petits hommes qui, dans une incroyable démence, ont porté des mains hardies sur les choses de Dieu, nous signalerions tant de châtiments visibles, que le lecteur en serait ému. Il s'inclinerait devant ce grand oracle de saint Augustin que si Dieu ne punit pas tout ici-bas, — voulant nous rappeler sans cesse qu'il y a une autre vie où il fera justice, — il punit cependant assez sous nos regards, pour nous prouver que le gouvernement temporel de sa providence n'est pas un vain mot.

Mais il n'est peut-être pas convenable de remuer des cendres qui ne sont pas refroidies, et de citer des noms qui sont encore debout. Contentons-nous de signaler quelques faits du passé. Un gentilhomme anglais, Henri Spelman a écrit, en 1632, un livre sur cette matière (1); et quoiqu'il fût anglican, il a exposé avec bonne foi ce qui est advenu aux profanateurs des choses saintes, dans la persécution élevée par son parti contre les catholiques.

Après avoir rapporté plusieurs histoires des pays étrangers et des temps antiques, il fait voir les châtiments que subit Guillaume-le-Conquérant, insigne spoliateur d'églises ; et il énumère un grand nombre de sacriléges punis d'une manière évidente. Les chapitres VII et VIII, qui présentent le rapide tableau des sacriléges commis par le schisme d'Angleterre, sont pleins de traits si frappants, que nous en reproduirons quelques passages.

« Henri VIII avait trouvé dans les coffres de son père plus de deux millions de livres sterling. La confiscation des monastères, dont il s'appropria les biens, lui fournit quatre fois au delà des revenus de la couronne, sans y comprendre les trésors des chapelles, les pierreries, les ex-voto et les vases sacrés dont il fit argent. Ajoutez à tout cela les annates et les dîmes qu'il s'appliqua ; et vous ne comprendrez pas comment cet océan de richesses put être épuisé en si peu d'années, dans un temps de paix.

» Il est hors de doute que la malédiction de Dieu s'appesantit sur toutes ces déprédations, quand on

---

(1) *Histoires et fatalités des sacriléges.* Feller a publié l'abrégé de ce livre très-curieux; nous nous servons de son travail.

voit Henri VIII, quatre ans après avoir dépouillé trois cent soixante-seize monastères, se trouver *tellement à sec*, que le parlement dut lui abandonner les abbayes qui restaient encore, au nombre de six cent quarante-cinq. Cette autre ressource fut épuisée en moins d'un an.

» Ayant tout dissipé, Henri VIII est réduit, dans la trente-sixième année de son âge, à augmenter la valeur des espèces d'or et d'argent, et à faire battre une monnaie chétive, à laquelle il donne une valeur idéale.....

» Ce prince eut deux fils et trois filles. Deux moururent en bas âge ; les autres, Édouard, Marie, Élisabeth, succédèrent à la couronne et ne laissèrent pas de postérité. Son fils naturel, le duc de Richemond, mourut aussi sans enfants ; tellement que la race de ce prince sacrilége fut éteinte, et que son trône passa dans une autre maison, soixante-huit ans après qu'il eut pillé et saccagé les églises et les monastères.

» Voyons ce qui advint aux principaux agents de ces usurpations. Thomas Cromwel, qui se vit créé comte d'Essex dans sa trente et unième année, fut décapité l'année suivante. Son petit fils dissipa si complétement sa succession, qu'il ne lui resta pas plus de terres que son aïeul n'en avait laissé aux religieux. »

Les lords séculiers qui aidèrent spécialement Henri VIII dans le pillage des lieux saints étaient au nombre de dix-sept. Spelman donne leurs noms, leurs titres, et rapporte leur fin ; la plupart périrent de la main du bourreau, les autres par des accidents funestes. Peu d'entre eux laissèrent de postérité ; et cette postérité fut éteinte avant la quatrième génération.

Les vingt-cinq barons qui secondèrent ces lords eurent une destinée analogue.

L'auteur anglican montre ensuite, par des faits constatés que « l'acquisition injuste et même la seule administration des biens de l'Église envahis attirent inévitablement la malédiction de Dieu sur les acquéreurs, sur les administrateurs et sur leur postérité. » Il s'attache particulièrement, dans le chapitre VIII, à la province de Norfolk ; et il dit qu'en 1615, dans un cercle de soixante-douze milles, se trouvaient circonscrits là vingt-cinq monastères et autant de maisons notables, qui existaient lors de la dissolution de l'an 1536, c'est-à-dire soixante-dix-neuf ans avant le temps où il faisait ce calcul. Après des relevés consciencieux, il remarque que toutes les possessions des familles notables désignées, au nombre de vingt-quatre, dans son cercle, existaient encore de son temps dans les mêmes familles, et que ces familles avaient toutes conservé leur lustre et leur nom ; mais qu'à l'exception de deux monastères, tous les biens des autres abbayes avaient changé de propriétaire, les uns au moins trois fois, et plusieurs même jusqu'à cinq ou six fois. Il ajoute que ces changements fréquents s'étaient faits, non-seulement par le défaut de lignée ou par des ventes ordinaires, mais plus généralement par des malheurs et des désastres survenus aux possesseurs.

« Je ne suis point fanatique, dit-il ; je ne veux point pénétrer dans les jugements secrets du Seigneur. Mais on ne peut trouver mauvais que je rapporte les choses telles qu'elles se sont passées sous mes yeux. »

Il ajoute qu'on peut l'en croire, puisque ayant demeuré presque toute sa vie dans ces cantons il a été à portée de connaître tout en détail et dans la plus exacte vérité.

Nous ne rapporterons pas avec lui l'histoire particulière de chacun des vingt-quatre monastères et de leurs possesseurs infortunés. Nous nous bornerons à transcrire ce qu'il dit de l'abbaye de Coxford, connue autrefois sous le nom de Ratha. C'est le duc de Norfolk qui, quoique catholique, en fut le premier possesseur. Comme il s'était déclaré en faveur de Marie Stuart, qu'il voulait épouser, Élisabeth le fit décapiter le 2 juin 1572. Le monastère, confisqué par suite de cette exécution, fut donné à Édouard, comte d'Oxon, qui dissipa tout son bien. Roger Townsend l'acheta. Il eut deux fils, dont l'un mourut sans enfants, et l'autre fut père d'un garçon et d'une fille. La fille fut mariée à Jean Spelman, lequel se battit en duel avec Matthieu Brown ; et tous deux restèrent sur le carreau. Le fils, dans un autre duel aux Pays-Bas, fut blessé à mort ; ainsi Roger ne mourut qu'après avoir vu sa postérité éteinte.

Avant le grand sacrilége de Henri VIII, le cardinal Wolsey avait demandé à Rome la suppression de quarante petits monastères, pour l'érection de deux collégiales. Cinq personnes qu'il employa principalement à cette œuvre périrent misérablement. Le premier fut assassiné par le second, lequel fut pendu. Le troisième, de riche qu'il était, se vit réduit à la dernière mendicité. Le quatrième se noya dans un puits. Le cinquième (c'était le docteur Allen, promu ensuite à un évêché en Irlande) fut horriblement mutilé. Wolsey lui-même, qui avait amassé d'immenses richesses, arrêté comme coupable de haute trahison, fut conduit à la tour et mourut en chemin ; on prétend qu'il s'était empoisonné.

Nous pourrions grossir sans mesure un recueil de faits pareils. On lira, au cinquième commandement, une histoire analogue. Retraçons une scène du temps des troubles au seizième siècle.

Lorsqu'à Paris, — en 1792, — quelques esprits caustiques prirent l'air de reprocher aux nouveaux députés qui venaient remplacer l'Assemblée Constituante, leur mine peu élégante et leur tenue mal soignée, une voix les ayant traités de *sans-culottes*, ils relevèrent fièrement la tête, se firent de cette injure un titre d'honneur que tout citoyen devait être contraint à porter ; et même la culotte fut proscrite : il y eut des fêtes que l'on appela *Sans-*

culotides, nom que l'on donna encore aux jours complémentaires, dans ce bizarre calendrier où les saints étaient remplacés par la carotte, le chou-fleur, le panais, le dindon, le fumier, le pourceau et la herse.

Cette exagération s'est produite dans tous les moments de crise exaltée. Quand les Pays-Bas, sous Philippe II, se remuèrent, sourdement agités par la réforme, trois cents gentilshommes des provinces arrivèrent à Bruxelles, avec la prétention déclarée de représenter les *confédérés.* C'est le titre que prenaient ceux que la cour appelait les rebelles. Ils se rendirent au palais de Marguerite de Parme, alors gouvernante des Pays-Bas; ils étaient à cheval, marchant deux à deux et se tenant par la main en signe d'union. Marnix de Sainte-Aldegonde était à leur tête. Comme la gouvernante s'effrayait de leur nombre, le comte de Berlaimont, qui était près d'elle et qui les voyait crottés et mal mis, dit à la princesse :

— Quelle peur avez-vous de ces gens-là, madame! ce ne sont que des *gueux.*

Quelques-uns des trois-cents ayant entendu cette parole injurieuse, s'écrièrent en sortant que si on était *gueux* pour défendre les droits de son pays, ils s'honoraient de ce titre. Ils achetèrent des écuelles de bois; et dans leur grand dîner qui eut lieu à l'hôtel de Culenbourg, ils burent dans ces écuelles en criant : *Vivent les gueux!* Le lendemain, les trois-cents et leurs partisans nombreux couraient les rues de Bruxelles, vêtus d'habits gris, ceints d'une lanière de cuir à laquelle pendait une écuelle, et coiffés du chapeau de mendiant à larges bords que la révolution flamande a porté depuis pour emblème au bout de sa pique, comme la République de 1793 portait le bonnet rouge. Ils firent frapper des médailles qui présentaient deux mains entrelacées au-dessus d'un bissac, avec cette légende : *jusqu'à la besace*. Et quand les gueux eurent bientôt formé des armées, chaque soldat orna sa boutonnière d'une petite écuelle de métal, de la grandeur d'une pièce de deux francs.

Ces détails étaient nécessaires pour ceux qui par hasard ne savent pas l'origine des gueux de l'histoire. Les mêmes hommes s'appelèrent Huguenots en France.

— Les gueux des Pays-Bas furent rapidement entraînés plus loin sans doute qu'ils ne l'avaient prévu. C'est le cours des choses. La plupart se séparèrent de Philippe II ; et gênés par le catholicisme, ils adoptèrent les opinions nouvelles de Luther et de Calvin, firent la guerre au culte et saccagèrent les églises au nom de la liberté. Les plus importantes villes des Pays-Bas, comme celles où les protestants dominèrent en France, furent le théâtre de scènes scandaleuses, qui eussent été ridicules, si elles n'avaient été plus encore hideuses et sanglantes ; et si dans ces affreuses saturnales on n'eût à la fois détruit les monuments des beaux-arts et froissé sans ménagement ce que les hommes ont de plus saint et de plus précieux au monde, leur croyance religieuse. La belle église de Sainte-Gudule de Bruxelles fut ainsi dévastée. On brisa les saintes images, les croix, les autels, le baptistère, les tabernacles. On mit en éclats les stalles, les chaises, les chapelles, les orgues; on déchira les riches missels, on dépeça les tableaux précieux. Les chandeliers, les encensoirs, les vases sacrés furent volés et profanés. Des gueux ivres prenaient les saintes huiles et en graissaient leurs souliers.

Parmi ces brigandages, il se passait toujours une affreuse comédie que tous les historiens ont mentionnée : ces hommes prenaient le ciel à partie et voulaient des miracles. A la dévastation de Sainte-Gudule, un grand gueux, armé de pied en cap, se posta, comme faisaient ses semblables dans toutes les églises, devant un crucifix révéré :

— Si tu es le fils de Dieu, lui dit-il, crie *Vivent les gueux !* et je ne te ferai rien.

Comme la sainte image ne répondit point, le soldat reprit :

— Ah! tu ne cries pas *Vivent les gueux !* à bas les ennemis de l'union !

Et il allongea au crucifix un grand coup de sabre. Après quoi, d'autres profanateurs lui mirent une corde au cou et l'arrachèrent de la croix avec des clameurs. Une couronne d'argent, que la dévotion avait placée sur la tête de la pieuse effigie, fut partagée entre les exécuteurs, qui, tout en criant bien haut qu'ils ne volaient point, avaient soin de ne pas dédaigner ce qui pouvait se vendre.

Dans une autre partie de l'église, un groupe s'arrêta devant un tableau de l'Assomption. Ils déclarèrent à la sainte Vierge qu'ils la respecteraient, pourvu qu'elle fût de leur parti.

— Si tu es la mère de Dieu, dirent-ils à la sainte image dans leur style ordinaire, crie *Vivent les gueux!*

Et le tableau ne criant pas, ils le mirent en pièces à coups de lance.

Ils n'employaient pas d'autre procédé pour briser les vitraux peints, dégrader les fresques, mutiler les sculptures, et faire d'une splendide église un lieu de désolation et de ruines.

Ils traitaient de la même manière les reliques des saints, qu'ils jetaient au vent; mais ils emportaient les châsses de prix.

Or, il y avait parmi les gueux un Gantois qui avait conservé quelque vénération pour son patron saint Michel. Quoique dans son délire il eût abjuré le catholicisme, et qu'il détruisît les images des saints, il exceptait saint Michel de sa liste de proscription. Il aperçut, au-dessus d'un autel, un grand tableau qui représentait le saint archange, protecteur de Bruxelles, foudroyant le démon; il souhaita de le sauver. Avec des compagnons forcenés, comme ceux qui l'entouraient, il ne pouvait faire valoir une raison de sentiment; il lui fallait un stratagème. L'idée lui vint de se glisser derrière le tableau et de répondre pour l'image, quand on l'apostropherait, miracle qu'il croyait capable de rehausser la réputation de son saint. Il ne balança pas; il se coula sans être vu entre la toile peinte et la muraille, pendant que ses camarades pillaient un peu plus loin. Par malheur pour le Gantois, il était ivre depuis deux jours : il ne se fut pas plutôt arrangé derrière le saint, qu'il s'y endormit; et quoique son ventre proéminent fît bomber un peu la toile, personne ne s'en aperçut. Les gueux vinrent au bout d'un quart d'heure, tous ivres aussi, mais pourtant debout. Le plus solide de la bande ordonna effrontément au saint de crier *Vivent les gueux!* injonction qui fut répétée trois fois; après quoi n'entendant rien, car le ronflement du Gantois était couvert par le tumulte, le gueux en chef allongea un grand coup de hallebarde qui, par occasion, creva à la fois l'image de l'archange et le ventre du Gantois. Le sang jaillit avec violence. Comme un coup de tonnerre, la terreur aussitôt jeta à genoux tous les briseurs d'images, qui se crurent frappés d'un miracle effrayant. Mais la toile du tableau, déjà vieille, profita de la déchirure qu'on venait de lui faire pour céder au poids du gueux de Gand; elle se fendit du haut en bas; et le Gantois expirant s'acheva en tombant sur le provocateur, qu'il tua de sa chute. Les autres gueux, reconnaissant la cause de leur effroi, se relevèrent avec des rires impudents;

et, laissant là les deux morts, ils poursuivirent leurs orgies.

Comment finirent ces misérables, nous ne saurions le dire précisément. Mais il est facile de le supposer, lorsqu'on voit de quelle manière leurs chefs ont expiré. Les trois noms les plus apparents des troubles des Pays-Bas étaient Nassau, Horn et d'Egmond. Le premier mourut assassiné et sa postérité s'éteignit au milieu du siècle suivant; les deux autres laissèrent leurs têtes sur l'échafaud; le dernier descendant du comte de Horn fut roué à Paris sur la place de Grève; les onze enfants du comte d'Egmond n'ont pas suffi à conserver son sang sur la terre.

A ces exemples, nous pourrions joindre, comme nous l'avons déjà dit, les faits palpitants qui s'achèvent sous nos yeux, solde des sacriléges contemporains; mais il serait dur de les rassembler.

Luther lui-même s'exprime ainsi, à propos du vol des biens de l'Église : « L'expérience prouve que » ceux qui se sont approprié les biens de l'Église, » en sont devenus plus pauvres, jusqu'à tomber dans » la mendicité (1). »

Il rapporte ensuite ces paroles de Jean Hund, conseiller de l'électeur de Saxe : « Nous autres nobles, » nous nous sommes emparés des dépouilles des mo- » nastères. Ces richesses monastiques ont mangé et

(1) « Comprobat experientia eos qui ecclesiastica bona ad se traxerunt, ob ea tandem depauperari et mendicos fieri. » (Symposiac., cap. 4.)

» dévoré nos richesses féodales ; ou celles-ci ont dé-
» voré celles-là, de telle sorte qu'il ne nous resté
» plus rien, ni des unes, ni des autres (1). »

Sur quoi Luther raconte l'apologue de l'aigle, lequel, dérobant des viandes à l'autel de Jupiter, emporta en même temps un charbon qui mit le feu à son nid et consuma ses petits.

LES GUIDES DU MISSIONNAIRE.

CHRONIQUE DE SENEFFE.

> L'expiation est la conséquence du crime, aussi exactement quelquefois que le jour est la suite de la nuit.
> PITHOU.

Et vous vous étonnez, bonnes gens de Seneffe, de vous voir encore disséminés, commune écartelée en sept ou huit hameaux, au lieu de vous pavaner riante petite ville agglomérée dans votre beau site du Hainaut pittoresque? Mais vous oubliez donc ce que vos pères ont laissé? Un crime s'est commis chez vous. Qu'avez-vous fait pour l'expier? Le forfait qui a troublé ces mêmes sentiers où vous pro-

---

(1) « Nos nobiles, cœnobiorum opes ad nos traximus. Nunc opes nostras equestres illæ comederunt, et consumpserunt hæ cœnobiales, ut neque cœnobiales neque equestres amplius habeamus. » (Cité par Feller.)

menez insouciants vos rêveries; eut lieu en l'année 655. Il y a long-temps de cela. Mais il faut de longs parfums de vertu pour enlever tout à fait les vapeurs empestées des mauvaises actions.

Le jeune roi Clovis II venait de mourir; et Bathilde, cette douce et pieuse reine, que ses vertus avaient tirée de la condition d'esclave pour la placer sur le trône, allait nous gouverner comme régente, elle qui ne recherchait que Dieu et la solitude. Mais ses fils Clotaire III et Childéric II étaient encore enfants.

C'était donc le 31 octobre 655.

Un homme de Dieu, venu de l'Irlande pour apporter la foi chez nos pères, menait dans nos sauvages contrées la dure vie du missionnaire, offrant partout la paix, le salut et les discours qui consolent, recevant les grossières injures, les hideuses menaces et les mauvais traitements; parcourant un pays où déjà son frère Fursy avait trouvé la mort; foulant une terre que le sang de plus d'un martyr avait déjà arrosée; et marchant parmi des hommes, avec plus de périls que le voyageur sans armes dans les forêts où habitent le tigre et la panthère. Seulement, des monastères s'étant élevés en certains lieux, il y avait çà et là quelques gîtes où il rencontrait des frères.

Cet homme était de sang illustre (1); on dit même

(1) « Sed longe animo quam carne nobilior. » (Corn. de Smet, dans Ghesquière.)

que le souverain pontife lui avait conféré la dignité d'évêque, et les Bollandistes nous ont conservé la touchante histoire de son origine (1).

« Au temps où régnaient dans les Gaules les petits enfants de Clovis, il y avait en Irlande un roi qui se nommait Finnloga. Le pieux évêque Breudan était son frère. Aedfin, un des rois de l'Écosse, avait une fille merveilleusement belle, qui avait nom Gelgès, et qui était chrétienne en secret. Le fils du roi Finnloga en devint épris et l'épousa devant les autels. La mère seule de la princesse avait permis cette union, qu'il fallut cacher au roi Aedfin, implacable ennemi de la foi. Mais il en fut bientôt informé ; il fit saisir sa fille, et la condamna à être brûlée vive. Prières ni supplications ne purent l'attendrir. En vain ses proches parents et les plus vénérés personnages lui représentèrent que l'homme ne pouvait séparer ce que Dieu avait uni ; il fit apprêter le bûcher.

» Alors, soit que la bonté du ciel eût fait un miracle, soit par une cause naturelle qui n'est pas expliquée, la triste Gelgès n'eût pas plutôt mis le pied sur les tisons enflammés qu'ils s'éteignirent. Son père ne fut pas touché de cette merveille. Cependant on obtint de lui la vie de sa fille, qu'il condamna à un exil perpétuel. Elle se retira avec son époux chez le bon évêque Breudan, et donna le jour dans

---

(1) Manuscript. Rubæ Vallis, dans Ghesquière.

l'exil à trois fils : Fursy, Foïllan et Ultan. Ils étaient déjà grands lorsque, leur grand-père Finnloga étant mort, ils virent leur père élevé au trône. Au lieu de le suivre dans les grandeurs, instruits par Breudan, ils résolurent de se consacrer entièrement au service de Dieu, et ils s'embarquèrent pour les Gaules. »

Nous avons déjà dit que Fursy avait atteint le but de ses travaux. Foïllan (1), le second frère, se disposait, le 31 octobre 655, à partir de Nivelles, où il avait pris un peu de repos. Depuis trois ans que la vertueuse Iduberge, épouse de Peppin de Landen, était morte dans le monastère de Nivelles, qu'elle avait fondé, c'était sa fille Gertrude qui en était abbesse. Elle-même bientôt, si jeune encore, allait passer à la vie éternelle. Gertrude et sa mère avaient donné à Foïllan, en 633, le domaine de Fosses ; il y avait fondé une église et un monastère ; et la tour bâtie par lui n'a pas disparu encore.

Avant d'aller rejoindre son frère Ultan au monastère de Fosses, dont il avait la conduite, Foïllan voulait célébrer la fête de tous les saints avec le bienheureux Vincent Maldegher, son ami. Il se remit en route ; il prit, à travers les clairières des forêts qui couvraient le pays, le chemin de Soignies, où il devait trouver l'hospitalité de la nuit dans le

(1) Dans les légendes latines Foïllanus, quelquefois Fullianus ; dans les vieux écrivains français, Foignan. Les villageois l'appellent saint Feuillen.

monastère de Vincent. Il marchait, la prière à la bouche et la prière au cœur.

Après qu'il se fut avancé dans des sentiers capricieux, à peine tracés, où il ne rencontra que le désert et le silence, il aperçut enfin quelques habitations humaines : des toits de chaume, des huttes de bucherons, des métairies. C'était Seneffe.

Des gens ont écrit que le nom de ce vieux territoire était dû à la circonstance que, du temps de la domination romaine, on y cultivait du sénevé pour les moutardiers. Mais une vieille ballade populaire dit que

> Ce pays se nomme Seneffe,
> Vû que la Senne y fait une effe.

Cette petite rivière toutefois n'y fait une effe à présent que pour s'en éloigner ; et nous aimons mieux nous appuyer de la légende même de saint Foïllan, qui appelle ce lieu Soneffe (1) : parce qu'il était, ainsi que Soignies, dans la forêt de Soigne, dont le nom celtique ou flamand est dû au soleil, qu'on y adorait (2).

En arrivant à Soneffe ou Seneffe, Foïllan, qui s'était un peu égaré, voyant qu'il se faisait tard et qu'il avait à peine achevé la moitié de sa route, entra dans une chaumière et y demanda des guides. Les mines effroyables et les regards farouches des sauvages ha-

---

(1) Sonefia ; — et dans une charte de Burchard, évêque de Cambray, 1182, Senopha.

(2) Zon-bosch, *bois du soleil*.

bitants de la cabane eussent troublé tout autre que le missionnaire. Mais, comme cette glace des contes orientaux, qui ne réfléchissait pas les objets informes, le cœur d'un saint ne peut soupçonner le mal.

Moyennant un salaire convenu, deux guides s'offrirent pour conduire Foïllan. Sur un signe qu'ils firent à deux autres de leurs robustes compagnons, ceux-ci les accompagnèrent encore; et la nuit venait, une de ces nuits tristes et brumeuses qui signalent novembre.

De temps en temps, par le chemin âpre et inégal, Foïllan parlait à ses guides, qui lui répondaient peu. Il reconnut vite qu'ils étaient encore païens; et il soupira. Il les entretenait doucement de Dieu, de sa bonté, de sa clémence, de sa mansuétude, de sa miséricorde, des récompenses éternelles qu'il réserve surtout à ceux qui ont souffert; il leur montrait ses bras paternels toujours ouverts aux pauvres humains; il disait quelques paroles pénétrantes de l'immense sacrifice de la croix. Pour toute réponse, il n'obtenait que des grognements inexplicables, qui lui tombaient tristement sur le cœur. Il se taisait alors; il priait pour ces pauvres gens; puis il reprenait encore son doux langage. C'était, hélas! comme dit le bienheureux Denis le Chartreux, répandre du lait dans un marécage ou du miel dans un monceau de cendres.

Le saint arriva, avec ses guides, en un lieu de la forêt où était adorée une idole stupide et vaine; —

selon les uns, Apollon; —Theutatès, selon les autres; — Thor, peut-être.

Là, soit que ces hommes, à qui Foïllan offrait la lumière, aient voulu le contraindre à sacrifier comme eux aux ténèbres, soit qu'ils n'aient songé qu'à le dépouiller (1), les quatre guides se jetèrent sur lui, l'assommèrent de leurs bâtons; et, insensibles à cette voix qui s'éteignait en priant pour eux, ils laissèrent le corps inanimé et reprirent le chemin de leurs tanières.

La nuit se fit tout à coup, plus froide et plus rude; un vent violent se mit à hurler dans les vieux arbres; une grêle furieuse poursuivit les assassins, qui se jetèrent sans remords sur la paille de leur couche grossière. L'hiver, accélérant sa marche, venait d'éclater avec rigueur. Le lendemain matin, une neige épaisse, qui pendant près de trois mois ne devait pas se fondre, couvrit la terre de cette contrée. Novembre et décembre passèrent sans qu'on revît le soleil.

Cependant les compagnons de Foïllan s'inquiétaient de son absence prolongée. On était troublé de ne l'avoir point vu aux fêtes de Noël, qu'il célébrait ordinairement à Fosses. Sa disparition effrayait les monastères. Ultan, comme il était en prières, répétant tristement le nom de son frère chéri, vit passer devant ses yeux une colombe blanche comme la

(1) Quamvis ex fidei catholicæ odio trucidatum nemo nos doceat.» Corn. de Smet, dans Ghesquière.

neige, mais dont les ailes étaient rouges d'un sang fluide. Une vision semblable frappa Gertrude ; et le 15 janvier 656, un avis fut donné à la pieuse abbesse, dans sa cellule de Nivelles, qu'en un lieu de la forêt de Soigne la neige était rouge. Le lendemain 16, la sainte s'y rendit, guidée par une vapeur sanglante qui se voyait de loin, et qui montait, comme une colonne diaphane, du lieu où reposait le martyr, jusqu'au ciel.

On découvrit le corps de Foïllan. Il fut porté en pompe à Nivelles, où l'on voulait le posséder. Mais Ultan désira qu'il fût enseveli à Fosses, comme il l'avait demandé souvent. Pour gagner ce monastère, il fallait traverser la Sambre, alors débordée par un dégel subit. On raconte que Gertrude ordonna de laisser libres les chevaux qui conduisaient le cercueil, et qu'ils passèrent, suivis de la foule, dans le lieu qu'on a toujours appelé depuis le Gué de sainte Gertrude.

Les habitants du canton où le corps du martyr était resté abandonné soixante-dix-huit jours, élevèrent sur le lieu même une chapelle, qui devint par la suite une très-belle église, à laquelle se joignit, en 1125, une abbaye de Prémontrés. La couleur de la neige qui avait révélé le lieu du crime avait donné à ce lieu le nom de Rood (rouge), dans les titres latins Rodius ; c'est le Rœux, importante seigneurie au moyen âge, aujourd'hui encore jolie petite ville.

Vous vous excuserez peut-être, gens de Seneffe,

en vous appuyant du texte de quelques légendaires qui, ne chargeant pas spécialement les habitants de vos cabanes, se bornent à conter que le bon saint, à un carrefour de votre territoire, rencontra des brigands qui l'assassinèrent. Mais quoiqu'on ne dise pas duquel de vos hameaux sont sortis les félons, prenez-en tous la sombre responsabilité. Si vous avez expié, expiez encore; ou vous resterez disloqués en hameaux, entre le Rœux, Nivelles et Soignies, devenus des villes.

Quant à vos quatre assassins infâmes, ne cherchez ni leurs huttes, ni leur descendance. Leurs huttes ont disparu, leur descendance est éteinte; Dieu règne et gouverne; et la race des méchants est vite arrachée. On vous citera d'honnêtes familles qui ont dix siècles de généalogie, et qui remonteraient plus haut, si elles avaient gardé leurs titres. Mais vous ne trouverez nulle part trois générations de coquins. C'est à y songer un peu.

L'ATELIER DES FRÈRES VAN EYCK.

> Invente et tu vivras.
> LEMIERRE.
>
> Les artistes religieux sont les seuls qui aient de l'avenir. Du moins jusqu'ici il n'y a de grands noms que parmi ceux-là.
> ORSI.

A peu de distance de la grande place qu'on appelle à Gand le Kautre, au coin de la rue des Vaches et du marché aux Oiseaux, on s'arrête devant l'élégante façade d'une maison nouvellement reconstruite, et décorée de deux médaillons qui retracent les figures célèbres des frères Van Eyck. Là, en effet, il y a plus de quatre cents ans, ces deux hommes immortels illustraient leur patrie; car c'était la maison des premiers chefs de l'école flamande, des pères de la peinture dans les Pays-Bas, des inventeurs de la peinture à l'huile. Leur atelier, que peut-être il eût fallu respecter comme le sanctuaire des arts, a fait place à de jolis salons, où les grandes ombres d'Hubert et de Jean Van Eyck se réjouiraient sans doute du bon accueil qui leur serait fait, mais tout en gémissant de n'y plus retrouver le désordre inspirateur, les modèles variés et bizarres, et les bruyants élèves qui les entourèrent là si long-temps.

4.

I.

Par un beau soleil du mois de mai de l'année 1420, deux hommes, et plus que cela deux artistes, se trouvaient dans le vaste atelier. Le premier, qui avait cinquante-quatre ans, portait une figure douce, mais sérieuse et souffrante; c'était Hubert Van Eyck. Le second, plus jeune de vingt-cinq ans et sans doute fils d'une autre mère, doux comme lui, mais ouvrant de beaux yeux candides et pleins de sérénité, était son frère Jean, aussi son élève. Ils mesuraient, sur de grands panneaux, la place et l'effet d'une composition très-compliquée, dont l'esquisse était là, ébauchée largement. Une jeune fille de vingt-deux ans, belle et animée, une tête d'artiste, gracieuse et naïve, semblait admise à leurs travaux. C'était Marguerite Van Eyck, leur sœur. Élève à son tour de Jean, Marguerite se dévouait à ses frères et partageait leurs goûts. Elle refusa constamment de se marier, autant sans doute pour vivre de la vie pieuse des vierges chrétiennes, que pour se livrer avec plus de liberté à la peinture sacrée.

— Cette grande production, comme je la conçois, dit enfin Hubert Van Eyck, immense, pompeuse, éblouissante, occupera douze panneaux.

— Eh bien! mon frère, répondit Jean avec douceur, nous travaillerons douze ans.

— Douze ans! c'est long pour moi, reprit Hubert.

Et pourtant il faudrait que Dieu me les laissât tout entiers.

— Oh! Dieu ne les refusera ni à vos talents, ni à nos prières, dit Marguerite; Dieu sait que vos pinceaux ne sont consacrés qu'à sa gloire. Vous avez compris que le génie, ce don du ciel, ne doit jamais perdre de vue son origine. Vos travaux sont un culte. Et puis, mon frère, vous ne vous fatiguerez pas ; Jean vous secondera avec zèle; vos élèves travailleront...

— Point d'élèves; des maîtres seuls dans ce noble ouvrage! s'écria Hubert. Jean seul y portera le pinceau, et je dirigerai sa main.

— Et moi, reprit Marguerite, vous m'en laisserez au moins broyer les couleurs.

— Oui, chère sœur, répondit Hubert avec un sourire mélancolique. D'ailleurs, vous en savez tout le secret.

— Ce secret, poursuivit Jean, trouble un peu nos confrères; ils ont bien vu que nos couleurs étaient délayées dans l'huile de lin; mais ils n'ont pas deviné le reste. Il faut que ce secret nous immortalise.

— Ce serait une pauvre immortalité, ajouta froidement Hubert, si nos tableaux étaient mauvais. — Mais, douze ans! reprit-il d'un ton grave. — Et pourtant, toute cette composition si vaste, je la vois devant moi; elle est là; elle s'anime; elle est peinte; elle est achevée. — Oh! la pensée est prompte! — La pensée, c'est l'âme, qui tient de Dieu, — car elle crée comme lui, — en un instant, — par le seul vouloir. — Mais la main, c'est la matière ; c'est l'homme, condamné depuis sa chute à un travail lent et pénible….

Comme il allait poursuivre, le bruit d'une sonnette se fit entendre. Marguerite descendit. Les deux artistes ne s'émurent point : ils savaient que dans le lieu sacré de leurs travaux, Marguerite ne laissait pas entrer de profanes qui vinssent les troubler. Elle reparut bientôt, suivie d'un jeune seigneur qui marchait avec précaution, comme s'il eût respecté le pavé qu'il foulait. Ce jeune homme était Josse de Wyts, seigneur de Pamele, d'une famille patricienne de Gand ; il possédait une grande fortune qu'il dépensait noblement avec les artistes. C'était lui qui avait commandé aux frères Van Eyck la grande composition qui les occupait, et qui devait être le premier chef-d'œuvre de l'école flamande et de la peinture retrouvée.

Il s'approcha de l'esquisse :

— Ce sera, dit-il, au delà de ce que j'espérais.

— Ce sera très-grand en effet, dit Hubert. Mais il nous faut, messire, douze années. Nous le disions tout à l'heure.

— Douze années ! Alors le prix que vous aviez fixé ne suffira point. Je le doublerai, mes maîtres ; et douze mille florins ne vous payeront pas encore comme je le voudrais.

Les deux frères s'inclinèrent légèrement.

— Voici à l'avance un à-compte de cinq cents florins, qui peut vous être utile. Au reste, vous le savez, ma bourse vous est ouverte.

— Mais est-ce que nous avons besoin d'argent, ma sœur?... dit Jean Van Eyck, en se tournant avec un peu de rougeur du côté de Marguerite.

La jeune fille avait rougi aussi; car les cœurs d'artistes ressentent toujours quelque honte à recevoir, même ce qui leur est dû. Elle se remit pourtant : — Nous allions en manquer, dit-elle, et puis, ces panneaux ne sont pas encore payés.

— Oh! reprit Josse de Wyts, tous ces petits frais sont à ma charge, je les acquitterai. Je vous le répète, mes maîtres, considérez ce que je vous offre comme un partage de frère que je fais avec vous. C'est moi qui vous suis redevable.

Savez-vous, reprit-il aussitôt, que votre découverte fait du bruit? Que tous les artistes veulent employer votre procédé? Que tous les grands sujets ne sont plus qu'à l'huile?

— Ils en dureront plus long-temps, dit Hubert.

— Cela vous fait honneur. Mon beau-père Jérôme Borluut, comme premier échevin de Gand, vient de faire restaurer diverses vieilles peintures de la grande salle de l'Hôtel-de-Ville. Il a traité avec Guillaume Van Axpoele et Jean Martens; mais il les a obligés, par un acte en bonne forme, de n'employer que des couleurs à l'huile.

— Ils le feront, dit Hubert en se redressant, selon la méthode de Théophile; car nous n'avons communiqué que cela à la corporation des peintres. Chaque fois qu'ils auront placé une couleur, ils n'en pourront poser une autre avant que la première n'ait bien séché. Ce moyen peut être bon pour des copistes. Pour un peintre, il glace l'imagination; il éteint le génie.

Puis, rompant la conversation, de crainte qu'on ne pénétrât son secret, qu'il gardait avec un peu d'orgueil, et qui consistait, à ce qu'on croit, dans un certain emploi de la cire en fusion mêlée à l'huile, Hubert attira Josse devant son ébauche.

— Voyez, dit-il, si vous ne trouvez rien à redire à ce projet?

— Rien que des louanges, répondit le jeune seigneur. Mais quel espace occuperez-vous?

— Vous le voyez, onze pieds de haut sur quatorze de large. Dieu le père occupera le centre de la partie supérieure; assis sur son trône éternel, couronné de rubis et de saphirs, vêtu, entouré de toute la pompe divine, d'une main il bénira le monde; de l'autre, il tiendra le sceptre qui dirige l'univers créé.

— Ce sceptre sera d'or? mon frère, interrompit Marguerite.

— De cristal, répondit Jean.

— De diamant, si nous pouvons, ajouta Hubert. A la droite de Dieu, poursuivit-il, vous verrez la Vierge sainte aussi sur son trône, aussi couronnée, aussi radieuse; et vous saluerez, je l'espère, la tête la plus belle, la plus suave, la plus céleste que vos yeux auront vue.

De l'autre côté (ce sera un noble contraste), le saint précurseur de l'homme-Dieu, le plus grand de ceux qui sont nés de la femme, dans toute la sévérité austère de sa mission divine. Ce livre sera sur ses genoux; et ce livre vous le toucherez, car vous voulez de l'illusion et du relief.

Au-dessous de ces trois panneaux, sera le plus étendu, qui contiendra le sujet de l'ouvrage, l'*Adoration de l'Agneau* décrite dans l'Apocalypse; vous-même l'avez prescrit. Il portera trois cents figures. Nous y placerons en quatre groupes les saints et les anges, autour de l'Agneau céleste éclatant de lumière; la lumière et le souffle peuvent aussi être saisis par le pinceau. Les vierges, les patriarches, les prophètes seront à droite. A gauche, nous placerons les apôtres, les saints évêques, les confesseurs et les martyrs avec leurs palmes. Parmi les prélats, nous n'oublierons pas saint Liévin, le bon patron de la ville de Gand; et qu'il soit notre appui!

Au fond, nous laisserons voir, comme vous le remarquez, les tours lumineuses de la Jérusalem céleste...

— Sans doute, interrompit Jean Van Eyck en s'adressant à son tour au seigneur de Pamele, vous cherchez à vous rappeler cette architecture, vous qui avez voyagé. Nous avons imité en effet les tours élégantes de Maestricht...

— Mais plus aériennes, plus légères, plus parfaites, dit Marguerite.

— C'est que nous sommes nés à Maeseyck, messire, reprit Hubert ; et du lieu où se sont passées nos premières années, nous apercevions ces tours, qui nous ont laissé une impression profonde.

— Admirable ! s'écria Josse. D'ailleurs, on ne peint bien que ce qu'on sent. Et l'architecte de Maestricht sera fier dans sa tombe de l'honneur que vous lui rendez.

— Et puis, ajouta encore Marguerite, on dit que saint Lambert lui-même traça le plan de ces belles tours...

— Il y aura ensuite, interrompit Hubert, quatre volets qui recouvriront ce que vous venez de voir développé ; les volets présenteront, le premier, un groupe d'anges avec des instruments de musique. Sainte Cécile y sera, sous les traits de notre bonne sœur Marguerite.

— Vous ne pouvez choisir mieux, dit le sire de Pamele en cherchant un compliment.

— Au-dessous, un autre groupe d'anges chantant devant un riche pupitre. Nous ne leur donnerons pas d'ailes, parce que des créatures suprêmes, qui sont tout esprit, n'ont pas besoin de moyens matériels pour se soutenir dans l'élément où Dieu les a placées.

Ici, nous devons poser Adam, notre premier père ; Ève, dont le péché nous avait perdus...

Sur le panneau consacré aux guerriers pour qui les portes des cieux se sont ouvertes, on verra le roi saint Louis, notre suzerain; le vaillant Godefroy de Bouillon, notre compatriote, et les princes croisés de la Flandre. Dans un autre volet où vous comptez dix cavaliers, vous reconnaîtrez, poursuivit l'artiste en souriant, le portrait de mon frère et le mien. Des ermites et des pèlerins rempliront le reste.

— Oublierez-vous Marie-Madeleine? demanda Josse.

— Nous la rangeons parmi les saints ermites; elle aura son vase de parfums. Les pèlerins seront conduits par saint Christophe avec sa taille de géant.

— Sur les volets fermés, poursuivit Jean, nous peindrons l'Annonciation. En perspective, nous projetons une vue de Gand, dans laquelle on verra notre maison. Le dessous sera consacré à votre portrait, messire, et à celui de dame Isabelle Borluut, votre noble épouse.

Josse de Wyts, enchanté, serra les mains des deux artistes et les quitta ravis aussi de lui-même.

II.

Le lendemain, Hubert et Jean, s'étant préparés avec leur sœur par la sainte communion, commencèrent, sous les regards de Dieu, le prodigieux travail qu'ils avaient conçu; ils le suivirent avec une persévérance dont les grands artistes sont seuls capables. Jamais Hubert ne dessinait une tête révérée, sans s'être auparavant purifié à la sainte table. C'était là aussi que Marguerite, les jours où elle posait pour ses frères, allait puiser la sérénité qu'on admire dans les figures de vierges des frères Van Eyck.

Mais Hubert n'obtint pas les douze années qu'il avait espérées pour ce qu'il appelait son tableau. Les quatre premiers panneaux, qui en sont la partie capitale, étaient seuls terminés, lorsque le 8 septembre 1426, Hubert Van Eyck, épuisé, mourut à Gand, laissant à son frère le soin d'achever seul un monument commencé en commun.

Les Gantois prouvèrent alors qu'ils sentaient les arts aussi bien que les Italiens; car ils firent à l'artiste de pompeuses funérailles, et ils exposèrent pendant plus de deux siècles à la vénération publique le bras et la main qui avaient tenu le pinceau religieux d'Hubert Van Eyck.

Jean, découragé par la mort de son frère, sentit tomber ses pinceaux; et peut-être, sans les vives instances de Josse et sans les tendres soins de Marguerite, ce grand chef-d'œuvre n'eût-il pas été achevé.

Ce ne fut qu'au bout de la douzième année qu'on put jouir de cette admirable composition. Elle portait cette inscription, écrite en vers latins :

« Le peintre Hubert, le plus grand qui ait jamais existé, a commencé cet ouvrage, que son frère, le second dans son art, s'est chargé d'achever, engagé par les prières de Josse de Wyts. — Et ces vers vous indiquent que ce fut le 6 mai 1432 que les tableaux terminés furent exposés à la vue du public. »

Dès que le poème commandé par messire Josse de Wyts fut livré aux regards des curieux, il devint l'orgueil des Gantois et l'une des merveilles de leur ville. Ils entourèrent d'honneurs la mémoire d'Hubert Van Eyck; ils comblèrent de distinctions son frère Jean : Philippe-le-Bon se l'attacha. Il obtint de Josse Wyts le tableau, pour le donner au pays. Et quand Charles-Quint fit reconstruire la belle église de Saint-Bavon, au centre de la cité, il destina une chapelle spéciale, qui s'appelle encore la chapelle de l'Agneau, au tableau des frères Van Eyck. Les Gantois placèrent dans cette même chapelle la tombe d'Hubert.

III.

Mais ce tableau célèbre eut aussi ses tribulations et ses vicissitudes. M. L. de Bast a même écrit à Gand son intéressante histoire. Le fils de Charles-Quint, Philippe II, le vit comme tout le monde avec un sentiment de profonde admiration. Décidé à résider en Espagne, mais attaché à ce tableau parce qu'il l'avait vu, et désireux de le revoir toujours, le roi Philippe II voulut l'avoir; un instant la ville de

Gand put croire qu'elle allait en être dépouillée.

Le clergé de Saint-Bavon se mit alors sur la brèche. Résolus à défendre leur plus cher ornement, les hommes du temple s'opposèrent avec fermeté aux prières du monarque; et une lutte obstinée entre de faibles prêtres et un roi puissant laissa pourtant la victoire à ceux qui avaient droit.

Philippe II, obligé de céder, ne le fit toutefois qu'après que la ville de Gand se fût engagée à lui donner une copie complète du chef-d'œuvre, pour la chapelle de son vieux palais de Madrid. Ce fut Michel Coxcie, élève de Van Orley et de Raphaël, qui fut chargé de ce travail important. Il y consacra deux années qui lui furent payées quatre mille florins.

Mais il eut assez de patriotisme, tout en s'efforçant d'atteindre son merveilleux original (et quelquefois il y parvint), pour ne pas faire une copie entièrement fidèle. Il voulait que l'amateur, curieux de connaître l'œuvre des frères Van Eyck, fût obligé de faire pour cela même, du fond de l'Espagne, le voyage de Flandre.

Cette copie fut envoyée à Madrid, où elle excita l'enthousiasme.

Peu après, le tableau de l'Adoration de l'Agneau, qui venait d'échapper au péril d'être perdu pour les Gantois, courut le danger, malgré l'auréole de gloire qui l'entourait, d'être perdu pour toutes les nations. En 1566, on le sait, les gueux ou huguenots se mirent à piller les églises, brisant les statues des saints, détruisant les tableaux précieux, hommes plus funestes aux beaux-arts qu'à la religion; car les beaux-arts périssent, mais l'Église ne succombe pas. Des monuments admirables, des sculptures, des vitraux, des peintures, des autels sans prix furent lacérés, brisés, brûlés; anéantis, dispersés en lambeaux, dans ces jours de scandale et de trouble. Une foule de villes des Pays-Bas virent périr ainsi des chefs-d'œuvre sans nombre. Les pillages commençaient à Gand, lorsqu'un peintre gantois, Luc de Heere, protégea à son tour le tableau des frères Van Eyck. Il lui donna asile dans sa maison, que les factieux, respectant encore en lui un talent cher au pays, n'osèrent pas saccager. D'autres ouvrages profitèrent du même refuge. Mais que le nom de Luc de Heere reste en honneur, puisqu'il a conservé le premier chef-d'œuvre de la peinture moderne!

Après le rétablissement du culte catholique, en 1585, la composition des frères Van Eyck reparut, plus belle de son long exil. Ce fut toute une fête. Il sembla que la bonne fortune du pays veillait à la garde du monument.

La ville de Gand en jouissait avec calme depuis plus de deux siècles, quand la République française envahit la Belgique en 1794. Les quatre panneaux principaux, sur lesquels Hubert Van Eyck avait épuisé son génie, furent transportés au musée du Louvre. Les volets avaient été cachés.

Un Français comprit les douleurs des Gantois à l'enlèvement de leur trésor. — C'était un officier de Dumouriez, qui se nommait Belliard. — Il revint à Gand en 1803; il vit que la place du chef-d'œuvre des frères Van Eyck était maintenue vide; Napoléon ne restituait pas. En 1808, à la prise de Madrid, Belliard, devenu général, s'arrêta dans la chapelle du vieux palais, devant la copie célèbre de Michel Coxcie. Il se souvint des Gantois; et lorsqu'on enleva les douze panneaux donnés à Philippe II, il les envoya à Gand, où ils furent reçus comme une ombre chérie qui console à demi.

Mais en 1815, l'Empire français croula, et de ses ruines le tableau des frères Van Eyck revint à l'église de Saint-Bavon. Les quatre grands panneaux, que Paris avait admirés vingt ans, furent remis à leur place l'année suivante. Un concours immense vint les saluer; Gand tout entier se réjouit long-temps.

Cependant les huit volets soustraits aux commissaires français n'avaient pas reparu. Chose incroyable! « en 1816, dit M. Aug. Voisin, dans son *Guide des voyageurs à Gand*, ces volets si précieux furent vendus, par des personnes qui n'en savaient pas la valeur, à M. Van Nieuwenhuisen, de Bruxelles, moyennant 6,000 francs... Celui-ci les revendit 100,000 francs à M. Solly, Anglais, qui les emporta en Prusse. Frédéric-Guillaume III les paya 410,000 francs. » En vertu de la loi qui rompt une vente où la lésion passe les sept douzièmes, la ville voulut faire casser ce marché; elle n'y parvint pas. Gand ne. rentrera donc plus dans la possession de ces chefs-d'œuvre, dont ses enfants déplorent la perte, — à moins de conquérir la Prusse; — ce qui ne serait pas impossible.

Deuxième commandement.

**Dieu en vain tu ne jureras,
Ni autre chose pareillement.**

LA TOUR DES RATS.

> Cor crudelis, ahi tremens,
> Deus enim te videbit;
> Mors atra jam apparebit
> Te stridulum illa ridens.
>
> *Vieille prose de Lazare.*

Toutes les âmes élevées immolent à leur profond mépris ces bouches ignobles et ces lèvres grossières qui ne s'ouvrent jamais plus volontiers que pour violer le second commandement. Mais le grand précepte ne défend pas seulement de prendre en vain le nom de Dieu ; il condamne aussi le jugement indiscret, le parjure, le blasphème et les imprécations. Bien des parents ont dû, plus qu'on ne croit, à d'imprudentes malédictions les calamités de leurs enfants ! Et que de désastres dont on comprendrait la cause, si on en cherchait bien l'origine ! Mais tout en nous vantant de poursuivre la vérité, nous marchons opiniâtrément dans les routes qui nous en éloignent. Les vieux livres sont pleins d'histoires à ce sujet. Lorsqu'on nous les cite, nous les nions ; c'est plus tôt fait. Torquémada conte, dans la troisième journée de son *Examéron*, que deux voyageurs s'étant couchés au pied d'un arbre pendant un orage, l'un des deux y resta mort, et qu'en l'examinant on reconnut qu'il n'avait plus de langue, la foudre la lui ayant arrachée. On s'informa, ajoute le narrateur, et on sut que cet homme était plein de blasphèmes. Aujourd'hui qu'on n'observe que les faits matériels et physiques, on rira peut-être de cette remarque. Mais pourquoi ne serait-elle pas vraie?

Monstrelet rapporte que, le 15 juin de l'an 1464, un bourgeois blasphémateur plaidant à Paris, lorsqu'on proféra les blasphèmes que l'on reprochait à cet homme, la salle du palais trembla, une pierre tomba de la voûte, et toute l'audience prit la fuite. C'est un hasard, direz-vous, une coïncidence, une rencontre singulière. Mais n'y a-t-il pas des hasards trop singuliers?

Probablement vous connaissez, au moins de nom, les deux Poppiel, rois de Pologne au neuvième siècle. C'étaient des hommes impitoyables, qui ne donnaient pour consolation aux malheureux que d'insensés blasphèmes. Poppiel Ier monta sur le trône en 816; il ne régna que cinq ans. Le juron qu'il affectionnait d'ordinaire était celui-ci : *Que les rats me puissent manger!* Ce serment vous donnera de lui une médiocre opinion. Il paraît pourtant qu'il n'était pas exécrablement mauvais. Mais son fils Poppiel II, qui lui succéda, devint un tyran perfectionné.

Il adopta le gros mot de son père; un pauvre ne réclamait pas sa charité qu'il ne répondît : — Que les rats me puissent manger, si je lui donne une obole !

Comme il était jeune, on lui avait nommé pour tuteurs ses deux oncles, guerriers expérimentés; il ne les écouta point. Il épousa, malgré leurs avis, une femme qui s'empara de son esprit, qui le gouverna, qui l'endurcit encore, qui, gênée par les tuteurs, sut d'abord les lui rendre suspects, ensuite odieux, enfin insupportables; si bien qu'il se décida à les faire empoisonner : — Que les rats me puissent manger, s'écria-t-il, si je n'en suis délivré demain !

La cour frémit, le peuple s'indigna, en apprenant la mort des oncles du Roi. Poppiel, avec l'audace qui caractérise les grands criminels, accusa ses tuteurs de trahison; et se courrouçant des reproches muets que lui adressaient toutes les physionomies : — Que les rats me puissent manger, dit-il encore, si je leur accorde ni bûcher, ni sépulture !

Les Polonais, qui aimaient ces princes si lâchement assassinés, murmurèrent de nouveau; les pauvres, qu'ils avaient nourris en grand nombre, allèrent une nuit pour ensevelir les corps abandonnés des deux vieillards. Poppiel, qui le sut, fit massacrer ces bonnes gens. Alors vint la vengeance.

Du sein des deux cadavres corrompus, il sortit une armée de rats, qui marcha vers la cour. L'horreur fit fuir tout le monde. Poppiel II restait seul avec sa femme dans son palais, lorsque les rats les assiégèrent. — Ils étaient dévorés le lendemain. La Pologne délivrée élut pour roi le brave Piast, en 842. — Et ce n'est là qu'un préambule à l'histoire de la Tour-des-Rats, qui est contestée par quelques écrivains, mais que pourtant on peut voir sérieusement établie dans les centuriateurs de Magdebourg, comme le fait qu'on vient de lire est formellement consigné dans les chroniques des Polonais.

De même qu'il y eut deux Poppiel, rois de Pologne, il y eut deux Hatton, archevêques de Mayence. Il y en eut même trois. Hatton Ier mourut honnêtement en 912 ; Hatton II périt en 969, après avoir gouverné une année seulement l'église ou plutôt la principauté de Mayence ; car ces prélats étaient trop souvent des laïques, princes temporels, qui, à l'abri d'un titre ecclésiastique, faisaient de grands maux à la religion même. Hatton II a donné son nom à une tour antique, qu'on voit s'élever du fond des flots à la rive droite du Rhin, sous Bingen, et qu'on appelle indifféremment la Tour-des-Rats ou la Tour-de-Hatton.

Les écrivains qui dédaignent l'extraordinaire (ils sont de mode aujourd'hui), disent simplement que Hatton, d'abord abbé de Fulde et depuis archevêque de Mayence, bâtit cette tour au dixième siècle, pour servir de fanal aux navigateurs ; car alors, ajoutent-ils, le passage à travers ces abîmes de rochers était fort dangereux. Mais, au dixième siècle, on ne naviguait pas la nuit sur le Rhin, soumis à beaucoup de péages; et voici ce que rapportent les traditions anciennes.

Hatton II était un homme avare et dur, gonflé d'emportement et de colère, livré au blasphème, et tenant toujours sa main fermée lorsqu'il s'agissait de faire l'aumône. Or il survint une grande famine qui désola Mayence, où Hatton tenait sa cour; beaucoup de ses sujets moururent misérablement. Des mendiants affamés, venus de tous les points de la principauté, se rassemblèrent par troupes autour de la ville, demandant du pain; mais le prince leur en refusait, quoique ses greniers fussent remplis. A la fin, importuné de leurs plaintes et de leurs cris d'angoisse et craignant leur désespoir, il leur ordonna de se réunir dans une vaste grange située au bord du Rhin, disant que là on leur distribuerait des vivres. Lorsqu'ils y furent tous, il fit barricader les portes à l'extérieur et ordonna qu'on mît le feu à la grange. C'était, disent les légendes allemandes, un spectacle dont les pierres mêmes auraient pleuré. Hatton s'en moquait, en disant : Entendez-vous siffler les rats! Car il donnait ce nom injurieux aux pauvres mendiants.

Comme il parlait encore, d'énormes essaims de rats inondèrent le palais de Hatton; de telle sorte que personne ne pouvait s'en défendre, et que leur nombre s'augmentait à mesure qu'on croyait les détruire. Tout le monde fuyait avec épouvante. Ils paraissaient jaillir par masses innombrables du sein de la terre et s'élançaient sur Hatton, poussant une sorte de cri de carnage et grimpant sur le prince avec une férocité que rien ne pouvait contenir. Hatton, mourant d'effroi, se sauva hors de lui et, parvenu seul à Bingen, se jeta dans une nacelle et se réfugia dans la tour qu'il venait de faire bâtir. Les rats, sans quitter leur proie un instant, le suivirent à la nage, montèrent, en bondissant après lui, au sommet de la tour isolée; — là ils le dévorèrent tout vivant : — ils ne se retirèrent qu'après avoir rongé son nom et ses emblèmes, sur toutes les tapisseries et sur tous les murs......

Voilà le fait. Il est attesté dans toutes les chroniques, avec une seule variante. Selon quelques récits, les rats sortis de la grange en feu se précipitèrent dans le Rhin et gagnèrent à la nage la tour que Hatton venait de faire bâtir. L'Empereur, indigné de la férocité du petit prince, le fit enfermer dans cette même tour, où les rats le déchiquetèrent vivant. Il eut pour successeur Hatton III, le dernier de ce nom, de qui nous n'avons rien à dire.

Et si vous visitez la Tour-des-Rats, on vous affirmera dans tout le voisinage que l'esprit de Hatton II apparaît toujours de temps en temps sur le faîte du vieil édifice. Seulement vous distinguerez mal ses traits; car il se montre sous la forme d'un léger brouillard.

Mais, puisque nous sommes dans les récits extraordinaires, contons, sur le serment faussé, une autre légende où les rats jouent encore leur personnage.

LE JOUEUR DE FLUTE.

C'était une puissante musique.
HOFFMANN.

On vous a mis du fantastique dans les contes ; l'histoire aussi peut en offrir. Elle présente, en petit nombre il est vrai, quelques aventures prodigieuses que rien n'a pu suffisamment expliquer, et devant lesquelles le scepticisme des critiques et les efforts des savants se sont brisés comme le cristal se briserait sur le granit.

Lorsqu'un jour vous parcourrez la Basse-Saxe, et que vous entrerez dans Hamel sur le Weser, vous y rencontrerez une de ces chroniques surprenantes. Nous allons l'exposer ici avec simplicité.

En l'année 1284, les habitants d'Hamel étaient tourmentés d'une immense quantité de rats et de souris, jusque-là qu'il ne leur restait pas un grain qui ne fût endommagé. C'était un désastre inouï, une désolation générale. Pendant que les magistrats et les bourgeois cherchaient avec empressement les moyens de se délivrer d'un fléau si cruel, il arriva tout à coup dans la ville un homme étranger, de très-haute taille, et dont la mine avait quelque chose

LE JOUEUR DE FLUTE.

de sombre et d'effrayant. On ne put jamais savoir ni son nom, ni de quel pays il venait. Il était vêtu en bohémien, c'est-à-dire de noir et de rouge, et portait à son côté une grande trousse, dans laquelle étaient deux longues flûtes.

Il se présenta devant les magistrats d'Hamel et leur dit que, sachant leur peine, il était venu les secourir; que, moyennant trois cents écus d'or, il se chargeait de chasser sur l'heure tous les rats et toutes les souris hors de la ville.

On accueillit son offre avec empressement; on lui promit les trois cents écus; il exigea un serment, qu'on lui fit; et alors il tira de sa trousse une flûte noire dont il se mit à jouer sur un rhythme insolite et sauvage. Incontinent tous les rats et toutes les souris qui se trouvaient dans les maisons, sous les toits, dans les planchers, dans les étables et les basses-cours, dans les greniers et dans les caves, comme fascinés par la bizarre mélodie du joueur de flûte, sortirent en bandes, à la pleine lumière du jour, se pressèrent en tumulte autour de l'étranger, et le suivirent jusqu'au Weser, où, ayant relevé ses habits, il entra dans la rivière, suivi de l'innombrable armée qu'il captivait autour de lui, et qui se noya en peu d'instants; de façon que la ville fut délivrée.

Ayant ainsi exécuté sa promesse, l'étranger se présenta de nouveau, fier et assuré, devant les magistrats d'Hamel. Il demanda le salaire convenu et promis par serment. Mais, sans réfléchir au danger qu'il y avait d'irriter un homme qui venait de déployer une telle puissance, les magistrats prétendirent avec mauvaise foi qu'ils n'avaient promis que trois cents écus d'argent. Le joueur de flûte sourit d'un air de dédain et refusa ce payement, menaçant avec calme de se venger si on ne le satisfaisait point. Les bourgeois débarrassés rirent de ses menaces et se moquèrent de lui.

Or, le lendemain matin, l'étranger reparut, traversant la ville, avec une figure plus sinistre encore que la veille. Il était habillé en chasseur, tout vêtu de rouge, ayant un chapeau de pourpre sur la tête avec une plume rouge, chaussé de bottines écarlates. Il jouait d'une autre flûte, noire aussi, mais différente de la première, et dont les sons vibraient avec une telle magie, que tous les enfants de la ville, depuis l'âge de quatre ans jusqu'à celui de douze, le suivirent spontanément, sans qu'il fût possible à personne de les arrêter, ni de les suivre. Au milieu des clameurs des mères, il les mena hors de la ville épouvantée; il sortit d'Hamel; il entra avec les enfants dans une caverne percée au pied d'une grande montagne; et depuis, personne dans Hamel ne revit aucun de ces enfants, ni le magicien qui les avait enlevés.

Que direz-vous de cette histoire?

Elle a été peinte par un contemporain sur les vitraux d'une église d'Hamel, avec quelques lignes explicatives que le temps n'a pas encore effacées.

Un autre vieux monument consacre ce fait; c'est l'inscription latine qui se lisait à l'entrée d'Hamel, sur une porte de cette ville, et qui attestait qu'en 1284 un magicien ravit aux habitants, comme on vient de le voir, quinze cents enfants et les emmena sous le mont appelé Coppenberg.

Ce prodige est encore soutenu par la coutume que l'on prit dans Hamel, et qui s'est toujours conservée, de compter les années *depuis la sortie des enfants*.

Quelques-uns rattachent la *sortie des enfants d'Hamel* à ce phénomène singulier, connu dans l'histoire sous le nom de la Croisade des Enfants. Mais soixante-dix ans séparent les deux faits. Et enfin, dans les annales de Transylvanie, vous lirez qu'en 1284, des enfants, dont on n'entendait pas la langue, parurent tout à coup dans le pays (à deux cents lieues d'Hamel). Ces enfants, qui peut-être avaient traversé une montagne creuse, comme celle de Maestricht, s'établirent dans le canton et y perpétuèrent tellement leur idiome, qu'aujourd'hui encore on y parle bas-saxon.

Que direz-vous de cette histoire?

Ah! pauvres mères! Dieu garde vos enfants du joueur de flûte!

Troisième commandement.

Les dimanches tu garderas
En servant Dieu dévotement.

FRIDOLIN, LE JEUNE PAGE
DU ROI DE PORTUGAL.

La légende qu'on va lire est une vieille tradition historique, dont tous les peuples modernes se sont emparés; on la raconte dans le Midi, aussi bien que dans le Nord; elle est surtout très-populaire en Lorraine, en Champagne, et sur les bords du Rhin; mais elle ne l'est pas moins dans la péninsule ibérique. Schiller l'entendit raconter à Manheim; il en fit un petit poème qui est devenu national pour les Allemands.

Il eut pourtant le tort d'attribuer le fait au comte de Saverne, personnage imaginaire, tandis qu'il pouvait conserver la vérité, en respectant les noms réels de cette belle histoire, qui sont Denis, roi de Portugal, prince violent, dont le règne commença en 1279, et sa femme Élisabeth d'Aragon, laquelle fut mise par le Saint-Siége au catalogue des saintes.

Nous avons cru devoir, tout en suivant, quand nous l'avons pu, le récit touchant et naïf de Schiller, rétablir partout la vérité historique.

I.

C'était un digne serviteur que Fridolin, élevé dans la crainte de Dieu par sa maîtresse, la pieuse reine Élisabeth, femme du roi Denis, qui régnait sur le Portugal. Elle était si douce, elle était si bonne ! Mais eût-elle eu les caprices de l'orgueil, Fridolin se fût efforcé de les satisfaire avec joie, pour l'amour de Dieu.

Aussi, devant toute sa maison, la bonne reine le louait ; un intarissable éloge coulait de sa bouche. Elle ne le considérait pas comme un serviteur ; son cœur lui accordait les droits d'un fils, et ses regards sereins s'attachaient avec plaisir sur le jeune page.

Ces faveurs allumèrent la haine empoisonnée et firent bouillonner l'envie dans le sein de Robert, chasseur favori du Roi.

Un jour que le prince revenait de la chasse, il se rapprocha de lui :

Que vous êtes heureux, Sire ! dit-il avec perfidie ; la dent acérée du doute ne vous ravit pas le doux sommeil. Il est vrai que vous possédez une noble et chaste épouse, et que Satan même ne parviendrait pas à flétrir une telle vertu !

Le Roi, qui était rude et sauvage, fronça ses noirs sourcils. — Que veux-tu dire ?... Compterais-je sur une vertu variable comme les vagues, et que si facilement la voix du flatteur peut séduire ?

Car Denis croyait peu à la vertu.

L'autre repartit : — Vous avez raison, Sire ; mais l'insensé qui, né vassal, lève les yeux jusqu'à sa reine, ne mérite que le mépris.

— Parles-tu de quelqu'un de ma cour? interrompit le Roi en frémissant.

— Oui, certes! Ce qui est dans toutes les bouches échappe-t-il à mon seigneur? Au reste, si on le lui cache avec tant de soin, je devrais le taire peut-être.

— Parle, misérable, s'écria Denis d'une voix terrible. Qui ose lever les yeux sur Élisabeth?

— Mais, je voulais nommer, Sire, le jeune page... Fridolin. Il ne manque pas de grâces. N'avez-vous pas remarqué comme il suit des yeux les regards de la reine? On dit même qu'il fait des vers pleins de tendresse. La noble princesse vous le cache sans doute par compassion... Mais je me repens pourtant de ce qui m'est échappé ; je vous trouble, Sire, lorsqu'en effet vous ne devez rien craindre...

II.

Le Roi, bondissant de fureur, s'enfonça dans le bois voisin, où de brûlants fourneaux étaient toujours allumés pour son service ; là on fabriquait le fer de ses armes ; là le feu s'entretenait nuit et jour par la main active des forgerons ; les étincelles jaillissaient, les soufflets s'agitaient, les lourds marteaux tombaient en cadence, et sous ces puissants efforts le fer s'amollissait.

Le Roi, sombre et décidé dans sa cruelle résolution, aperçoit deux noirs forgerons; il fait un signe et leur dit :

— Le premier que j'enverrai ici, et qui vous apportera ces paroles : *Avez-vous exécuté l'ordre du maître?* jetez-le aussitôt dans cet enfer; qu'il soit réduit en cendres, et que personne ne le revoie jamais.

Le couple grossier répond à cet ordre par un sourire satanique. Le cœur qui bat dans leur sein est devenu plus dur que le fer qu'ils façonnent.

Et le lendemain matin, qui était un dimanche, à l'aube du jour, Robert, d'un air hypocrite et trompeur, dit au jeune page : — Vite, camarade! ne tarde pas; le Roi à l'instant te demande.

— Rends-toi sur-le-champ à la forge, dit le Roi à Fridolin, et demande ceci aux ouvriers qui sont là : *Avez-vous exécuté l'ordre du maître?*

Fridolin répondit : — Cela sera fait, Sire.

C'était donc un dimanche. Avant de partir, il se présente devant la reine : — On m'envoie à la forge, dit-il; quels sont vos ordres, noble reine? Puis-je m'éloigner à l'instant même? Car, après Dieu, mon service n'appartient qu'à vous.

La bonne reine répondit avec douceur :

— J'ai là mon fils qui est malade. En assistant à la sainte messe, priez pour lui et pour moi.

Heureux d'un tel message, Fridolin part sur-le-champ. Il n'était pas loin dans la campagne, quand la cloche ébranlée fit entendre les joyeux sons qui appelaient les fidèles vigilants à la messe.

« N'évite jamais le bon Dieu s'il se trouve en ton chemin; » et « ne remets point à un autre moment ce que tu dois faire pour le service du Seigneur; » Fridolin se rappela ces deux proverbes. Il ne pouvait, un dimanche, manquer à la sainte messe; et savait-il s'il serait de retour assez tôt pour l'entendre à la chapelle de la cour? Il entra donc dans la petite église; elle était encore déserte : ne voyant personne pour servir le prêtre, il s'approcha et remplit pieusement les saintes fonctions pour lesquelles Dieu bénit le jeune âge.

Après la messe entendue dans le recueillement, il reprit son chemin, portant avec lui le calme d'une bonne conscience. Il se dirigea vers la forge, sanctifiant le saint jour par de douces prières et par d'humbles méditations sur la grandeur de Dieu.

III.

Une demi-heure après que le page était parti de la cour, Robert, envoyé à son tour par le Roi, et impatient, pour son compte, de savoir si sa vengeance était satisfaite, avait pris aussi le chemin de la forêt. Il arriva en vue des fourneaux ardents, comme Fridolin disait son dernier *Ave Maria*, avant de sortir de la petite église. Ne soupçonnant point la pieuse station qu'il avait faite, car, non plus que son maître, Robert ne songeait guère au dimanche, il s'approcha sans rien prévoir, et demanda aux farouches ouvriers s'ils avaient fait ce que le Roi avait dit. Ces hommes au regard fauve, prenant Robert pour celui qu'on leur avait prescrit d'expédier, le saisirent pour toute réponse, sans comprendre ses réclamations, et, malgré ses cris effroyables, ils le jetèrent et l'enfoncèrent avec leurs fourgons de fer dans la fournaise, où l'on ne voyait plus que le bout de ses pieds quand Fridolin arriva.

— Ce que le Roi a commandé, dit-il aux ouvriers, l'avez-vous fait?

Ceux-ci, tordant la bouche d'un air triomphant, lui montrèrent le gouffre embrasé, en disant :

— C'est fait et consommé ; le Roi sera content de ses serviteurs.

Fridolin rapporta en diligence à son maître cette réponse, qui allait être pour lui une énigme. Denis, le voyant venir de loin, ne pouvait en croire ses yeux.

— Malheureux! dit-il, d'où viens-tu?

— De la forge, Sire.

— Impossible, à moins que tu ne te sois arrêté en route.

— Seulement, Sire, le temps d'assister à la sainte messe, où j'ai prié pour la reine, pour votre fils malade et pour vous.

Le Roi tomba dans un profond étonnement, et comme frappé d'épouvante :

— Quelle réponse t'a-t-on faite à la forge? parle...

— Sire, les paroles de ces hommes sont obscures ; ils m'ont montré la fournaise en riant et ils ont dit : *C'est fait et consommé, et le Roi sera content de ses serviteurs.*

— Et Robert? demanda encore Denis, tandis qu'un frisson parcourait ses membres, ne t'a-t-il pas rencontré? je l'avais aussi envoyé à la forêt...

— Seigneur, ni dans les bois ni dans les champs, je n'ai aperçu la moindre trace de Robert...

— Eh bien! dit le Roi, en grande consternation, Dieu lui-même dans le ciel a jugé.

Puis, avec une bonté qu'il n'avait jamais eue, il prit la main du page, et tout ému il le conduisit à son épouse, qui ne comprenait rien à la chose.

— Cet enfant, dit-il, est pur comme les anges. Il mérite toutes nos bonnes grâces ; car Dieu le garde, et ses saints l'accompagnent.

GÉRARD-LE-DIABLE.

> Desiderium peccatorum peribit.
> PSAUME III.

La sombre histoire qu'on va lire présente des points de rapport avec la ballade de Fridolin ; la péripétie est à peu près la même, avec cette différence que la lutte est ici entre deux monstres.

Vers le milieu du treizième siècle, la ville de Gand s'accroissait tous les jours, quoique les comtes de Flandre habitassent plus volontiers Lille que Gand, et que cette ville fût livrée en grande partie au gouvernement de ses châtelains, espèces de seigneurs nommés d'abord, puis héréditaires, qu'on ne connaissait que depuis deux siècles, mais qui s'étaient peu à peu accoutumés au pouvoir, à la tyrannie, aux envahissements.

Philippe d'Alsace, en 1168, avait rendu ces châtelains si puissants, que, trente ans après, le châtelain Sohier Ier (Sigerus, et en flamand Zegher), voulant se rendre tout à fait souverain des Gantois, se révolta contre Baudouin IX. Ce comte le soumit, l'obligea à se renfermer dans un monastère, ôta à ses successeurs leur part dans les amendes et les autres droits qu'ils avaient usurpés, et les réduisit aux fonctions de simples lieutenants du prince ou châtelains titulaires. Sohier II gouverna ainsi. Mais il laissa deux fils, Hugues et Gérard, qui bientôt, pendant que Baudouin était aux croisades, reprirent le chemin des empiétements et causèrent plus d'un embarras à la cour.

Tandis que Hugues, comme l'aîné, succédait à Sohier II dans la dignité de châtelain, Gérard, son frère, qui va nous occuper, n'avait qu'une légitime modeste et un pouvoir borné. Bien prit à ceux de

Gand de ne pas l'avoir pour maître; car il était si méchant, qu'on ne l'appelait pas autrement que Gérard-le-Diable.

Il habitait à Gand, près du Reep, un vaste château qui n'a pas entièrement disparu. L'entrée de ce manoir est dans la rue Basse de l'Escaut. Construit en pierres bleues, flanqué de deux tours rondes, le milieu du château de Gérard-le-Diable était dominé par une grande tour carrée. De longs souterrains, ouverts sous ce repaire, furent, dit-on, le théâtre de nombreux forfaits. Quoique Gérard n'eût pas la puissance suprême, il était homme libre; et son frère le châtelain le redoutait trop lui-même pour le réprimer.

Gérard-le-Diable était né en 1210. Tout jeune encore il avait montré une grande férocité, battant et mutilant tout ce qui lui résistait; sa pauvre mère, Mathilde de Termonde, était morte de chagrin d'avoir donné le jour à un enfant si cruel. Il avait seize ans, lorsque Sohier II, son père, ayant voulu l'envoyer aux croisades pour se débarrasser de lui, on trouva un matin le vieillard étouffé dans son lit. On attribua ce meurtre à Gérard.

Un trait distinctif de ce jeune homme, c'est, disent les chroniques, qu'il jurait et blasphémait, et qu'on n'avait jamais pu obtenir de lui qu'il respectât les devoirs du dimanche.

Hugues, qui succédait au châtelain, ne se crut en sûreté qu'en accordant à Gérard-le-Diable tout ce qu'il désirait. Cependant on cite une particularité remarquable : c'est que Gérard, qui n'aimait rien, paraissait aimer son frère Hugues ; et deux fois il crut lui prouver son affection en allant étrangler ceux qui lui déplaisaient ; de sorte que le jeune châtelain n'osait plus même manifester ses moindres pensées devant lui.

Gérard s'était fait donner le château dont nous avons parlé et qui depuis a porté son nom. Il y vivait dans une orgie continuelle, entouré de familiers qui étaient à la fois ses compagnons et ses victimes ; car, selon ses caprices, il les maltraitait ou les admettait à sa table. Il y a des gens à qui de telles compensations suffisent, et qui s'accommodent d'une telle vie.

Plusieurs fois, dans ses parties de chasse, Gérard avait commis, contre les propriétés et la vie des paysans, des attentats que son frère le châtelain réparait de son mieux ; et sans l'espèce de déférence qu'il conservait pour Hugues, il en eût fait bien davantage.

A trente ans, il songea à se marier. Il devint épris d'une jeune fille de bonne maison, et la demanda du ton d'un homme qui exige. Son nom et sa figure farouche inspiraient tant d'effroi, que la jeune fille, s'enfuyant du sein de ses parents épouvantés, se sauva à Saint-Nicolas, qui jouissait du droit de refuge. Il l'en arracha violemment, l'emmena dans son château, et fit bénir son mariage. On ne la connaît que sous le nom d'Élisabeth. On dit qu'il l'aima passionnément et qu'il ne voulut plus qu'elle sortît de son manoir. Comme elle était pieuse, il lui fit construire une chapelle qu'on a long-temps appelée la chapelle de Gérard-le-Diable (*de capelle van Gerard den Dievel*). Lui-même n'y mettait pas le pied ; mais tous les jours Élisabeth y passait plusieurs heures en prières.

Elle mit au monde un fils qui eut comme son père le nom de Gérard, et que le peuple distingua en l'appelant, à cause de son teint basané et de ses cheveux noirs, Gérard-le-Maure.

L'affection de Gérard-le-Diable pour sa femme en redoubla. On assure même que dans ses fureurs il ne la frappa jamais. Il est vrai qu'on attribue ce ménagement à l'effet d'une relique qu'elle portait toujours, et que son époux ne pouvait voir sans se calmer. Mais un jour qu'elle avait déposé ce préservatif sacré, son mari, étant venu à elle dans l'ivresse, la tua d'un coup de pied. Il se consola de cette perte dans d'horribles débauches, et devint plus méchant que jamais.

Gérard-le-Maure, élevé par un tel père, fut bientôt comme lui un homme horrible. A vingt ans, il n'avait rien à envier en méchanceté à l'auteur de ses jours. Celui-ci se réjouissait de ce qui eût désespéré un autre cœur que le sien. Il encourageait son fils dans ses déportements, favorisait son penchant au mal, et le tenait comme lui loin de l'église.

Si ces caractères atroces paraissent incroyables,

qu'on se rappelle Robert-le-Diable et quelques autres que l'absence de toute religion avait livrés à Satan. Aujourd'hui on considère de tels hommes comme de hideux monomanes ; et peut-être a-t-on raison. Alors on ne jugeait pas ainsi ; l'homme méchant, qui avait de la puissance, restait libre dans le mal.

A vingt ans, Gérard-le-Maure conçut de l'amour pour Jacqueline de Sotteghem. Il la voulut pour épouse ; il en parla à son père. Gérard-le-Diable, qui depuis long-temps était veuf, étant allé à Sotteghem pour voir Jacqueline, devint à l'instant le rival de son fils. La passion fit rapidement de profonds ravages dans ce cœur désordonné. Il signifia au jeune homme qu'il lui fallait renoncer à son amour. Gérard-le-Maure s'irrita, s'indigna ; et lorsqu'il sut le motif qui faisait parler son père, il se révolta contre une autorité qu'il n'était pas accoutumé à respecter. Oserons-nous l'écrire ? le père et le fils s'injurièrent, s'insultèrent, se ruèrent l'un sur l'autre, se battirent avec acharnement des dents et des mains : et le jeune homme terrassé, n'ayant voulu rien promettre à son père, fut laissé à demi assommé sur le sol.

Quand il eut repris ses sens et qu'il reparut devant son père, celui-ci vit bien, à son œil sinistre, que désormais il avait tout à craindre de son fils. Il se résolut à dissimuler ce qu'il ressentait ; il dressa ses plans en secret ; fit bonne mine à Gérard-le-Maure et le pria d'excuser son emportement.

— Je n'ai pu me maîtriser, lui dit-il. Mais je reconnais, mon fils, que Jacqueline vous convient mieux qu'à moi. Vous l'épouserez donc. Cependant, comme je ne pourrais la voir sans souffrir, je partirai cette nuit. J'irai en Zélande, où j'ai des parents.

Le jeune homme se calma à ces paroles. Il promit à son père de tout oublier à ce prix, et Gérard-le-Diable envoya son messager le plus fidèle à la Tour rouge (*den rooden Toren*).

C'était un bâtiment très-élevé, ainsi appelé parce qu'il était bâti en briques. Il était situé près d'une porte et d'un pont qu'on nommait indifféremment la porte de la Tour rouge et la porte d'Anvers; il a laissé son nom à la rue dite aujourd'hui rue de la Tour rouge.

Au haut de cette tour était une chambre habitée par deux robustes bateliers, que Gérard-le-Diable savait propres à un coup de main. Souvent ils avaient été les agents de ses mauvaises actions.

— Ce soir, leur dit le messager, une heure après le couvre-feu, soyez debout; mais éteignez votre lampe. Vous connaissez messire Gérard; il vous enverra un homme, qui vous demandera : *Eh bien! est-ce prêt?* Vous le saisirez, vous l'enfermerez dans un sac solide; et vous le jetterez dans la Lys, qui coule au pied de cette tour. Voici un mouton d'or, en attendant plus large salaire; buvez gaiement; et bon courage!

Les deux bateliers saluèrent; leur signe de tête

valait une promesse. Le messager de Gérard-le-Diable s'en retourna; Gérard soupait avec son fils.

Une heure après le couvre-feu, le tigre, faisant effort sur son caractère, prit un air doux et grave :

— Je vais donc vous quitter, mon fils, dit-il; je désire que mon départ soit tenu secret. Allez à la Tour rouge; vous y trouverez les deux bateliers qui doivent m'emmener en Zélande. Vous monterez à leur gîte sans bruit. Vous n'avez que ce mot à leur dire : — *Eh bien! est-ce prêt?* ils feront ce qu'il faut.

Il faisait clair de lune. Le jeune homme partit, enchanté de se voir bientôt débarrassé de son père.

Chemin faisant, il réfléchit; il se rappela quelque chose d'inaccoutumé dans les regards paternels; il se défia; et peu à peu, craignant un guet-apens, il se décida à ne pas faire la commission qui lui était donnée. Il entra dans un cabaret secrètement ouvert aux garnements, en dépit des ordonnances et malgré l'heure indue.

Cependant les deux bateliers avaient acheté un pot de vin épicé. Ils buvaient pour se donner plus d'audace; et ils attendaient leur victime, qui tardait un peu.

Une heure après le départ de son fils, Gérard-le-Diable, inquiet du succès de son stratagème, sortit lui-même pour s'assurer de ce qui s'était passé. Il monta le rude escalier de la Tour rouge. Les deux buveurs aux écoutes n'entendirent pas plutôt le pas d'un homme qui venait à eux qu'ils se levèrent chancelants ; car ils étaient ivres. L'un d'eux prit le sac et le tint ouvert. Un faible rayon de lune les éclairait par une meurtrière, et permettait seulement de distinguer les objets. Un homme parut enfin au haut de l'escalier, et les apercevant, leur dit : *Eh bien ! est-ce fait ?*

Les deux bateliers entendirent mal ; ils ne répondirent qu'en saisissant Gérard-le-Diable par les reins et le poussant dans le sac préparé. Malgré ses cris, sa fureur et ses réclamations inarticulées, il fut lié solidement en moins d'une minute et lancé par une lucarne dans la Lys.

Le lendemain, on ne put savoir comment Gérard-le-Diable avait disparu ; — on ne le retrouva plus.

Son fils, en rentrant au manoir, put se persuader qu'il était parti ; car il n'en eut plus de nouvelles. Il hérita de ses biens et de son nom, étant appelé aussi Gérard-le-Diable dans les chroniqueurs. On ignore s'il put épouser Jacqueline de Sotteghem. — Mais il mourut sans postérité à la fin du treizième siècle.

Jusqu'à la fin du dix-septième, son ombre et celle de son père se montraient, dit-on, effrayantes et animées l'une contre l'autre, dans les corridors du vieux château. On n'apprit qu'assez tard, par la confession d'un des bateliers, l'aventure de la Tour rouge. Cette tour, depuis, a servi chez les Gantois au supplice des parricides, que l'on conduisait au sommet et qu'on précipitait de là dans la Lys (1).

Les modèles que présentent ces deux légendes sont peu encourageants pour les lecteurs qui se rient du troisième commandement. Il est vrai que ce sont là des exceptions heureusement rares. Mais le mépris du dimanche a d'autres résultats plus communs, s'ils sont moins sinistres ; on les trouve exprimés dans un vieux proverbe : — *Travail du dimanche n'a jamais enrichi*.

Voyez en effet autour de vous les maisons prospères. Ce ne sont pas habituellement celles qui se ravalent à l'état de mécaniques d'un travail incessant ; mais celles qui parfois se recueillent avec Dieu, et reprennent de la fraîcheur et de la force dans un repos sanctifié.

On n'est pas notaire pour avoir les panonceaux à sa porte, mais pour en faire les actes, dit un moraliste ; on n'est pas chrétien parce qu'on en porte le titre, mais parce qu'on en remplit les devoirs ; et la consécration spéciale du dimanche n'est pas une invitation ; c'est une loi.

Non, le travail du dimanche n'est pas béni. Les

---

(1) Le château de Gérard-le-Diable, après avoir été long-temps une habitation redoutable, devint en 1633 une prison, en 1773 un hospice d'aliénés. On en a fait, il y a quelques années, la caserne des sapeurs-pompiers ; et le salut des citoyens en péril leur vient aujourd'hui d'un lieu d'où ne sortit jadis que l'épouvante.

corps d'ouvriers qui, à Paris, travaillent obstinément ce jour-là, sont perpétuellement ceux qui s'enrichissent le moins. Les chefs d'ateliers qui repoussent les jours de repos prescrits, pour atteindre plus vite la fortune et l'oisiveté, cet autre excès, n'y parviennent pas plus que ces esprits à rebours pour qui le dimanche est par contre-sens le jour le plus occupé.

La sainteté des mœurs, la paix intérieure, la douceur des relations gagnent tout à l'observation du dimanche, pourvu toutefois que la cessation du travail soit l'effet d'un esprit chrétien ; car il en est qui font le dimanche de telle sorte que nous leur mettrons sous les yeux ces paroles de Jean de Montluc, évêque de Valence au seizième siècle (1) :

« Les dimanches et autres jours de fête sont, à l'endroit de la plupart de nous, les jours qu'on dit de bonne chère ; et au lieu que pour sanctifier ces journées on devrait employer quelque chose de la dépense ordinaire aux bons et charitables usages, tout au contraire, c'est à ces jours que la dépense est redoublée pour les farces, bateleries, danses, somptuosités d'habillements ; avec mépris des pauvres, gourmandises, tromperies, détractions, contracts, querelles, batteries, meurtres. Les cabarets et autres maisons publiques tiennent le lieu de l'église, et s'y font les assemblées, non pas pour parler de Dieu, non pas pour lui rendre grâces de toutes

---

(1) *Instructions chrétiennes de l'évêque de Valence sur les commandements*, etc. Paris, in-8°. Vascosan, 1561.

choses, non pas pour exhorter les uns et les autres à bien faire, non pas pour se consoler, s'aider et subvenir les uns aux autres; mais pour jurer, blasphémer, tromper, ivrogner, et pour consommer en une heure tout ce qui a été gagné en la semaine; et cependant les enfants meurent de faim et la femme ne peut faillir d'être bien battue. Voilà comment le dimanche est sanctifié! Voilà comment le diable a pris pour lui le jour qui avait été dédié à Dieu pour le servir et l'honorer! »

Quatrième commandement.

Tes père et mère honoreras
Afin que tu vives longuement.

ADOLPHE D'EGMOND.

> Je frémis d'y songer : O désespoir ! O crime !
> C'est mon fils qui forgea mes fers !
>
> BARON DE REIFFENBERG, *Harpes.*

Arnould d'Egmond avait hérité du duché de Gueldre, du chef de sa grand'mère. Il y avait quarante ans qu'il régnait, lorsque son fils Adolphe vint donner au monde le spectacle effrayant d'un fils qui fait la guerre à son père. A celui-ci la vie du vieillard semblait trop longue !

En l'année 1463, Philippe-le-Bon, souverain de la Bourgogne et des Pays-Bas presque entiers, guettait encore le duché de Gueldre. Sur une carte étalée devant lui, il montrait à Charles, son fils, cette principauté dont il voulait arrondir ses états, lorsqu'un huissier de l'hôtel vint lui annoncer l'arrivée de Rhinsault, gentilhomme bourguignon qu'il avait dépêché dans la Gueldre avec de secrètes missions.

— Eh bien, Rhinsault, dit le bon duc, quelles nouvelles ?

— D'excellentes, monseigneur, fit l'agent. La Gueldre pourra bientôt vous reconnaître. Depuis sept ans que le père et le fils sont en désunion, le pays se lasse. Le vieux duc Arnould s'est ligué contre vous en 1456. Il n'en est pas à son premier repentir. Sa femme, Catherine de Clèves, et son fils Adolphe continuent à lui faire la guerre et à lui susciter des ennemis. Ceux de Ruremonde tiennent pourtant encore pour lui; mais les bourgeois de Nimègue sont dévoués au jeune Adolphe. Si vous le voulez, ces deux villes se battront de nouveau; car malgré la mollesse d'Arnould, qui lui a cédé Nimègue et ses revenus, le jeune prince ne se tient pas en repos. Il a même fait décapiter deux serviteurs de son père; et il eût poussé plus loin sa haine filiale, si les prélats ne lui eussent commandé un voyage expiatoire en Terre-Sainte. Il s'y est fait recevoir chevalier de Saint-Jean de Jérusalem; et le voilà de retour, plus que jamais enragé de régner.

— Nous profiterons de ces discordes, dit froidement Philippe, pour chasser à la fois le père et le fils.

Napoléon raisonnait un peu dans ce sens, quoique les circonstances ne fussent pas absolument semblables, lorsqu'il s'empara de l'Espagne en 1808.

— Il serait horrible, mon père, dit Charles-le-Hardi, d'encourager ce fils rebelle. Pour moi je ne saurais le voir. Vous êtes père aussi; vous devez protéger un vieillard.

— Vous parlez avec sagesse, mon cher fils, reprit Philippe, à la suite d'un moment de silence. A cause de vous, nous attendrons. Mais le duché de Gueldre nous convient tout à fait; et si vous ne l'avez qu'après moi, je vous recommande Rhinsault, qui connaît le pays.

Rhinsault salua profondément.

Le lendemain, Adolphe d'Egmond, prince de Gueldre, arriva à Bruxelles, où Philippe tenait alors sa cour. Il fut présenté au bon duc. Mais Charles refusa de le voir.

Philippe-le-Bon, qui avait reçu de son fils une leçon, ne l'oublia pas. Il ajourna ses espérances; et laissant au temps le soin de le servir, il revêtit Adolphe du collier de la Toison-d'Or, à condition qu'il se réconcilierait avec son père; il le retint à sa cour; il lui donna en mariage Catherine de Bourbon, sa nièce, en lui faisant promettre que, lorsqu'il serait duc, il se reconnaîtrait son vassal. Il eût aussi le talent d'engager Catherine de Clèves, duchesse de Gueldre, que l'histoire présente comme une méchante femme, à faire sa paix avec son mari. Il connaissait trop le cœur humain, le vieux duc Philippe, pour ne pas savoir que cette réconciliation forcée amènerait un dénoûment.

Peu de temps après, en effet, la famille ducale célébrait à Grave, le jour des Rois de l'année 1465, son heureuse réunion par un festin-gala. Le duc Arnould était ravi; quoiqu'en tirant le gâteau ce fût

Adolphe qui eût pris la fève, le vieux duc embrassait son fils et oubliait tous les torts de sa femme. Il s'irritait en lui-même contre son astrologue, qui lui avait dit : — Puisque votre fils se lève contre vous, c'est qu'il n'est pas votre fils; c'est qu'on vous l'a changé, c'est qu'un sang étranger coule dans ses veines.

Il se promettait en secret de bannir, dès le lendemain, le savant téméraire.

Il se retira joyeux dans sa chambre, laissant les jeunes gens livrés aux plaisirs de la fête. Il commençait à sommeiller, bercé par de doux rêves, quand tout-à-coup des pas pesants retentirent dans le corridor. On heurta avec violence.

— Laissez-moi dormir, dit-il; je suis trop lourd à présent pour vos réjouissances.

On ne lui répondit qu'en brisant sa porte.

— Vous êtes prisonnier! lui cria un homme d'armes, en s'élançant l'épée nue vers son lit.

Arnould, ne reconnaissant pas les soldats, qui bientôt emplirent sa chambre, se figura que la ville et le château de Grave venaient d'être surpris par quelque ennemi.

— N'est-il rien arrivé à mon fils? Telle fut, dit-on, sa première question.

Mais au même instant, Adolphe entra lui-même.

— Mon père, dit-il, rendez-vous; il le faut!

Et sans ajouter un mot de plus, il fit lever le vieux prince. On lui donna à peine le temps de s'habiller; on le plaça sur un cheval et on l'emmena.

Il sut alors qu'il était entre les mains des archers de Nimègue, à qui sa femme et son fils avaient secrètement ouvert les portes du palais. Il reconnut que ces hommes, ses ennemis implacables, l'emmenaient prisonnier dans leur ville. Des larmes d'effroi lui vinrent aux yeux; il supplia; mais tout ce qu'il put obtenir des satellites de son fils, ce fut d'être conduit au château de Buren.

Là, on l'enferma dans un donjon où le jour entrait à peine; on l'abreuva de duretés et d'outrages; on lui refusa des vêtements. On lui donnait comme à regret quelques aliments grossiers; ses gardiens savaient qu'ils étaient sûrs de plaire en le traitant avec rudesse. On raconte même que souvent on vit son fils forcené, passant au pied de la tour, menacer le vieux duc à travers les barreaux de la lucarne, qui laissait arriver un peu de lumière jusqu'à lui, et hurler à son père en pleurs les injures les plus infâmes.

C'est malheureusement de l'histoire.

Toute la Gueldre néanmoins, excepté Ruremonde, avait reconnu l'autorité d'Adolphe. —

Il y avait six ans que le vieux duc gémissait dans son affreuse prison, quand le duc de Clèves, son beau-frère, et quelques-uns de ses parents, ne pouvant contenir plus long-temps leur indignation, prirent son parti et vinrent en armes pour le délivrer. Adolphe marcha contre eux; des guerres furieuses s'allumèrent encore à propos de ce hideux scandale. Le fils criminel eut le dessus ; et l'horreur s'en répandit au loin. Le Pape et l'Empereur écrivirent alors au duc de Bourgogne pour le prier de mettre un terme à ces excès. Philippe-le-Bon était mort ; c'était Charles, son fils, qui régnait. Il se rappela l'impression que lui avaient causée les calculs de son père, et l'aversion qu'il avait toujours éprouvée pour le fils abominable d'Arnould d'Egmond. Il envoya, comme suzerain, au duc Adolphe l'ordre formel de tirer immédiatement son père de prison, et de se rendre avec lui à sa cour. — Il espérait encore obtenir un arrangement entre le fils et le père.

Le duc de Gueldre, n'osant résister à Charles-le-Hardi, vint donc le trouver, amenant dans un chariot son père presque mourant.

Le vieillard en était venu au point de rivaliser de haine avec son fils. — Peut-être pensait-il alors que son astrologue avait dit vrai. — Ces deux ennemis ne purent se rencontrer devant le duc de Bourgogne sans s'accabler d'injures, en présence de la cour assemblée pour les juger. Arnould, dont les années et les fers avaient fait une ombre triste, se redressa dans sa colère, et jeta son gant à son fils, comme gage de bataille, demandant contre lui le champ clos... Le duc de Bourgogne fit vainement tout ce qu'il put pour affaiblir cette mutuelle horreur. Il obtint pourtant du vieillard qu'il laisserait à son fils le gouvernement de la Gueldre et se contenterait du titre de duc jusqu'à sa mort, avec la ville de Grave pour retraite et six mille florins de pension.

Mais il ne put triompher d'Adolphe, qui s'écriait :

— « J'aimerais mieux jeter mon père dans un puits, la tête la première, et moi après lui, que de lui rien laisser !... Il a été duc plus de quarante-quatre ans ; c'est à présent mon tour !...»

A toutes les représentations qu'on lui fit, il ne voulut accorder qu'une pension de trois mille florins, avec la clause expresse que son père ne reparaîtrait jamais dans la Gueldre.

L'épouvante qu'inspirait ce jeune prince avait atteint le comble. — Charles se déclara enfin pour le vieillard.

Adolphe alors s'échappa de la cour et s'enfuit sous un habit de franciscain pour regagner ses états. Mais le duc de Bourgogne, promptement instruit de son évasion, envoya l'ordre aussitôt, dans tous les pays de son obéissance, de le saisir et de l'emprisonner. On le reconnut au pont de Namur, lorsqu'il donnait un florin pour payer son passage ; car un moine mendiant, comme il en avait pris l'apparence sans en connaître les priviléges, était exempt dans cette ville du droit de péage ; on l'arrêta donc et on l'enferma, suivant l'ordre de Charles, dans le château de Namur, où il fut étroitement resserré.

Et le 7 décembre 1472, trois mois avant de mourir, le vieux duc Arnould, par actes en bonnes formes, céda sans réserve ses états de Gueldre à Charles de Bourgogne qui, fidèle à la récommandation de son père, envoya dans ce duché le bourguignon Rhinsault, avec le titre de gouverneur (1).

Au mois de mai de l'année suivante, un chapitre de l'ordre de la Toison-d'Or, tenu à Valenciennes, déclara bonne et valable la vente du vieux duc, et condamna Adolphe, pour sa conduite impie envers son père, à une prison perpétuelle. Adolphe avait deux fils, dont l'aîné ne comptait que huit ans. Ils furent déshérités aussi, et la présence des armées de Charles pacifia bientôt le pays.

Mais après la mort funeste de Charles-le-Téméraire, Adolphe d'Egmond trouva moyen de s'échapper de sa prison de Namur. Il osa se mettre sur les rangs pour devenir l'époux de Marie de Bourgogne, à qui il fallait un appui. Il vivait de l'avenir, sans songer que la justice divine était lasse. Peu de jours après, — dans la première bataille qui le vit en armes, — Adolphe d'Egmond, navré, percé et meurtri, ne se retrouva plus que parmi les morts.

1. On retrouvera ce seigneur dans la première légende du sixième commandement.

LE POÈTE EXILÉ.

Mais un vertueux père est un bien précieux
Qu'on ne tient qu'une fois de la bonté des cieux.

DUCIS.

On lit ce qui suit dans un *Voyage à Maroc*, publié en 1690 :

« Des brigands infestaient depuis long-temps le territoire d'Énos, à quelques lieues de Maroc. Le kaïd Sidy-Moulou les dispersa, et, s'étant saisi de leurs chefs, il se disposa à les juger. Il était entouré de soldats commandés par un jeune officier qui s'appelait Hamédy, et qu'il aimait à cause de sa bravoure et de son zèle. Le premier brigand qu'on amena était un homme de cinquante ans, qui se trouva être le père de ce même Hamédy. Par égard pour l'officier, le kaïd ne voulut pas le condamner à la peine de mort ; il ordonna seulement qu'on lui couperait une main, dans le lieu consacré aux supplices. Le vieux brigand sortait de la salle d'audience ; et un soldat s'apprêtait à le suivre, lorsque Hamédy, s'adressant au kaïd, lui demanda comme une grâce la faveur d'exécuter lui-même la sentence.

— » Considérez, dit le juge surpris, que cet homme est votre père.

— » Je le sais ; mais il s'est rendu coupable, et je ne me regarde plus comme son fils. — L'officier rougit vivement en disant ces mots. — Je ne retrouverai pas, ajouta-t-il, une semblable occasion de vous prouver mon dévouement et de montrer ma haine pour vos ennemis.

» Ces paroles firent frémir tous les assistants. Le kaïd, ne pouvant ébranler la résolution du jeune homme, lui accorda l'horrible mission qu'il sollicitait. Mais pendant qu'il suivait son père, Sidy-Moulou ordonna à un soldat de préparer son yatagan.

» Hamédy rentre bientôt, portant une main coupée qu'il remet tranquillement au juge. Celui-ci, dans son indignation, fait un signe convenu. Un coup d'yatagan abat la tête du pauvre jeune homme ; le cadavre tombe ; et on s'aperçoit qu'il lui manque une main.

» Il n'avait demandé à exécuter la sentence que pour sauver son père. Il lui avait dit : — Retirez-vous ; le kaïd, à cause de moi, veut bien vous faire grâce. — Aussitôt il s'était coupé une main, et enveloppant la plaie dans son large burnous, il était revenu d'un air calme présenter au kaïd le débris sanglant qu'il attendait.

» Sidy-Moulou contemplait ce spectacle dans une profonde horreur. Le vieux brigand, ayant tout appris, rentra alors les mains élevées et se jeta sur le corps de son fils, en poussant des cris de désespoir. Hamédy fut enterré avec honneur dans un lieu particulier, auprès duquel on éleva une mosquée. Son père ne lui survécut pas long-temps. »

Des divers traits de piété filiale qu'on trouve épars dans quelques volumes, celui que nous venons de rapporter nous a semblé l'un des moins connus et des plus remarquables. Se dévouer pour un vertueux père, sauver de la flamme de tendres parents, mourir pour sa mère, ce ne sont là que des devoirs doux et sacrés. Mais, timide jeune fille, boire un verre de sang pour enlever à la mort l'auteur de ses jours; mais, honnête et vertueux jeune homme, se mutiler et s'avilir pour épargner un père criminel, — c'est de l'héroïsme.

Au reste, on n'a fait de l'amour filial une vertu que parce qu'il y a des monstres, et que les fils dénaturés ne sont pas encore des exceptions assez rares.

Le ciel pourtant y regarde; et les parents offensés ne peuvent pas ignorer qu'il y a un Dieu qui prend en main leur vengeance. — Souvent elle est visible. — Un jeune Seigneur russe, devenu maître de ses biens, mettait son père hors de chez lui. Comme il le traînait par les cheveux sur le perron de pierre, la tête du vieillard heurta contre la troisième marche : — Arrête, mon fils, s'écria-t-il, je n'ai traîné mon père que jusqu'ici!

Un chevalier du Tyrol, impatient de la longue vie de son vieux père, l'avait relégué dans une sorte de cachot, au fond de sa basse-cour; et là, tous les matins, il lui envoyait par son fils, alors jeune enfant, une espèce de brouet dans un pot de terre. Le bonhomme mourut; le chevalier ordonna qu'on brisât le pot, qui était pour lui un fâcheux souvenir. — Non, mon père, dit l'enfant, conservons-le au contraire; il servira encore quand vous serez vieux.

Le fabliau de *la housse coupée en deux* est un fait de même morale. Un gentilhomme mariant son fils lui avait donné tous ses biens. Sa bru, devenue mère, trouva qu'il vivait long-temps; c'est peindre le jeune Seigneur que de dire qu'il ouvrit son cœur à de telles insinuations. Après avoir abreuvé de dégoûts son vieux père, il le chassa du château. Le pauvre homme ayant demandé quelques vêtements qu'on lui refusa, supplie qu'au moins on lui donne, pour le garantir du froid, une mauvaise housse qui était dans l'écurie. On envoie le jeune fils, âgé de dix ans, chercher cette housse; il n'en rapporte que la moitié. Son père, honteux lui-même de cet excès, le lui reproche. — J'avais gardé l'autre moitié pour vous, dit l'enfant; car, lorsque vous serez vieux, je vous chasserai à mon tour, comme vous chassez votre père.

On ajoute que ces paroles firent rentrer en lui-même le fils ingrat. Dieu veuille que ce dénoûment soit vrai! — et que sa bonté amollisse les cœurs durs!

Abordons maintenant une anecdote moderne,

grave, triste pour le cœur, humiliante pour l'esprit humain. Nous ne la retracerons qu'à regret.

C'était grande presse au Théâtre-Français à Paris, le 24 novembre 1696. On représentait pour la première fois une comédie nouvelle en cinq actes; *le Flatteur*, tel en était le titre. L'auteur n'avait que vingt-cinq ans; il annonçait, disait-on, un talent remarquable. On ajoutait que, plein de petites faiblesses et porté à l'adulation, il s'était sans y songer peint lui-même dans son œuvre. Les habitués du parterre faisaient circuler dans la salle le nom du grand homme précoce; il s'appelait Verniettes. Mais ses amis savaient que c'était là un nom d'emprunt. Les uns l'excusaient, en rappelant Poquelin, qui s'était fait nommer Molière; Boileau, qui signait Despréaux; Jolyot, devenu M. de Crébillon. Les autres se moquaient du jeune poète; ils ne trouvaient pas bon qu'il parût embarrassé de son origine et honteux du nom de son père. Regnard, qui avait fait représenter le *Joueur* l'année précédente, communiquait à Dufresny, avec qui il s'était réconcilié, l'anagramme de ce nom de *Verniettes*, dans lequel il trouvait : *Tu te renies*.

La salle était pleine, comme c'était déjà l'usage depuis long-temps, aux premières représentations du Théâtre-Français. Le père du poète qu'on allait juger, bonhomme que son fils n'avait ni prévenu, ni invité à la fête, s'était ému cependant. L'honnête bourgeois sentait tout ce qu'il y avait de doux pour son cœur dans la gloire de son enfant. C'était en s'imposant de longs sacrifices et de dures privations qu'il était parvenu à lui donner l'éducation dont il allait produire les fruits. Ce bon père était donc entré au théâtre, pour son argent; et il écoutait avec un cœur palpitant au beau milieu du parterre. Aux applaudissements qui ne se firent pas attendre, il se pâmait d'aise; fier des triomphes de son fils, il ne put contenir sa joie; et dans son naïf orgueil, il fit connaître à ceux qui l'entouraient qu'il était le père de l'auteur. Il se vit aussitôt l'objet de toutes sortes d'égards; les compliments affectueux, les félicitations bienveillantes achevèrent son ivresse.

— Comment se fait-il, lui dit un de ses voisins, qu'ayant l'honneur d'être le père du poète que nous applaudissons, vous ne soyez pas placé là, aux premières loges?

— Je vais vous dire le fait, répondit le brave homme. Mon fils ne m'avait pas averti. Peut-être que le pauvre enfant craignait une chute qui m'eût fait de la peine. Mais dans un cas pareil, ne devais-je pas être là pour le consoler? Peut-être aussi redoutait-il, s'il me montrait, que je ne fisse devant ses amis ce qu'il appelle mes cuirs, comme si ce n'était pas de mon état. On sait bien que je ne suis pas de l'Académie. Mais je ne veux que l'embrasser un des premiers; et puis je le laisse à sa société de beaux esprits.

L'un de ceux qui recevaient ces confidences ingénues était le poète Lafosse, de qui l'on venait de jouer *Polyxène*, en attendant *Manlius*; il fut touché d'une tendresse si vraie : et quoique cet homme sentît la poix, comme disaient à distance quelques plaisants, dès que la représentation fut finie il le conduisit au foyer. On ne s'y entretenait que du succès complet de l'ouvrage. L'auteur parut bientôt, entouré de jeunes seigneurs qui le félicitaient.

— Ah! mon cher fils! s'écria tout à coup une voix émue.

Et l'on vit, se faisant place dans la foule, l'honnête spectateur du parterre, qui, les bras ouverts, s'élançait vers le poète entouré d'encens.

Mais, hélas! pourquoi l'histoire inflexible nous oblige-t-elle à l'écrire? Pourquoi l'orgueil, ce germe de tant de misères, règne-t-il si souvent comme un obscur brouillard autour du mérite? Le poète aux petites faiblesses pâlit, recula, étendit les mains au devant de l'approche du vieillard et balbutia ces mots :

— Qui êtes-vous?... Je ne vous connais pas...

— Quoi! Jean-Baptiste! reprit le bonhomme consterné, vous ne connaissez pas votre père! Je suis votre père, Jean-Baptiste...

Mais l'auteur s'était enfui, en répétant : — Je ne vous connais pas, — et laissant son pauvre père en larmes au milieu d'un cercle brillant et muet, qui n'avait pas prévu une telle scène.

Quelques-uns des assistants firent au brave homme, avec un sérieux intérêt, des questions auxquelles son cœur gonflé ne lui permit plus de répondre. Un gentilhomme charitable le reconduisit dans sa voiture. Tout ce qu'on sut, c'est que le père du poète était un honnête et pauvre cordonnier; et que ce poète, qui commençait ainsi sa renommée par un succès et par un opprobre, s'appelait, de son vrai nom, — Jean-Baptiste Rousseau.

Pendant quelques jours, ses amis ne le revirent pas. Que se passait-il dans sa conscience? Une expiation y naissait; il n'eut pas le courage de se reconnaître tout de suite et de réparer. Il crut qu'on oublierait ce qu'il venait de faire. Il ne savait pas que le monde, si relâché, est pourtant d'une sévérité inexorable sur certains points de morale éternelle, comme celui qu'il venait d'outrager. Son ingratitude ne lui fut pas heureuse. Ses amis ne lui donnèrent plus d'autre nom que son nom de Rousseau, qu'il fut obligé de porter. Il devint sombre; ses défenseurs eurent beau dire que son père avait des habitudes d'ouvrier qui pouvaient l'humilier, il remarqua bien que tout le monde le regardait d'un certain air, que les bonnes familles l'évitaient, et que certainement il était marqué d'une tache.

L'orgueil et l'amertume agitèrent son fiel; il fit des épigrammes; ce qui lui détermina des ennemis. Il lui vint des contre-temps; le succès de sa comédie ne se soutint pas; elle était en prose; il crut la relever en la mettant en vers; il n'y parvint point. Il produisit d'autres pièces de théâtre qui furent peu accueillies; et aujourd'hui toutes ces œuvres frivoles sont oubliées.

Cependant il s'était logé à l'écart; il avait caché sa demeure à son père. Le pauvre cordonnier mourut tristement sans avoir revu son fils. A cette nouvelle, Jean-Baptiste Rousseau cessa d'être le plus fort; la voix de sa conscience l'écrasa; il se fit en lui une révolution; brisé par le remords, il sentit combien l'orgueil touche de près à la bassesse. Il se rappela son père, ce qu'il lui devait, ce qu'il lui avait coûté; sa tendresse, ses travaux obstinés, ses efforts pour payer l'instruction qui lui avait troublé le cœur. Les années de son enfance, les premiers jeux, les premières sollicitudes, les premières caresses, toutes les images du passé se dressèrent devant lui. Alors il eût voulu réparer; il ne le pouvait plus; son père était mort sous l'affront; il n'y avait plus de voix qui pût lui dire : — C'est oublié.

Oh! malheur! malheur! quand la mort se place entre deux cœurs qui ne se sont pas réconciliés!

Il voulut expier; mais comment expier sans sacrifices? Dieu, dans ce qu'il avait fait, n'était pas offensé seul, ce Dieu qui a dit : — Tu honoreras ton père et ta mère, afin que tu vives longuement sur la terre que je te donnerai. — Et ce Dieu fut pourtant son asile; il pria; il chercha des consolations dans la lecture des psaumes et des autres livres saints. Il fit ses magnifiques odes sacrées; et le public, en admirant ces grandes et sublimes poésies, disait: — Quel dommage qu'un si haut génie ait commis une telle lâcheté!

Mais il ne devait pas vivre bien longuement sur cette terre de France que Dieu lui avait donnée. Comme nous l'avons dit, il avait fait des épigrammes; à charge à lui-même après sa faute, il s'était jeté dans la société des écrivains qui fréquentaient le café Procope. Son humeur acerbe et mordante l'avait fait redouter et haïr. On l'avait accusé de déchirer en secret ceux qu'il flattait en face. Un orage se forma contre lui. Des couplets infâmes, dirigés contre les hauts personnages de la cour, circulaient alors dans Paris. Ces couplets avaient été lus, relus, retouchés, applaudis au café Procope, on le savait; on disait que Rousseau y avait mis la main; d'autres en étaient les coupables. Comme personne ne les avouait, on les lui attribua; en vain il nia et se défendit; personne ne voulut le croire, et en 1712 il fut banni de France.

Il erra d'abord dans la triste Allemagne, où personne alors ne parlait le français. Il fut moins malheureux à Vienne. Son nom, illustré par ses odes, le fit accueillir de quelques grands seigneurs, dont la généreuse hospitalité le consola un peu. A leur tête on remarquait le comte du Luc de Vintimille, noble français qui se déclara son protecteur et à qui il témoigna sa reconnaissance par une ode célèbre.

Il chercha à s'étourdir un peu en se jetant dans la société nouvelle qui lui ouvrait les bras ; mais il n'avait pas l'esprit de conduite qui pouvait l'y maintenir. Il se relâcha de ses sentiments chrétiens, revint à ses épigrammes et se fit de nouveaux ennemis. Il perdit les bonnes grâces du prince Eugène, qui lui faisait du bien et qui lui reprocha de manquer de sincérité.

N'étant plus à Vienne très-bien vu, il quitta l'Allemagne et passa, en 1722, à Bruxelles, avec des lettres de recommandation. Le marquis de Prié, plénipotentiaire d'Autriche, lui fit accueil, lui donna un logement à la cour et ne négligea rien pour lui rendre agréable le séjour des Pays-Bas. Mais Jean-Baptiste Rousseau, retombé dans les mauvaises qualités d'un cœur peu élevé, reconnut les bontés du marquis de Prié en écrivant contre lui. Une contestation s'était élevée entre ce seigneur et le comte de Bonneval, autre banni, à qui le poète voulait faire sa cour en perdant le plénipotentiaire auprès du prince Eugène. Ce fut lui-même qui se perdit derechef. On lui ôta son logement à la cour.

Il s'en consola ; en ce moment la fortune lui souriait. La maison du duc d'Arenberg lui était ouverte; son couvert était toujours mis à la table de ce seigneur. Les gentilshommes, en ce temps-là, étaient lettrés et amis des lettres. Par l'intervention du duc, Rousseau avait vendu à un libraire de Londres, moyennant dix mille écus, une édition de ses œuvres. Il avait placé ces fonds dans la compagnie d'Ostende, et il touchait dix pour cent d'intérêt. La morgue vaniteuse lui était revenue. Mais en 1726 il perdit sa petite fortune dans la déconfiture de la compagnie. Il s'était attaché au comte de Bonneval, l'un de ces mauvais sujets qui sont, dans tous les temps et dans tous les pays, la terreur des familles honnêtes. Vers ce même temps, Bonneval, qui avait eu de scabreuses affaires dans toutes les cours de l'Europe, et qui s'était montré partout homme sans religion et sans mœurs, fut expulsé encore des Pays-Bas, se retira en Turquie, se fit musulman pour combler les scandales d'une vie de désordres; et Rousseau se trouva isolé.

Dans tout ce que nous disons de ce grand poète, nous ne nous occupons que de sa vie morale. Si nous avions à traiter de son mérite, loin de suivre les critiques des quinze dernières années, nous maintiendrions les jugements de La Harpe; et nous élèverions toujours Jean-Baptiste Rousseau au premier rang des poètes lyriques. Mais ce n'est pas ici le lieu des discussions littéraires; laissons donc le poète et retombons avec l'homme.

Il lui était permis, depuis la mort de Louis XIV, de venir à Paris. Le régent lui avait même fait écrire, dès l'année 1717, qu'il pouvait rentrer en France. L'orgueil du banni ne se contentait pas de cette grâce; il voulait qu'on revisât le procès des *Couplets* et qu'on le blanchît. On ne jugea pas à propos de réveiller ces infâmies. Rousseau se tint donc fièrement hors de France, sachant bien qu'à Paris il ne serait reçu nulle part; et pourtant il y faisait de temps en temps un voyage. Il y vint en 1726. Il s'adressa à Rollin, qu'il avait déjà visité quelquefois, et entre les mains duquel il voulait remettre son testament. Dans cet acte, il désavouait de nouveau les couplets. Rollin, plein d'indulgence et de compassion, pénétré d'ailleurs de cette doctrine des théologiens que M. de Lamartine a admise dans ses vers :

« Le repentir est une autre innocence, »

voulait bien ne pas le croire coupable; mais il l'empêcha, dans ce testament même, d'accuser Saurin, comme il le faisait; car il attribuait les couplets à cet homme.

— Vous pouvez, lui dit le recteur de l'Université de Paris, vous disculper sur le témoignage de votre conscience; mais charger un autre, sans preuves, des torts que vous expiez, ce serait risquer une affreuse calomnie.

Ce jour-là, l'hôte de Rousseau, pour le fêter un peu, avait invité à souper quelques amis recommandables. Au milieu de la splendeur qui l'entourait, Rollin était resté simple et modeste.

— Vous regardez ces couteaux, dit-il au poète en se mettant à table; ils ne sont plus de mode; mais j'y tiens et je les respecte; c'est mon père qui les a faits.

Puis, devant les premiers présidents et les grands seigneurs, il ne croyait pas s'abaisser en parlant de son excellent père, humble coutelier de la rue des Blancs-Manteaux, qui avait dû polir et emmancher bien des lames pour suffire aux frais de son éducation.

— Eh! mon Dieu! dit un savant anglais qui se trouvait parmi les conviés, les grands hommes n'ont pas besoin d'origine. L'un des poètes qui font les délices de Londres est fils d'un cordonnier; et il a fait des souliers avant de faire des livres. Il a le cœur trop grand pour en rougir.

Jean-Baptiste Rousseau devint pâle et tremblant; il changea la conversation et l'amena sur son triste procès.

Il demanda à un grave président qui soupait en face de lui, s'il n'y avait donc plus d'espoir de reviser la sentence qui l'avait injustement flétri.

— Après seize ans, dit le magistrat, ce serait difficile. On appellerait cela remuer de la boue mal à propos.

— Les familles salies dans les couplets s'y opposeraient, dit un autre convive; et puis, qu'y gagneriez-vous?

— Ce que j'y gagnerais! J'établirais mon innocence.

— Par quel moyen? Vous renieriez vos couplets?

— Oui, certes! ils ne sont pas de moi.

— On ne vous croirait pas, répondit le président;

8.

il faut d'autres preuves. J'ai entendu vingt fois agiter cette question...

Le vieux magistrat fit une petite pause, but une gorgée de vin et reprit :

— On vous dirait : Tout mauvais cas est niable. On répéterait ce qui souvent s'est dit de vous : — Il a renié son père ; il peut renier ses enfants...

Ces paroles terribles furent pour l'infortuné un coup de tonnerre. Il poussa un gémissement de douleur ; sa tête s'affaissa sur sa poitrine ; et l'on fut obligé de le faire sortir.

Sentant de nouveau que Paris, où sa faute noire s'oubliait si peu, lui était inhospitalier, il en repartit le surlendemain et retourna à Bruxelles.

Comme on l'a vu, il avait conservé peu d'amis dans cette ville. Mais les hommes de mérite n'y mouraient pas de faim. Les seigneurs des vieilles maisons tenaient à l'honneur de pensionner des écrivains : et le duc d'Arenberg, entre autres, faisait à Rousseau un traitement annuel de quinze cents francs. Il devait perdre aussi, non l'appui désintéressé, mais les bonnes grâces de ce noble duc. Voltaire étant venu à Bruxelles, appelé par un procès, le poëte exilé lui lut l'*Ode à la postérité*, qui commence par ce fâcheux hémistiche :

> Vierge non *encor née*...

Ce calembour farouche et involontaire, que la superbe obstination de l'auteur n'a pas fait disparaître, préoccupa le caustique auditeur, qui eut la malice peu polie de lui dire : — Je crains bien que votre ode à la postérité ne parvienne pas à son adresse.

Du moins c'est ainsi qu'on le raconte.

De ce moment, le banni rompit avec Voltaire, qui s'en vengea en prenant un cousin de Rousseau pour son valet de chambre.

Quelque temps après, Jean-Baptiste, toujours tourmenté, publia dans un journal que Voltaire avait écrit de lui des choses affreuses à son protecteur. Le duc d'Arenberg, mécontent de cette démarche qui le compromettait et du secret de ses correspondances ainsi violé, n'accueillit plus le poète dans son intimité. Celui-ci se piqua, refusa d'abord la pension qu'on lui faisait toujours, puis se décida pourtant à la toucher et continua d'occuper le logement que le duc lui donnait.

Les revers, les humiliations et les peines avaient de nouveau ramené le banni au sentiment religieux. Ses dernières années furent plus exemptes de faiblesses. Il accepta mieux les expiations et il mourut en chrétien, non pas, comme on l'a dit, au hameau de La Genette, mais à Bruxelles, dans une maison du Grand-Sablon qui appartenait à la famille d'Arenberg.

Lorsqu'on apprit à Paris cette mort, qui avait eu lieu le 17 mars 1741, Piron fit au pauvre poète une épitaphe que nous transcrivons :

> Cy gît l'illustre et malheureux Rousseau.
> Le Brabant fut sa tombe, et Paris son berceau.
> Voici l'abrégé de sa vie,
> Qui fut trop longue de moitié ;
> Il fut trente ans digne d'envie
> Et trente ans digne de pitié.

Ces vers ne furent pas inscrits sur son tombeau. On l'avait convenablement inhumé aux Petits-Carmes. Mais quand vinrent les bouleversements causés par l'agitation républicaine de 1794, on supprima le couvent où reposait la cendre du poète; on en fit une prison. Alors on transporta les restes de Jean-Baptiste dans la sacristie de Notre-Dame-du-Sablon, avec l'espoir de lui consacrer une pierre tumulaire, espoir dont les circonstances avaient retardé jusqu'à nos jours la réalisation. Ce n'est que récemment qu'on lui a rendu le dernier honneur. On lit sur la pierre posée dans l'église du Sablon à Bruxelles cette inscription simple et digne :

« Ici ont été déposés, le 19 décembre 1842, par
» ordre de S. M. Léopold Ier, roi des Belges, et par
» les soins du ministre de l'intérieur J.-B. Nothomb,
» les restes mortels du poète J.-B. Rousseau, né à
» Paris le 6 avril 1670, mort en exil à Bruxelles
» le 17 mars 1741. »

Jean-Baptiste Rousseau est un des exemples de ce fait remarqué, — qu'il y a trop souvent dans les grands écrivains deux hommes, — l'homme public dont les œuvres charment, l'homme privé dont les actions choquent, — comme si le génie devait se racheter par un triste contre-poids, qui est une dure leçon pour l'orgueil.

LE MORT COURONNÉ.

> Heureux l'enfant qui mérite sans réserve les bénédictions de son père.
>
> KOTZEBUE.

Il n'y a presque pas de faits prodigieux, de merveilles et de grandes actions historiques, dont on ne retrouve dans nos annales le glorieux pendant. Nos fastes sont une mine riche et féconde que l'on n'épuisera pas de long-temps.

Vous avez lu peut-être la touchante histoire d'Inès de Castro, célébrée par mille récits attendrissants, par un épisode de la *Lusiade*, par une tragédie de Lamothe, par un drame de M. Lucien Arnault, par un tableau de M. de Forbin. Vous savez comment (pour parler à la manière des chroniques) don Pèdre de Portugal, fils du roi Alphonse IV, devint épris de la séduisante Inès de Castro; comment il obtint du Saint-Siége la permission de s'unir à elle par un mariage secret; comment son père, instruit de cette union, fit tout pour la rompre, et, n'y parvenant point, permit à des assassins de tuer Inès ; comment l'inconsolable don Pèdre, devenu roi, expia par de cruelles vengeances le meurtre d'une femme qu'il ne cessa de pleurer qu'en cessant de vivre.

Il fit plus que la venger. Dès qu'il fut monté sur le trône, en 1357, il assembla les états de son royaume, y déclara, en présence du nonce, son mariage avec Inès, en fit dresser l'acte, qui fut solennellement publié par tout le Portugal, fit reconnaître les enfants nés de ce mariage comme habiles à succéder à la couronne ; et après avoir juré le serment, qu'il tint, de n'avoir jamais d'autre épouse, il fit exhumer le corps de la princesse infortunée ; il ceignit du diadème le front d'Inès morte et voulut qu'on rendît à ses restes inanimés les honneurs souverains. Tous les corps de l'État la saluèrent reine ; après quoi elle passa du trône dans un pompeux mausolée, où elle attendit don Pèdre.

Une cérémonie aussi imposante avait lieu chez nous, près de trois siècles auparavant. Seulement, on n'y put remarquer que les plus nobles sentiments de l'âme et les plus pures vertus ; il n'y eut là ni vengeances exercées, ni sang répandu. La haine et la fureur ne se mêlèrent pas à l'amour.

Il nous faut reprendre les choses d'un peu haut, pour faire connaître l'âme extraordinaire que nous voulons opposer à don Pèdre.

Baudouin de Constantinople étant mort en 1206, dans les fers des Bulgares, ce fut Jeanne, sa fille aînée, qui lui succéda dans les riches comtés de Flandre et de Hainaut.

Jeanne à son tour mourut en 1244, sans laisser d'enfants; et Marguerite, sa sœur, devint comtesse de Hainaut et de Flandre.

Cette autre princesse, dont la vie n'a pas laissé un souvenir sans tache, et qu'on appelait à cause de sa violence et de ses fureurs, Marguerite l'Enragée, Marguerite la Noire-Dame, aussi fréquemment que Marguerite de Constantinople ou Marguerite de Flandre; cette princesse avait épousé Bouchard d'Avesnes, son tuteur, l'un des premiers seigneurs du Hainaut, descendant d'aïeux héroïques, estimé pour sa sagesse et sa valeur. Elle en avait eu deux fils, Jean et Baudouin. La cour de France avait tout fait pour favoriser ce mariage, qui empêchait Marguerite de donner sa main à un prince anglais; alliance que l'Angleterre avait projetée, et que la France redoutait extrêmement.

Néanmoins ce mariage avait quelque chose d'irrégulier. On publia bientôt que Bouchard d'Avesnes, destiné à l'église, était déjà entré dans les ordres, qu'il avait reçu le sous-diaconat, qui oblige au célibat religieux; et qu'il avait caché cette circonstance pour épouser sa pupille. — Que cette allégation fût exacte ou exagérée, on s'en appuya pour demander la rupture du mariage. — Il paraît toutefois qu'on faisait à Bouchard d'Avesnes un reproche fondé, comme ses démarches le feront bientôt voir.

Marguerite, soit qu'elle n'aimât pas son mari, soit qu'elle sentît sa conscience effrayée, le pressa d'aller à Rome et de se soumettre au Saint-Siége, juge suprême d'une situation comme la sienne. Bouchard partit; le Pape leva les obstacles, lui accorda les dispenses dont il avait besoin, et valida son mariage. Mais, pour pénitence de sa faute, il le condamna à un pèlerinage d'un an dans la terre sainte; et il lui ordonna de remettre Marguerite entre les mains de sa famille.

Baudouin accomplit le pèlerinage; puis il mourut quelque temps après, dans un second voyage qu'il fit en Italie. Selon les uns, il fut assassiné en chemin; selon d'autres, il s'éteignit dans une prison à Rupelmonde. Mais le pape Innocent IV déclara ses enfants légitimes.

Quelque temps après, Marguerite épousa en secondes noces Guillaume de Dampierre, dont elle eut trois fils. Le premier mourut de ses blessures au retour de la grande croisade de saint Louis. Les deux autres devinrent l'objet de toute l'affection de leur mère, qui, marâtre pour les fils que lui avait donnés Bouchard d'Avesnes, cherchait tous les moyens de les déposséder de leur part dans son héritage, poussant la frénésie jusqu'à leur contester leur légitime naissance, elle leur mère, quand le Saint-Siége avait prononcé.

Des guerres sanglantes s'élevèrent bientôt entre les fils et la mère. Le roi saint Louis s'efforça d'y mettre un terme, par un arrêt qu'il rendit comme suzerain. Il adjugea le Hainaut à l'aîné des d'Avesnes, et la Flandre à l'aîné des Dampierre ; sentence qui ne fut reçue qu'à demi par la mère et par les fils.

Jean d'Avesnes mourut en 1256, sans avoir été reconnu comte de Hainaut solennellement. Il fut enterré sans pompe à l'entrée de l'église de Leuze ; sa mère Marguerite régnait toujours.

La haine de cette femme s'adoucit un peu devant un enfant, son petit-fils ; c'était Jean II d'Avesnes, jeune prince qui héritait de Jean Ier, mais qui était plus riche que lui en vertus et en tendresse. Il pleura avec beaucoup d'amertume la mort de son père, qu'il avait tendrement chéri. Mais il était fils trop aimant pour murmurer contre son aïeule. La soumission qu'il montra, quand on lui savait un cœur vaillant et une âme énergique, désarma les rigueurs de Margueguerite, qui souffrit qu'on lui donnât le titre de comte de Hainaut. Cependant il ne gouverna point ; et s'il administra, ce ne fut qu'en obéissant, tant que vécut la vieille comtesse, et elle vécut jusqu'à l'année 1280.

Alors, après vingt-quatre ans, Jean II n'avait pas oublié les derniers instants de son père. Dès qu'il se vit salué comte souverain du Hainaut, il exprima son premier vœu : c'était qu'on réhabilitât en quelque sorte le nom sacré de son père, à qui seul il voulait succéder.

Avant donc de consentir aux pompes de son installation, il rendit avec piété à Marguerite sa grand'mère les honneurs funèbres. Puis il s'en alla, suivi de toute sa nombreuse cour, avec les pairs du Hainaut, les officiers et les chevaliers, les seigneurs et le peuple, au cimetière de Leuze. Là, déposant sa toque, car il n'avait pas voulu prendre encore sa couronne de comte, il se mit à genoux devant la tombe de son père.

— O mon père, dit-il, me voici souverain du beau pays qui fut votre domaine. C'est de vous que je le tiens. Pendant votre vie, qui fut trop courte, vous n'avez pu être reconnu comte de Hainaut; quoique mort, je veux que vous le soyez à présent; que la couronne s'arrête sur votre tête froide; que le sceptre et l'épée soient touchés par votre main glacée; que dans nos annales votre nom précède le mien et le bénisse.

Après ce discours, il resta à genoux, priant et pleurant, tandis qu'on exhumait en silence Jean d'Avesnes du cercueil, où depuis vingt-quatre ans il reposait embaumé.

Lorsqu'on eut découvert le pâle visage du mort, le jeune prince se leva, le couvrit de baisers; il lui mit sur le front la couronne, sur les épaules le manteau de comte, et, l'ayant fait placer dans une riche litière, il le fit porter à Mons, suivant par derrière à pied et la tête nue.

A la porte de Mons, les magistrats et les bourgeois, portant d'une main une épée et de l'autre un flambeau, reçurent avec vénération le prince inanimé. En arrivant sur la grande place, où se rendaient les hommages, Jean II le premier salua son père du titre de comte de Hainaut; toute la cour, tous les officiers, tous les chevaliers, tout le peuple. proclama comte souverain Jean d'Avesnes mort; on lui rendit les respects et les honneurs d'usage; et le lendemain le convoi partit, dans l'ordre de son arrivée. Le cadavre parcourut toutes les villes et fut reçu partout comme s'il eût été vivant. Les actes publics qui se firent dans ces jours-là se formulèrent au nom de Jean Ier.

Quand il fut temps de mettre un terme à une pompe si lugubre, Jean II fit ensevelir son père avec éclat, auprès d'Alix de Hollande sa mère, dans le chœur de l'église des Dominicains de Valenciennes. Lui-même alors fut reconnu souverain, dans tout le pays, au milieu de la joie publique,

Son règne tint ce qu'il promettait. Jean II se fit chérir; — il administra bonne justice à tous; — il agrandit et assainit la ville de Mons; — il établit de l'ordre dans les monnaies; — il accorda de nombreuses franchises au peuple. Il eut de hautes prospérités, car il joignit à ses domaines la Hollande, la Zélande et la Frise.

Il eut de sa femme Philippine de Luxembourg plusieurs enfants. Son fils Guillaume, qui lui succéda en 1304 et qui fut surnommé *le Bon*, était si cher à ses sujets et si honoré de ses voisins, que les électeurs, dans un interrègne, le nommèrent vicaire de l'Empire, et qu'il eût pu, dit-on, s'asseoir sur le trône impérial, s'il eût voulu pour cela faire quelques démarches, et s'il n'eût mieux aimé rester dans son bon pays de Hainaut.

LE CHEVALIER DU CYGNE.

> Idole des grands cœurs, noble chevalerie !
> CHAUSSARD. *Poétique secondaire.*

Le quatrième commandement n'embrasse pas seulement les devoirs réciproques des enfants et des pères ; il s'étend aussi aux hiérarchies religieuses, politiques et domestiques. A ces derniers devoirs se rattache la légende qui suit :

On voit dans Tacite les usages ou du moins les principes de la chevalerie en vigueur chez les Germains ; et Boucicaut, dans le préambule de ses *Amazones révoltées*, prétend que les compagnons de Thésée étaient déjà des chevaliers errants. Mais nous nous contenterons de l'autorité de Tacite pour admettre la possibilité (car nous ne soumettons qu'une présomption) de l'établissement de l'ordre du Cygne un peu avant l'ère chrétienne.

On lit dans de vieilles chroniques, que Salvius Brabo, qui, disent-elles, donna son nom au Brabant, et que Jules César investit du gouvernement des Gaules belgiques, voulant établir la concorde parmi les chefs ou seigneurs de ses vastes domaines, les lia par les serments et les vœux de la chevalerie, et leur accorda pour décoration un cygne, symbole de candeur, attaché au cou par une chaîne d'or.

Des monuments du quatorzième siècle représentent le chevalier du Cygne dans son armure de fer, avec la petite toque noire, le long manteau gris foncé, le plumet rouge sur l'oreille, et le cygne suspendu au cou. Et dans le cas où ce ne serait pas à Salvius Brabo qu'il fallût attribuer l'honneur d'avoir institué cet ordre, d'autres investigateurs l'accordent à Charlemagne. Mais ici nous manquons également de documents certains. Madame de Genlis ne s'est fiée qu'à de vagues traditions, en plaçant l'action de son roman des *Chevaliers du Cygne* à la cour du fils immortel de Pepin-le-Bref. Il paraît constant toutefois que la chevalerie existait, formellement organisée sous ce grand prince. Il fit venir d'Aquitaine le prince Louis, son fils, pour l'armer chevalier avec l'épée, les éperons et tout l'équipage d'un homme de guerre, cérémonie dont on retrouve des exemples dans l'histoire de nos premiers chefs.

Voici néanmoins la légende la plus généralement admise du chevalier du Cygne.

En l'an de notre Seigneur 711, Thierry, duc de Clèves, ayant pris part aux guerres de Pepin de Herstal, fut converti par un saint personnage à la mansuétude chrétienne. Venant à repentir, il laissa ses états à sa fille unique Béatrice, qui n'avait que seize ans; il se retira par pénitence en une solitude inconnue.

La jeune duchesse de Clèves eût fait tout au monde pour détourner son père de sa pieuse résolution. Mais elle n'en fut instruite que par le testament, qu'il lui laissa lors de sa fuite. Elle y apprit la détermination du vieillard; elle y trouva une sorte de lettre qui engageait tous ses vassaux à la protéger.

Après plusieurs jours donnés aux larmes, Béatrice se mit donc à songer au gouvernement de ses états. Elle fit part à ses vassaux de l'allocution que leur adressait son père; elle les manda, et leur fit enjoindre par un sergent d'armes de venir selon la loi lui prêter foi et hommage. Mais les seigneurs, qui avaient redouté Thierry, craignant peu une jeune fille, se refusèrent pour la plupart au devoir féodal; et les princes voisins résolurent de profiter de ces troubles, pour dépouiller Béatrice de son duché.

Secondés par quelques-uns des seigneurs rebelles, ils vinrent en armes. Elle appela ses fidèles et se retira au bord du Rhin, dans un petit château très-fortifié, où ses ennemis, ayant ravagé la campagne, se décidèrent à l'assiéger. Elle s'arma pour encourager les siens; mais plusieurs fois pourtant, elle parut sur les remparts crénelés, n'ayant sur ses beaux cheveux, au lieu de casque, qu'une simple banderole de gaze blanche, qui en liait le sommet et flottait au vent. Parmi les guerriers qui s'étaient levés contre elle, plusieurs ne purent la voir sans en devenir épris, car elle était belle et douce; ils lui offrirent leur main, et bientôt la discorde se mit dans le camp. Aucun d'eux toutefois ne parla au cœur de Béatrice. Comme autrefois Pénélope, la jeune duchesse de Clèves ne vit toujours que des objets odieux dans ses adorateurs.

Elle leur demanda du temps pour se prononcer.

Mais après quelques lenteurs, ils exigèrent une résolution qu'elle n'eut pas la force de prendre; et ces rivaux irrités recommencèrent le siége; ils le pressèrent avec tant de fureur, qu'au bout d'un mois d'efforts, les murailles abîmées offraient une brèche effrayante. Béatrice s'attendait à voir le lendemain sa retraite au pouvoir de l'ennemi; ses fidèles défenseurs avaient succombé presque tous; elle était décidée à mourir plutôt que de donner sa main à aucun de ses persécuteurs, quand le ciel parut venir à son aide.

Le vieux duc Thierry s'était retiré, sous le pieux habit d'ermite, dans un lieu peu accessible de la forêt des Ardennes. Là il priait Dieu, au bord d'un petit étang; il avait auprès de lui un jeune seigneur du Luxembourg, nommé Erlinn, qui l'ayant rencontré dans la forêt, venait le voir tous les jours. Pendant qu'ils étaient en contemplation, ils virent un jeune cygne poursuivi par des oiseaux de proie; le bel oiseau leur échappa long-temps; mais enfin, épuisé, il se réfugia sous les pieds d'Erlinn, en poussant des cris de détresse. Ce fut pour Thierry un trait de lumière; il saisit la main d'Erlinn :

— Jeune homme, dit-il, le moment est venu où vous devez savoir qui je suis. Mon nom est Thierry; quand je vivais au monde, j'étais duc de Clèves. Je n'ai laissé qu'une fille; ses voisins et ses vassaux sont armés contre elle; jeune homme, il faut que vous soyez son appui. Allez prendre vos armes.

Erlinn se leva à l'ordre du vieillard; et bientôt il revint armé. Le duc Thierry lui mit dans les mains deux lettres pour Béatrice, l'une qu'il devait présenter en paraissant devant elle, l'autre dont il ne devait faire usage que s'il la sauvait. Il lui donna l'accolade, l'arma chevalier et le bénit. Après quoi le jeune homme ayant rassemblé à la hâte quelques braves compagnons, partit avec eux dans une barque et descendit le Rhin.

Béatrice était donc tristement assise sur la plus haute tour de sa retraite désolée, se préparant à l'heure suprême; elle contemplait d'un œil mélancolique le fleuve majestueux qui coulait à ses pieds. Tout à coup, dans le silence d'une belle nuit d'été, que la lune éclairait de ses plus purs rayons, elle aperçoit une longue barque qui s'avance à pleines voiles;

bientôt elle peut distinguer les guerriers qu'elle amène ; le mât se balance surmonté d'un cygne éclatant de blancheur ; un vaste écusson aux mêmes armes est suspendu un peu plus bas. Au-dessous est un chevalier de bonne mine, dont les yeux semblent fixés sur Béatrice. Un héraut pousse ce cri d'une voix puissante :

« Un envoyé du duc Thierry ! »

A ce mot, qui n'éveille le camp ennemi que pour y semer la terreur, la jeune fille descend éperdue. Elle fait ouvrir les portes ; elle s'assied sur son trône ducal, pour recevoir dignement l'ami de son père. Jamais chevalier d'aussi noble maintien n'avait paru devant elle. Il dit son nom ; il remet la lettre de l'ermite ; elle ne contenait que ces mots :

« Que celui que je vous envoie, ma fille, soit votre libérateur. »

Béatrice baisa la lettre, en la couvrant de larmes de tendresse et de joie, heureuse de savoir que son père vécût encore, attristée de n'être plus sous son puissant appui.

Elle remplit, avec autant de grâce que de noblesse, envers Erlinn et ses compagnons, les devoirs de l'hospitalité.

Après un repas substantiel, où elle-même servit ses hôtes, ils dormaient depuis quelques heures, quand le cri d'alarme annonça que l'ennemi venait à l'assaut. Erlinn, que les insurgés appelèrent le chevalier du Cygne, à cause de son bouclier et de son casque, qui portaient cet emblème, parut bientôt à la tête de ses amis. Il repoussa les assiégeants ; et faisant une sortie audacieuse, il dévasta leur camp, brûla leurs palissades et leurs tentes, et les mit en pleine déroute. Après quoi, il fit publier ce ban dans toute la contrée : Que tout chevalier qui prétendrait à la main ou aux états de la duchesse de Clèves pouvait se présenter en lice.

Pendant quarante jours, Erlinn combattit sans relâche les princes coalisés et les seigneurs rebelles ; et toujours le chevalier du Cygne fut vainqueur.

Alors tous les ennemis de Béatrice demandèrent la paix ; le duché de Clèves se trouva délivré. Alors aussi Erlinn remit la seconde lettre de Thierry. Elle était conçue en ces termes :

« Que celui qui a sauvé vos états, ma fille, en soit toujours le défenseur. Si c'est Erlinn, il est digne de votre main ! »

La jeune fille s'émut à cette lecture, quoiqu'elle n'eût lu que des yeux. Elle fit un effort sur elle-même ; et présentant la lettre au chevalier, elle se contenta de lui déclarer qu'elle obéissait à son père. L'heureux Erlinn devint duc de Clèves ; il donna le cygne pour emblème aux chevaliers qui l'avaient secondé ; et depuis lui, les armoiries de Clèves ont toujours été un cygne.

Cinquième commandement.

**Homicide point ne seras
De fait, ni volontairement.**

LA DERNIÈRE PAROLE DU MOINE.

> Oh! oui, certes, la dernière parole du mourant, qui meurt devant Dieu, est portée là-haut tout entière.
>
> LE P. ENGELGRAVE.

> Mais Dieu, qui voit tout, le verra.
>
> *Chanson de l'aveugle.*

Le mercredi des Cendres de l'année 1649 assombrissait la ville de Rome de sa teinte si mélancolique et si recueillie chez les peuples catholiques; et cependant à midi, ce même jour, dans une vaste chambre qui servait d'atelier à un peintre, et qui donnait sur le Tibre, cinq joyeux étrangers se disposaient à s'asseoir devant une table de festin.

On voyait que le carnaval de Rome, si bruyant, si animé, joie d'enfants que les peuples du Nord obscurcissent de scandales et d'orgies, n'avait pas suffi aux cinq convives, car ils l'allaient prolonger dans cette journée de pénitence où l'Église catholique prie, demandant le pardon des excès, et rappelant aux fidèles, en mettant la cendre sur leur front, que l'homme est poussière, et que la partie mortelle de son être doit retourner en poussière : *Memento, homo, quia pulvis es et in pulverem reverteris.*

La chambre où nous introduisons le lecteur était élevée d'un étage au-dessus du Tibre, qui baignait le pied de la maison. Trois grandes fenêtres s'ouvraient sur le fleuve, grossi par les pluies de l'hiver ; et l'artiste qui habitait cette demeure pouvait prendre, sans sortir de chez lui, le plaisir calme de la pêche à la ligne ; ce qu'il faisait quelquefois.

Il avait abondamment tapissé son manoir d'esquisses et d'objets d'art. Mais on reconnaissait, à la nature de ces objets, que leur maître n'était pas de ces peintres croyants dont Rome est toujours la patrie. Rien des sublimes magnificences que la foi inspire ne venait réchauffer les froides représentations de la nature matérielle étalées sur ces murailles. Ces esquisses étaient des fêtes, des chasses, des attaques de voleurs, des divertissements champêtres, des scènes grotesques.

Au milieu de ces compositions, variées pourtant et souvent spirituelles, se pavanait un violon avec son archet. L'artiste était aussi musicien ; et il avait coutume de s'animer en jouant un air, avant de saisir ses pinceaux. Contrefait, un peu bossu, ressemblant à un singe par la longueur de ses bras et de ses jambes, fier de ses rudes moustaches retroussées en crochets des deux côtés du nez, qui menaçaient le ciel, ce peintre, au dessin fin et correct, à la couleur vigoureuse et transparente, rachetait les disgrâces de ses formes extérieures par un esprit jovial, par une bonne humeur pleine de bruit, et par des talents appréciés. Il se nommait Pierre Van Laar. Les Italiens l'avaient surnommé *Bamboche*, soit à cause de la tournure singulière de son esprit et de ses formes, soit pour certains de ses tableaux qu'on désigne encore sous le nom de *bambochades*.

Bamboche avait trente-six ans ; et depuis seize années il habitait Rome. Poussin, Claude Lorrain, Sandrart étaient ses amis. Mais ce n'était pas avec eux qu'il faisait ses débauches. Ses convives, ce jour-là, étaient Roelant, Van Laar, son frère aîné, Claes Van Laar, son frère cadet, nés comme lui près de Naarden en Hollande ; André Both, né à Utrecht ; Jean, frère d'André, deux artistes de renommée, qui comptaient à peu près l'âge de Pierre. Les cinq jeunes peintres étaient ainsi tous Hollandais. Ajoutons qu'ils étaient tous les cinq de la secte de Calvin.

Un peu plus de bon sens leur eût fait sentir toutefois que, s'ils manquaient de croyance, à une époque où leur patrie ne tolérait pas les enfants de l'Église Romaine, ils devaient au moins respecter dans Rome hospitalière les lois du souverain ; et ces lois font là du mercredi des Cendres un jour d'abstinence. Mais accoutumés à la douceur du clergé de Rome, ils allaient sans crainte dans leurs voies ; et leur table était servie de plusieurs plats réservés de la veille, au milieu desquels éclatait un énorme jambon du Tyrol.

— Avant de commencer, dit André Both, en inspectant la table, Pierre va nous jouer sur son violon un petit air un peu vif, pour nous exciter.

— C'est vrai, ajouta Claes, nous serons plus en verve.

Les autres appuyèrent si bien la proposition, que Bamboche, qui n'avait pas le défaut de se faire prier, se mit à jouer, avec des contorsions et des gambades, une danse burlesque dont le succès fut complet. A midi et demi, les cinq artistes à table entamaient leur dîner, au bruit d'éclats de rire qui présageaient un tumulte final et des verres brisés au dessert.

— Nous avons tort de nous animer si vivement, dit cependant Bamboche. Ayons un peu plus d'égards pour les usages du pays que nous habitons. Voyez comme tout notre voisinage est calme.

— Bah! bah! répliqua Roelant, on sait que nous ne donnons pas dans la superstition romaine. Les artistes sont libres. Versez à boire!

Et le bruit alla en augmentant.

A quatre heures, les cinq amis étaient tous plus qu'à demi ivres : les uns chantaient de détestables chansons, les autres disputaient ou sifflaient; et la salle retentissait du rauque fracas de leurs voix confuses.

A cette même heure, un pauvre moine franciscain,

passant devant la maison, fut frappé de cette cohue de cris sauvages. Ne soupçonnant pas que des chrétiens pussent être en fête dans un pareil jour, il s'imagina qu'il y avait là une querelle et il se hâta d'entrer avec l'espoir de faire comprendre des paroles de paix. Dirigé par le bruit, il arriva à la porte, l'ouvrit, et recula saisi à l'aspect d'une orgie.

— Entrez, père, dit Jean Both effrontément et balbutiant comme un homme ivre, vous me faites l'effet d'un bon modèle ; venez boire un coup.

Et comme le moine n'avançait pas, Jean Both se leva vivement, courut à lui, le prit par le bras et l'amena devant la table.

— Seigneurs, dit gravement le religieux, je croyais entrer chez des chrétiens. Mais je vois que je me suis trompé.

Il fit un mouvement pour sortir.

— Nous sommes chrétiens comme vous, père, répliqua Roelant en le retenant, et nous ne croyons pas offenser Dieu en mangeant une tranche de jambon.

— Ce qui entre dans le corps ne peut pas être une souillure, dit Jean Both, d'un ton doctoral.

Claes van Laer ajouta d'un air dégagé : — N'a-t-il pas été dit aux apôtres : « Mangez ce que vous trouverez ? »

— Vous me semblez peu en état de raisonner, mes frères, répondit le moine. Pardonnez-moi de vous parler si franchement. Mais, quand même vous seriez de sang-froid, je me bornerais à vous dire : lorsque l'Église commande, c'est à ses enfants d'obéir et non de discuter. On augure mal d'une famille où les enfants disputent, d'une maison où les serviteurs raisonnent, d'une armée où les soldats délibèrent. D'ailleurs, on le sait bien, ce n'est pas la nourriture qui souille, mais la désobéissance à une autorité légitime.

— Il me semble, dit André Both, d'une voix tout à coup devenue sombre, que le père capucin nous insulte.

— Non, mes frères, je vous plains, répliqua le moine; et dans un tel jour, je vous supplie de vous abstenir de scandale. Si à ma place un des pères du saint-office vous avait en spectacle, vous pourriez bien être exposés à quinze jours de pénitence, dans un de leurs couvents.

— Il a raison, riposta Bamboche; laissez aller le père et quittons la table.

— Pas du tout, cria Roelant; mais ce que tu dis là me fait peur, — et s'il a raison, comme tu le prétends, — ce moine va nous dénoncer. Jean, fermez la porte. Claes, retiens le père. — Ce n'est pas quinze jours de prison que nous aurions à subir; on nous enfermerait jusqu'à Pâques : je connais les usages.

— Et qui sait, poursuivit André Both, si on ne nous bannirait pas de Rome? Nous sommes Calvinistes!

A ce mot, une contraction de douleur plissa tristement le visage du moine. Cependant Claes le tenait violemment par le bras, quoiqu'il ne se débattît aucunement pour s'échapper.

— Il faut nous assurer, dit-il, qu'il ne nous vendra pas. Le moyen, c'est de l'obliger à faire comme nous. Roelant, emplissez les verres; Jean, donnez au père une tranche de jambon.

Ces paroles furent accueillies par des applaudissements. Mais au même instant, le visage si doux et si simple du moine parut empreint d'une merveilleuse dignité. Il repoussa, de la main qui lui restait libre, l'assiette qu'on lui présentait; et après que les artistes ivres eurent vidé leurs verres en portant sa santé d'une voix moqueuse, il leur dit :

— S'il est vrai que vous ayez abandonné notre mère commune la sainte Église Romaine, si vous n'êtes plus dans son sein, je dois me borner à prier et à pleurer sur vous. Mais vous ne pouvez pas ignorer que les enfants restés fidèles obéissent.

— Cela n'empêche pas, dit Roelant, en frappant la table de son poing, qu'il mangera la tranche de jambon.

— Il la mangera, continua Claes; et prenant sur l'assiette le morceau coupé, il l'approcha des lèvres du moine, qui recula avec horreur.

Une scène affreuse se déroula en ce moment; une scène telle qu'on ne saurait la décrire. La nuit s'avançait, le ciel était marbré de nuages sombres; le vent d'orage s'élevait; il venait d'ouvrir violemment une fenêtre. La table, chargée de débris, présentait un désordre effroyable. Les cinq artistes échauffés portaient, dans leurs yeux ternes, dans leurs voix empâtées, dans les traits tirés de leurs visages, dans leurs mouvements, tour à tour chancelants ou énergiques, toutes les marques hideuses de l'ivresse. Il s'y joignait la peur d'être dénoncés, la malice orgueilleuse et la haineuse colère. Le bon religieux, dans leurs mains, était l'objet d'un supplice obstiné. Tantôt debout, tantôt contenu sur un siége, étendu à terre, repoussé sur la table, il n'entendait plus que paroles menaçantes, il ne voyait que gestes sinistres. André Both lui pressait sur les lèvres un verre de vin ; Roelant avançait la tranche de jambon jusqu'à ses dents ; Pierre van Laar, plus doux, l'engageait à se rendre ; Claes cherchait violemment à lui ouvrir la bouche pour le contraindre à manger de force. Le moine résistait en silence ; et quand un instant de relâche lui était donné, il se bornait à répéter ces mots : Mon Dieu, pardonnez-leur et sauvez-moi !

Après que cette lutte affreuse eut duré une demi-heure, Bamboche, qui seul conservait une dernière lueur de raison, chercha à mettre un terme aux excès. — Nous allons trop loin, dit-il ; laissons le père en liberté ; autrement nous nous en repentirons. Contentons-nous de sa promesse qu'il ne nous trahira pas.

— Non, non, s'écria Claes ; après ce que nous venons de faire, nous sommes trop compromis. Outre la violation des lois de son Église, il nous accusera d'outrage sur sa personne. Il faut qu'il pèche en notre compagnie ; ou bien il fera connaissance avec la pointe de nos poignards.

Il tira sa dague en parlant de la sorte. Roelant, Jean et André Both l'imitèrent.

— Un meurtre ! s'écria en hollandais Pierre van Laar; vous méditeriez un meurtre ! vous seriez des assassins ! Mais vous vous perdez, mes amis.

Les poignards s'arrêtèrent en effet, à cette courte allocution.

— Seigneurs, dit alors le franciscain, quoique vous ayez abandonné la sainte Église, vous connaissez peut-être encore l'Évangile. Eh bien ! Dieu est là; il vous voit, et c'est lui qui a dit : « Quiconque se servira de l'épée périra par l'épée. »

— Le père a raison, répliqua Pierre, troublé ; à bas les poignards ! vous n'ensanglanterez pas cette demeure, vous ne serez pas d'infâmes meurtriers.

— Ah, poursuivit Claes, dont l'exaltation ne diminuait pas, le Tibre !...

Et montrant la fenêtre au-dessous de laquelle roulait le fleuve gonflé par l'ouragan, il entraînait le pauvre moine dans cette direction.

— Ah, le moine nous vendra ! dit André Both en s'élançant.

— Ah, il nous livrera à l'Inquisition ! ajoutèrent Jean et Roelant.

Et s'unissant tous les trois aux efforts de Claes,

ils poussèrent le religieux au bord de la fenêtre.

— Mon Dieu, s'écria le moine, devinant leur projet....

Ce qu'il dit de plus fut emporté par le vent de l'orage; le franciscain était tombé dans le Tibre, où les quatre artistes l'avaient lancé.

Pierre, épouvanté, ne prit point de part active au crime. Mais il ne l'empêcha pas.

Et quand ses quatre amis se furent retirés de la fenêtre, frappés d'une subite terreur, qui les glaça et qui rappela leurs esprits, il alla regarder comme pour voir si le fleuve ne rendait pas la victime, qui pouvait encore demander vengeance.

Mais il ne vit rien que la nuit sombre.

Il resta quelques minutes penché sur le gouffre. Rassuré enfin de ne rien voir surnager, espérant que le crime n'avait pas de témoins, il referma la fenêtre et se retourna vers ses compagnons, tous affaissés sur leur siége, dans un morne silence.

Il se passa plus d'un quart d'heure sans que personne ouvrît la bouche.

Enfin Bamboche retrouva la force de parler.

Qu'avez-vous fait! dit-il.

Personne ne répondit, excepté Claes, qui dit :

— C'est malheureux, mais au moins nous sommes délivrés de la crainte.

— Pourvu, reprit Pierre, qu'on ne découvre pas le crime !

— Le crime! répétèrent les autres en se regardant avec stupeur, et ils retombèrent de nouveau dans l'immobilité.

Ainsi, un meurtre effroyable avait été commis, à la suite d'une débauche, par cinq artistes éminents.

Pierre Van Laar avait une réputation étendue ; on recherchait ses ouvrages ; on les payait fort cher. Tous les amateurs voulaient avoir de lui une fête champêtre, ou une rencontre de brigands, ou une scène de pêcheurs, ou une partie de chasse. On admirait ses compositions pleines de mouvement, la vérité de ses ciels et de ses paysages, la finesse et l'esprit de ses figures, le charme de son coloris. Le musée du Louvre, à Paris, est fier encore de posséder deux de ses toiles.

Ses frères, Claes et Roelant, peignaient dans son genre. Moins parfaits que lui, ils avaient aussi une flatteuse célébrité.

Jean et André Both, élèves de Bloemart, émules de Claude Lorrain, qui les vit balancer ses succès, ont laissé des ouvrages dont on louera toujours la belle exécution, les piquants effets de lumière, la couleur vive et brillante, les figures pleines d'esprit et de finesse. Unis par la nature, par l'amitié et par le talent, ces deux frères travaillaient toujours ensemble et ne formaient, pour ainsi dire, qu'un artiste, Jean peignant le paysage et André les figures. Les connaisseurs n'ont jamais cessé de regarder comme un tableau capital et comme un chef-d'œuvre une *Vue d'Italie au soleil couchant* peinte par ces deux maîtres.

Et voilà quels étaient, à la fin d'une orgie, les cinq assassins d'un moine inoffensif.

Ils se séparèrent, le soir du meurtre, dans une situation d'esprit qui ne devait pas être sans inquiétude et sans terreur. On ne retira que deux jours après, un peu plus bas, le corps inanimé du franciscain. La certitude de n'être pas même soupçonnés ne ramena pas la sérénité sur le front des coupables. Sans doute ils eurent des remords; mais que sont les remords sans l'expiation et la pénitence?

Tristes et graves, les cinq artistes, autrefois si joyeux, ne parlaient plus de festins ni de réjouissances. Au lieu de se chercher, comme auparavant, ils se fuyaient; et bientôt Bamboche annonça que, rappelé depuis long-temps dans son pays, il allait y retourner. Les autres, à qui le séjour de Rome était devenu pénible, déclarèrent qu'ils voulaient partir aussi; et ils se disposèrent à régler leurs affaires.

— Il est au moins heureux, dit tristement Pierre, que vous n'ayez pas trempé vos mains dans son sang. Car il a dit : « Celui qui se sert de l'épée périra par l'épée; » et les dernières paroles d'un mourant sont terribles.

— Ah! bah! répondit Claes, superstitions que tout cela! A en croire ta doctrine, parce que nous l'avons noyé, nous péririons noyés aussi?...

Il se mit à rire avec éclat. Mais sa gaieté n'eut pas d'écho. Un sombre nuage passa sur le front des autres, qui se levèrent en disant : — Ne parlons plus de cela, et partons d'ici ; le plus tôt sera le mieux.

Si nous faisions un récit de fantaisie, on pourrait le trouver fort bizarre, dans ce qui va suivre. On pourrait nous accuser de construire à loisir une chronique violente, pour appuyer l'imposante opinion de Joseph de Maistre sur le gouvernement temporel de la Providence. Mais nous ne sommes ici que simples rapporteurs de faits historiques, réels, connus, authentiques, avérés, incontestables, et que tout le monde peut vérifier. Nous les dirons sans les parer d'aucun ornement.

Le lendemain de cette dernière conversation, les cinq amis se dispersèrent. Claes van Laar alla trouver, dans sa villa près de Rome, un vieux seigneur de qui il devait toucher le prix d'un tableau. Il était monté sur un âne. En passant sur un petit pont de bois, qui joignait deux rochers, l'âne broncha et se précipita avec Claes dans un torrent que venait de former une pluie d'orage. On rapporta à Bamboche, qui faisait ses malles, le corps de son frère noyé....

Après qu'il l'eut fait enterrer, il se hâta de partir pour la Hollande, avec Jean Both.

Roelant van Laar et André Both, singulièrement préoccupés, s'étaient mis en route, l'un pour Gênes, l'autre pour Venise. Ils avaient des recouvrements à faire dans ces deux villes. Ni l'un ni l'autre ne devaient revoir leur patrie. Six mois après, Bamboche était installé à Harlem, lorsqu'il reçut la nouvelle que son frère Roelant venait de se noyer à Gênes....

Au printemps de l'année suivante (1650), Jean Both, qui ouvrait un atelier à Utrecht, décachetant un paquet apporté d'Italie, y trouva l'acte de mort de son frère André, noyé à Venise....

Frappé de terreur et de vertige à cette lecture, Jean Both sortit hors de lui de sa maison, s'enfuit comme un insensé à travers la campagne et se précipita dans le Rhin, où il périt.

Il ne restait que Pierre van Laar.

Dévoré par une noire mélancolie, devenu, disent les historiens, insupportable à lui-même et aux autres, lui qu'on avait connu si facile et si gai, Pierre vivait, parce que Dieu peut-être lui laissait un peu plus de temps pour le repentir. Mais le mercredi des Cendres de l'année 1673, sa cuisinière lui ayant, au dîner, servi un jambon, il se leva en poussant un cri et s'alla jeter dans un puits, d'où on le retira noyé. —

Que diront de tout cela nos amis les philosophes?

LA RUE D'UN-A-UN.

CHRONIQUE DES RUES DE BRUXELLES.

1777.

> L'ombre de cet assassiné,
> Le coup que ton bras a donné,
> Dans la mémoire se présente
> Et sans relâche le tourmente.
> Tout ce sang qui fut répandu
> Demande que tu sois pendu.
> JACQUES-JACQUES, *le Faut-Mourir.*

La rue d'Un-à-Un, qu'on appelle plus obscurément aujourd'hui à Bruxelles la rue d'Une Personne, parce qu'il n'est pas facile d'y passer deux de front, cette ruelle plus qu'étroite qui, traversant le Vieux-Marché-aux-Peaux, conduit en lignes tortueuses du Marché-aux-Herbes à la longue rue des Bouchers, fut en 1777 le théâtre d'un événement qui ne mérite peut-être pas de dormir totalement dans l'oubli.

Vers le milieu de février de cette fameuse année, où le commerce se développait hardi et splendide, où l'on spéculait, où l'on fabriquait, où l'on expédiait, où l'on préparait avec ardeur de nombreuses affaires; où la librairie prenait surtout un essor inouï; où l'abondance amenait le goût des voyages; un homme, qui se trouvait comme entassé dans une messagerie, descendit au faubourg Saint-Gilles, ne voulant pas entrer en voiture sous la porte de Hal, où sans doute il craignait d'être inspecté à son apparition dans Bruxelles. Cette porte, l'un des plus anciens monuments de la capitale des Belges, seul reste de sa deuxième enceinte, édifice qui n'est ni gothique, ni romain, masse de constructions sans caractère précis, cette curieuse porte de Hal était alors devenue une prison, comme l'était la porte d'Anderlecht, aujourd'hui démolie, et comme l'avaient été avant 1759 la Steen-Porte et la vieille porte du Treurenberg (1).

Cette prison de la porte de Hal donnait un lugubre aspect à l'entrée de Bruxelles. Il fallait passer sous sa voûte en ogive et sentir au-dessus de soi, comme un poids immense, une foule de malheureux qui ne pouvaient respirer un peu d'air que par d'étroites lucarnes. On en voyait qui allongeaient avidement leurs bras et leurs jambes à travers les barreaux croisés en fer noirci, comme pour reprendre dans le contact de l'air quelque vigueur. D'autres, à l'aide d'une ficelle, lançaient, des lucarnes élevées, une fragile petite corbeille et imploraient des passants une aumône.

L'homme que nous avons vu s'arrêter à Saint-Gilles était un Bohémien, qui paraissait âgé d'une trentaine d'années. Il se nommait Schulman. Quoiqu'il eût l'œil fauve, il avait une figure assez bien

---

(1) Elle dut à cela son nom de Treurenberg (montagne des pleurs). Elle s'appelait auparavant porte de Cologne.

composée ; et il fallait un regard exercé pour reconnaître en lui autre chose que ce qu'il se disait. Il s'annonçait simplement pour un négociant-voyageur. Il but une canette de bière au cabaret voisin ; puis, se décidant à entrer dans la ville en promeneur, il leva les yeux vers les plus hauts étages de la porte-prison, d'où il entendit avec surprise une voix, qu'il connaissait, l'appeler par son nom de Georges. Celui qui l'évoquait ainsi avait descendu en même temps, liée à une corde dont il tenait le bout, une vieille tabatière. Schulman fit un signe d'intelligence, mit quatre escalins dans la boîte et passa rapidement. Il avait reconnu dans le prisonnier son ancien ami Ripp.

Pendant qu'il suivait pensif la rue Haute, nous nous transporterons dans une ancienne maison de la rue de l'Étuve, bâtie par les Espagnols, et qui développe encore avec quelque fierté sa façade élancée, ornée d'arabesques, de cadres sculptés, de volutes irrégulières qui ne sont pas sans grâces. Là se trouvaient réunis autour d'une petite table le bonhomme Louis de Vogel, marchand d'objets de Nuremberg, avec qui Schulman avait fait une affaire à son dernier voyage; Marie-Anne, sa femme; leurs deux enfants; l'honnête Mathias, sonneur de Sainte-Gudule, et sa jeune épouse, Claire de Parck, blonde, douce et naïve, partout admirée, mais uniquement attachée à son mari et à ses devoirs.

Après avoir épuisé quelques merveilleuses histoires, tous ces paisibles personnages s'entretenaient gravement du carillon de l'église collégiale, achevé seulement depuis dix ans, mais qui enfin ne leur laissait plus rien à envier aux autres villes : musique innocente, joyeuse monotonie, plaisir candide que beaucoup de villes n'ont plus ; harmonie gratuite pour toute une grande cité, qu'il faut maintenant aller chercher à Malines, à Gand, à Anvers, à Tournay.

En ce moment, la sonnette de la porte s'agita avec violence. Il était presque nuit.

— Par Médard et Bénédict ! s'écria le sonneur en jurant au nom des deux cloches qu'il affectionnait le plus de tout son carillon, votre sonnette, mynheer, a quelque chose du timbre de mon petit bourdon Gabriel.

— Du moins, celui qui la tire sonne en maître, s'écria Louis de Vogel en allant ouvrir.

C'était un valet de pied en grande livrée qui apportait, de la part du comte Louis de Cobenzl, fils du défunt ministre-plénipotentiaire au gouvernement des Pays-Bas, un petit paquet cacheté. Le jeune comte, né à Bruxelles, aimait cette ville ; il y revenait souvent ; il s'y livrait avec passion à la culture du mûrier et à l'éducation des vers à soie, voulant introduire dans les contrées où il avait reçu le jour une branche importante de l'industrie française. Il était aimable et spirituel. Quoiqu'il n'eût que vingt-quatre ans, il s'occupait de poésie ; et il composait de légers drames qu'il faisait jouer sur un petit théâtre, dans des réunions où il admettait les familles bourgeoises. N'ayant pu remarquer sans en être frappé la fraîche et ravissante Claire, il envoyait, pour une représentation qui allait avoir lieu le soir même, quatre billets d'entrée destinés à madame de Vogel et à son mari, au sonneur et à sa femme. Claire, jeune et légère, sauta de joie et ne fit pas attention à la figure attristée de son mari, qui devait carillonner toute la soirée un enterrement considérable ordonné pour le lendemain.

Alors un coup de sonnette, beaucoup plus modeste que le premier, annonça une nouvelle visite. C'était Schulman. Il fut accueilli comme un joyeux compagnon.

— Je vous aurais invité à souper, lui dit vivement le maître du logis; mais nous allons au spectacle.

— Et au spectacle de la Cour, ajouta sa femme.

Schulman les félicita. Après quoi il alla saluer Claire, qui rougit en le reconnaissant; car elle l'avait déjà vu à son autre voyage. Voulant cacher l'embarras que cet homme lui causait, elle se tourna vers son mari, dont elle remarqua enfin la préoccupation. Lorsqu'il eut expliqué comment il ne pouvait accompagner sa femme, la bonne Marie-Anne, sans réfléchir longuement, se hâta de dire :

— Eh bien, M. Schulman est arrivé heureusement; il profitera de votre billet, et nous passerons du moins la soirée avec lui !

Claire rougit de nouveau; elle dit qu'elle aimait mieux se priver d'un plaisir auquel son mari ne pouvait prendre part.

— Mais, Mathias, dit Louis de Vogel se ravisant, pourquoi ne vous faites-vous pas remplacer à votre carillon?

— Moi! s'écria le sonneur en relevant la tête, moi! me faire remplacer! Moi, confier mes cloches! Et qui me cautionnera le remplaçant? Et s'il me fêlait Médard, ou Bénédict, ou Gertrude, ou Gabriel? Je ne laisserais pas même approcher de Gudule, qui pèse trois mille. Songez donc que mon petit Médard est à peine du poids de neuf cent cinquante. Vous-même, mon brave Louis, ce serait malgré moi que vous toucheriez le battant de ma grosse Marie, qui passe dix milliers. Moi confier mes cloches! Non, non. Mais, poursuivit-il en prenant la main de sa femme, ce qu'on propose est bien; M. Schulman tiendra ma place.

— J'aimerais mieux, dit-elle encore, rester avec vous.

— Tu vois bien que c'est impossible, puisque je suis occupé toute la soirée. Seulement, si l'on ne fait pas trop de bruit à ce théâtre, toutes les fois que tu entendras le son de Médard, songe que je pense à toi. Allons, mon enfant, viens t'habiller; nos amis te prendront.

La jeune femme partit avec son mari, n'osant lui avouer qu'elle redoutait hors de sa présence la société de Schulman, qui déjà l'avait poursuivie de soins odieux et de déclarations qui lui étaient à charge. Elle demeurait dans la rue du Sable-Mouvant, appelée aujourd'hui rue de Loxum. Sa toilette fut bien vite finie, car elle n'était pas coquette. Il lui fallut attendre une heure M. et madame de Vogel. Schulman les accompagnait. Il était allé en toute hâte retirer sa malle de la voiture publique, et il avait mis ses plus riches habits.

En allant à l'hôtel du jeune comte de Cobenzl, ce fut Louis de Vogel qui donna le bras à Claire. Schulman se dédommagea de cette vexation pendant le spectacle; il fatigua la jeune femme de ses instances, car il était épris pour elle. Il s'empara de son bras pour la ramener, et sur ses timides réponses, croyant avoir fait grand chemin dans son cœur, il se berça de coupables espérances.

Mais, soit que Claire se fût enfin confiée à son mari, soit par toute autre circonstance, Schulman n'eut plus moyen de la voir, ni de lui parler, les jours suivants. Plein de sa passion, il alla vainement chez Louis de Vogel, à qui il vendit quelques marchandises; il rôda inutilement dans la rue de Loxum; il ne put l'apercevoir. Il écrivit; et on lui renvoya ses lettres.

— Je ne puis lui déplaire, se disait-il; mais ou son mari la cache, ou c'est une femme honnête. Si elle était fille encore, j'aurais la ressource de l'épouser.... Et pourquoi pas ?

Là-dessus, il lui vint une pensée terrible.

Il se ressouvint de son ami Ripp, qu'il oubliait depuis quinze jours. Il se munit de quatre limes plates, d'une longue corde, d'une pelote de ficelle, et s'en alla à la porte de Hal. Il siffla d'une certaine façon ; et en passant, il mit une demi-couronne et un petit paquet dans la boîte du prisonnier. Le tout parvint heureusement à la lucarne de Ripp, détenu là pour vol.

Selon les instructions de la petite lettre, qu'il trouva, avec la pelote de ficelle, à côté de la demi-couronne, quand le soir fut venu, au dernier coup de dix heures, Ripp lança devant la porte du cabaret voisin une pierre attachée à la ficelle dont il tenait le bout. Schulman ramassa la pierre, attacha à la place les quatre limes et le bout de la longue corde, qu'il déroula en silence. La corde passa, à la faveur de l'obscurité profonde, au-dessus de la sentinelle, et porta au prisonnier un espoir d'évasion.

Après cela, Schulmann, ne voulant pas être remarqué, rentra dans Bruxelles par la porte de Namur.

Cette porte, — ainsi que celle du Rivage, — était gardée par les Serments ou confréries de Bruxelles, qui avaient aussi le privilége de garder l'Hôtel-de-Ville, tandis que les autres portes étaient sous la surveillance des troupes autrichiennes.

Deux jours après, de bon matin, on annonça que les barreaux d'une lucarne, à la prison de la porte de Hal, avaient été sciés, et qu'un fameux voleur, qu'on soupçonnait d'avoir fait partie d'une bande d'étouffeurs, s'était échappé durant la nuit pluvieuse, pendant que la sentinelle se morfondait dans sa guérite ; évasion opérée au moyen d'une longue corde que l'on montrait encore pendante. C'était Ripp, qui alors dormait assez tranquillement dans le lit de Schulman.

Le prudent Bohémien déguisa son ami d'une fausse barbe parfaitement ajustée, le couvrit d'une robe de frère mendiant, lui recommanda de s'accoutumer à marcher un peu courbé, et le choya quelques jours, pour l'occasion qu'il guettait.

Par hasard, un soir, se trouvant chez Louis de Vogel, il y rencontra Mathias et Claire. L'accueil qu'il en reçut acheva de l'éclairer ; car la jeune femme ne lui parla point, et le sonneur le salua à peine. Il s'affermit donc dans son dessein. Il apprit avec joie que, le jeudi suivant, Mathias devait venir dîner chez le marchand, seul et sans sa femme ; Claire avait promis de passer cette soirée-là avec ses parents, qui demeuraient dans la Petite-Rue des Dominicains. Il s'informa adroitement du chemin que suivait le sonneur, pour aller de la maison de Vogel reprendre sa femme à la rue où logeait le vieux de Parck ; il sut qu'il choisissait ordinairement, comme la voie la plus courte, la rue d'Un-à-Un ; il dressa ses batteries pour ce jour-là. Assuré que Mathias, qui faisait avec ardeur la partie de piquet de son ami, ne s'en allait que vers dix heures chercher sa femme, la remettre au logis, puis sonner sa retraite, il posta, sous son habit de moine, son ami Ripp, dans la rue d'Un-à-Un, à quinze pas de la Longue-Rue des Bouchers. Deux personnes en cet endroit ne peuvent se rencontrer sans se heurter :

— Dans un quart d'heure, lui dit-il, je reviendrai avec lui. Tu es muni de tout ce qu'il faut?

— Oui, répondit le brigand ; voici le masque de poix, et voilà le poignard. Sois tranquille.

— Quand j'arriverai, tu me reconnaîtras ; je tousserai de cette manière.

— Fort bien. Le sonneur sera-t-il devant ou derrière? car la nuit est noire comme un four.

— Je marcherai devant lui ; c'est plus sûr.

— A merveille. A cette heure-ci, et par le temps qu'il fait, personne ne passe par cette ruelle. Je n'y vois pas de porte. D'ailleurs, tu tousseras ; tu passeras ; et la seconde personne...

Il fit un geste horrible, qui, dans la profonde obscurité, ne se décela que par le gémissement ricaneur dont il l'accompagna ; et après cette courte scène, qu'on prendrait, si elle n'était avérée, pour une situation de mélodrame, Schulman partit, se disant :

— Dans une heure elle sera veuve ; rien ne peut me trahir. Ripp saura s'échapper. Et, quand elle l'aura pleuré, je suis sûr que j'obtiendrai sa main...

Schulman était un jeune homme qui avait passé

par tous les métiers. Il avait été soldat; il avait fait du commerce; il avait fait la contrebande. Il avait travaillé avec des bandes allemandes, qui détroussaient les passants sur la grande route. Il s'était affilié à des compagnies de filous qui exploitaient Paris. On n'a jamais su le nom de sa famille. Son éducation manquée avait fomenté ses passions; il ne reculait devant rien pour les satisfaire.

Il y avait une demi-heure que, malgré une pluie énorme, il se promenait pour se réchauffer devant la porte de Louis de Vogel, lorsqu'enfin cette porte s'ouvrit.

— Je ne vous reconduis pas, dit le marchand.

— Restez, restez, répondit le sonneur; il fait un temps affreux, une pluie glaciale, et un vent !..... Vous n'entendrez pas la retraite. Quelle nuit !

— Bonsoir, Mathias ! Vous ne voulez pas la lanterne ?

— Merci, je connais les chemins. Bonsoir !

Et Mathias se mit à marcher à pas allongés, ayant devant lui Schulman, dont le cœur palpitait sans doute, mais ne le reconnaissant pas. Après avoir longé la rue de l'Étoile, traversé la Grande-Place et le Marché-aux-Herbes, le sonneur, suivant son assassin sans presque le voir, s'engagea à quelques pas de lui dans la rue d'Un-à-Un, qui lui offrait pour quelques instants une sorte d'abri.

Comme il arrivait au petit coude d'où l'on aperçoit dans le jour la longue rue des Bouchers, Ripp, qui ne sentait pas le froid, car il s'était rempli l'estomac de genièvre, mais qui commençait à perdre patience ; Ripp entendit tousser coup sur coup. Il se rangea, suivant ses conventions, pour laisser passer la première personne ; et prenant l'autre par la tête, il lui couvrit le visage de son masque de poix pour étouffer ses plaintes, la frappa au cœur d'un coup de poignard, qui décelait une main exercée, et prit la fuite, laissant sur sa victime les deux instruments du meurtre.

Mais la personne qui avait passé la première, entendant un gémissement comprimé, se retourna vivement, à la grande stupéfaction de Ripp ; elle arrêta le faux moine, qui se trouvait désarmé, et poussa un cri auquel accoururent quatre grands soldats, occupés à boire dans un cabaret prochain. Ils s'emparèrent de Ripp.

Le brigand chercha inutilement à s'évader ; on apporta une lanterne ; on releva avec horreur un homme mort, dont la figure était couverte d'un masque à étouffer. Mais ce n'était pas Mathias.

On vit au contraire le brave sonneur penché sur le cadavre ; et, dans ce premier mouvement, on l'arrêta aussi comme suspect de meurtre.

Ripp, voyant un autre prisonnier, profita de son habit de capucin, et se plaignit effrontément de l'outrage qu'on lui faisait. On ne l'en conduisit pas moins à la prison de l'archevêque de Malines, qui, comme abbé d'Afflighem, avait à Bruxelles une prison et un tribunal. On transféra le sonneur à l'Amigo (1).

Cependant la personne qui, sans le savoir, avait sauvé le pauvre Mathias, était le comte Louis de Cobenzl. Il sortait de la seule porte qui fût alors dans la rue d'Un-à-Un, et qui était la demeure d'un vieux savant que le jeune comte aimait à consulter. Il marchait par un heureux hasard dans l'obscurité, quelques pas devant le Bohémien. La pluie et le vent l'empêchaient d'être entendu; il avait heurté Ripp: et Schulman, passant le second, avait été fidèlement tué.

Claire fut épouvantée, lorsqu'elle sut son mari en prison, sous une accusation d'homicide. Elle passa la nuit chez ses parents, où le comte de Cobenzl, le lendemain matin, vint la trouver. Il lui conta ce qu'il avait vu; ses réflexions étaient favorables à Mathias. Elle, de son côté, apprenant que le masque enlevé avait fait reconnaître le Bohémien, exposa avec naïveté à l'homme qui pouvait être pour elle un appui, toutes les poursuites de Schulman. Ses soupçons jetèrent quelques lumières sur l'aventure de la nuit; et il faut dire à la louange de Claire et du jeune seigneur, qu'il la trouva si vertueuse et si honnête, qu'il renonça sincèrement alors à toute pensée d'intrigue avec elle. Il fit immédiatement d'actives démarches auprès des juges de Bruxelles. Ripp, dépouillé de sa barbe, fut reconnu pour le

(1) C'est, à l'hôtel-de-ville de Bruxelles, le lieu de dépôt de tout homme qu'on arrête.

voleur échappé de la porte de Hal. Il avoua à la question son forfait de la veille, qui avait fait que la retraite ce soir-là n'avait pas été sonnée. Il fut pendu.

— Peut-être est-ce cette aventure qui a fourni le dénoûment du mélodrame intitulé *la Femme à deux maris*.

Et après vingt-quatre heures de prison, Mathias se retrouva avec sa femme, dans sa maison, se promettant de ne plus passer par la rue d'Un-à-Un, et jurant que si jamais le jeune comte de Cobenzl venait à mourir, il lui ferait les honneurs de ses cloches, comme on ne fait pas pour un empereur.

LES ARTISTES CONSPIRATEURS.

— Vous êtes libéral?
— Non, monsieur.
— Vous êtes royaliste?
— Non, monsieur.
— Qu'êtes-vous donc?
— Je suis sculpteur.

MOREAU, *les Osages*.

Comment se fait-il que des juges doués de sens commun (et tous prétendent en avoir) aient admis si souvent, dans des accusations de complot, des artistes, gens qui aiment la liberté, assurément, mais qui sont trop en dehors des choses de ce monde pour savoir conspirer; gens que l'on croit coupables, parce qu'ils expriment tout ce qu'ils sentent, mais qui n'ont jamais fait de révolutions politiques, et qu'il faudrait renvoyer seulement, lorsqu'ils se mêlent mal à-propos des choses humaines, à leurs pinceaux, à leur poésie, à leur burin, à leur piano.

Et néanmoins tous les temps de crise ont pris dans les artistes quelques victimes; 1793 en a fait périr beaucoup en France : bons artistes qui n'étaient pas si dangereux que leurs juges, et qu'on eût pu traiter comme fit ce tyran, dont j'ai oublié le nom, lequel, voyant un peintre dans une conjuration, le fit sortir des rangs et lui dit : — Pour vous, vous allez faire mon portrait. — Et le peintre fit un tyran superbe.

Au temps des troubles des Pays-Bas, quand les dévastateurs des églises brisaient les statues et brûlaient les tableaux, on ne respecta guère plus les artistes; et voici une triste et dure histoire.

On connaît de Pierre de Vos deux fils : Martin, qui était l'aîné, naquit à Anvers en 1519; Laurent, le plus jeune, vint au monde trois ans après. Pierre était peintre; il jouissait à Anvers d'une haute considération; il éleva Martin dans son art. Laurent montra plus de goût pour la musique; son père le fit admettre dans la confrérie de Sainte-Cécile.

Martin devint rapidement un grand peintre. Il alla en Italie, s'arrêta à Venise, se lia avec le Tintoret et travailla avec ce maître. On recherche encore des tableaux où le pinceau de l'Anversois et le pinceau du Vénitien se sont unis pour produire des chefs-d'œuvre.

L'amour du pays ramena Martin dans les Pays-Bas. Sa réputation, grande dans toute l'Italie, le précédait ; il fut reçu avec de longs honneurs ; et l'académie de peinture d'Anvers l'admit dans son sein par acclamation. C'était en l'année 1559. L'artiste, que ses portraits des Médicis, ses beaux paysages et ses tableaux d'histoire rendaient déjà si illustre, n'avait encore que quarante ans.

Il trouva son frère Laurent livré à la musique, comme lui l'était à la peinture. Les compositeurs alors n'avaient que l'Église. Mais n'est-ce pas la religion qui a inspiré les plus grandes merveilles de l'harmonie ? Les arts deviennent ordinairement la passion à peu près exclusive de ceux qui les cultivent avec prédilection. Pour avoir un libre champ d'exercice, Laurent de Vos était entré dans les ordres ; il composait des motets, des noëls, et dans ses délassements des chansons. Tout ce qui sortait de cette tête heureuse, en notes graves ou pétillantes, avait un grand retentissement. On a imprimé ces ouvrages ; et Lacroix-du-Maine, dans sa Bibliothèque, les cite avec éloge.

Les églises d'Anvers étaient fières des deux artistes. Laurent les animait de ses chants ; Martin les enrichissait de ses tableaux. Vous pouvez admirer encore, dans la cathédrale d'Anvers, les Noces de Cana, l'Incrédulité de saint Thomas et d'autres ouvrages de Martin de Vos ; vous pouvez entendre aussi, aux jours des grandes solennités, quelques-uns des motets de Laurent ; ils n'ont pas péri tous.

Un grand seigneur des Pays-Bas, qui avait su apprécier les deux frères, messire Louis de Berlaymont, ayant été nommé archevêque de Cambrai, obtint de Martin un beau tableau pour son église métropolitaine. Il obtint plus de Laurent ; il l'emmena avec lui, le fit maître de la musique de son église, et le fixa parmi les Cambrésiens ravis. Entouré d'enfants de chœur et de chantres, qui lui composaient comme un petit royaume, le bon Laurent de Vos se trouvait aussi heureux qu'il avait jamais souhaité de l'être, — quand les troubles éclatèrent. Ce fut pour lui, comme pour son frère, le règne de la désolation annoncée dans l'Apocalypse. On ferma les églises ; on brisa les chaires et les tabernacles ; on mit en pièces les tableaux saints ; on interdit les chants pieux ; on fit la guerre aux arts autant qu'à la religion.

Martin se plaignit tout haut ; il frappa de ses malédictions les destructeurs ; mais dans Anvers on le protégea long-temps. A la fin cependant ses amis lui conseillèrent de s'absenter. Les républicains réformistes ne se montraient ni tolérants, ni généreux. Parce que Martin se plaignait, on l'accusa de conspirer. Il se retira donc en Allemagne ; et le musée de Vienne doit à son séjour dans cete capitale quelques tableaux de prix.

Mais un peintre peut prendre ses pinceaux et partir, comme un poète, en répétant le mot de Bias : *Omnia mea mecum porto.* Il n'en est pas ainsi d'un musicien ; on ne met pas son orgue dans sa poche.

11.

L'archevêque Louis de Berlaymont s'était éloigné ; on avait engagé Laurent de Vos à quitter aussi Cambrai ; il n'avait pu s'y résoudre. Son orgue, ses enfants de chœur, ses chantres, tout le retenait.

Il gémissait sur la persécution qui accablait alors les églises ; on lui faisait des crimes de ses plaintes. A la fin de l'année 1579, Louis de Berlaymont se trouvait avec plusieurs autres prélats à Mons, où le catholicisme osait reparaître. Laurent de Vos fit tout haut des vœux pour le prélat qu'il chérissait. Alors un homme dur et sanguinaire, comme il s'en trouve à toutes les époques de désorganisation politique, le baron d'Inchy, d'une vieille famille de seigneurs rebelles du Hainaut, partisan du duc d'Alençon, qui combattait les réformés en France et les catholiques dans les Pays-Bas, le baron d'Inchy s'était rendu maître de Cambrai pour les protestants. Il y régnait en despote, cherchait les complots, en imaginait, et voyait des traîtres partout, jusque dans les artistes, dont la vie pourtant présente peu de trahisons. Quelques mots du bon Laurent, qui ne redemandait que sa musique, lui semblèrent des attentats. L'artiste n'avait pas voulu quitter ses motets ; on les lui ôta pour le jeter en prison. Que faisiez-vous parmi ces hommes de trouble, pauvre enfant de Dieu et des Muses ?

Toutes les époques semblables produisent les mêmes faits bizarres. Des choses singulières, que l'on croit n'avoir eu lieu qu'en France en 1793, ne furent pourtant que des répétitions et des souvenirs. Le baron d'Inchy, en 1579, avait établi à Cambrai un tribunal révolutionnaire, qui jugeait d'urgence, comme les fameux tribunaux de la Terreur. C'étaient les citoyens Leleu, Dubois, Lehale, Joseph, etc., qui composaient cet aréopage. On leur amena Laurent de Vos comme traître; ils devaient décider de lui, séance tenante.

C'était un prêtre de cinquante-sept ans, aux cheveux blancs, à la figure douce. Son regard annonçait une âme absorbée bien loin des choses de la terre. Tous ses enfants de chœur, tous ses chantres l'avaient suivi à l'audience. Les femmes et les vieillards pleuraient; les enfants et les jeunes filles pleuraient aussi. — Quel mal a-t-il donc fait? demandait-on. — Il a fait de la musique, répondaient quelques voix timides. Car alors aussi il était commun de voir une ville entière trembler devant quelques hommes, qui n'avaient fait que retrousser les manches de leurs chemises et prendre l'air menaçant. La masse humaine est peureuse.

Un des agents du baron d'Inchy, un boucher, fit alors ce jeu de mots effroyable : — Il veut qu'on chante; mais il déchantera.

Les juges étaient assis. L'un d'eux prononça verbalement l'acte d'accusation, qui présentait Laurent de Vos comme conspirant avec Louis de Berlaymont. L'enfant d'Anvers, croyant qu'il pouvait se défendre, demanda sur quelles preuves on l'accusait.

— Tu n'as pas la parole, s'écria le juge Dubois.

Et les collègues de ce juge, comparant la consternation du peuple avec la figure calme de l'accusé, se consultèrent. Ils n'oubliaient pas qu'ils avaient ordre de condamner.

— Si cet homme parle, dit Leleu, je vois la chose; on se révolte.

— Et si on se révolte, ajouta le juge Joseph, adieu nos places.

Le président n'en demanda pas plus long; il rentra en séance : — Faites sortir l'accusé, dit-il alors.

Ainsi, ce qu'on crut une innovation, au tribunal révolutionnaire de Paris, en 1794, avait eu lieu à la condamnation de Laurent de Vos. On le jugea sans qu'il fût présent; on prononça son arrêt sans qu'il eût pu dire un mot pour sa justification. Après quoi, on envoya un des bourreaux, qui vint lui annoncer qu'il serait le lendemain étranglé et pendu par son cou, sur le grand marché de Cambrai.

Dans le procès de 1794, que nous rappelons, on manœuvra absolument de la sorte. Vous voyez qu'il n'y a rien de neuf parmi les affaires de ce monde.

Le 30 janvier de l'an 1580, un gibet se dressait, au milieu d'un concours immense, sur la place du grand marché de Cambrai. Une troupe nombreuse d'enfants de chœur et de chantres entourait en pleurant l'instrument de supplice. A onze heures du matin on amena Laurent de Vos, condamné de la veille. Il mit le pied sur l'échelle; un silence complet régnait alentour. En ce moment, les chantres entonnèrent le motet de la Résurrection, composé par Laurent, et son plus cher ouvrage. Le patient s'arrêta quelques secondes. Sa figure pâle se colora; ses yeux s'animèrent; il monta l'échelle fatale, aidé par le bourreau.

A l'instant où l'on allait lui lier le cou de la corde mortelle, il se tourna vers les assistants, fit le signe de la croix et ouvrit la bouche. Sans doute il voulait prier, ou peut-être unir pour la dernière fois sa voix tremblante aux voix mélodieuses qui chantaient au-dessous de lui. On crut qu'il allait parler au peuple et protester de son innocence. Quelques paroles en effet eussent alors suffi pour secouer la foule, qui d'un souffle eût brisé le gibet et ravi à la mort sa victime. Mais les soldats du baron d'Inchy étaient là avec leurs tambours; et, encore absolument comme fit Santerre au supplice de Louis XVI, on ordonna un roulement qui étouffa la voix du vieux prêtre.

Sur un signe qui fut fait, Laurent de Vos, étranglé par le bourreau, fut lancé dans l'éternité.

Long-temps après, — le 16 octobre de l'année 1595, — Louis de Berlaymont, rentrant solennellement dans son siége archiépiscopal, avait à ses côtés un vieillard vénérable : c'était Martin de Vos. Il avait longuement pleuré son bon frère. Avant de mourir, il voulait du moins lui rendre les derniers honneurs; il recueillit ses restes dans un riche cercueil et les fit inhumer dans l'église des Cordeliers de Cambrai. Après quoi, il éleva dans son petit jardin d'Anvers un mausolée expiatoire ; c'était une pierre, qui portait en relief les traits de Laurent et les siens, avec cette inscription :

« Il était musicien et moi peintre; et l'on prétendit » que nous avions conspiré. »

Si vous êtes curieux de savoir ce que devinrent les assassins de Laurent de Vos, cherchez ce que sont devenus leurs semblables, les bourreaux de 1793.

Sixième commandement.

**Luxurieux point ne seras
De corps ni de consentement.**

LA JUSTICE DE CHARLES-LE-TÉMÉRAIRE.

> C'est justice que je demande.
> LESSING.

Il y avait déjà quelque temps que le Bourguignon Rhinsault (1) gouvernait la Gueldre pour le duc Charles. Un chapitre général de la Toison-d'Or avait ratifié la vente que le vieil Arnould d'Egmond avait faite du duché de Gueldre au duc de Bourgogne, et l'empereur venait d'en accorder l'investiture à ce prince. On était au commencement de l'année 1474. Rhinsault, que ses missions secrètes, ses complaisances et son habileté diplomatique avaient fort enrichi, menait dans son gouvernement un train brillant de grand seigneur. Les exactions, qu'il savait colorer d'une apparence de zèle pour son souverain, suffisaient largement à ses dépenses. Quand il manquait d'argent, il s'en procurait en poursuivant les riches personnages de la Gueldre, sous prétexte de trahison. — Adolphe d'Egmond, l'indigne fils d'Arnould, était alors en prison à Namur; — et malgré

---

(1) On a vu ce même seigneur dans la première légende du quatrième commandement.

son affreuse conduite envers son père, qu'il avait voulu dépouiller, ce prince avait conservé des partisans. Aussi, dès qu'un homme déplaisait à Rhinsault, ou dès que le gouverneur avait besoin d'en tirer quelque somme, il le soupçonnait d'intelligences avec Adolphe pour renverser l'autorité de monseigneur le duc de Bourgogne et pour rétablir l'ex-duc.

Avec de telles ressources, Rhinsault faisait grande figure. Il donnait des fêtes; il y invitait les plus notables personnages de la ville; par là il les connaissait; et on en citait peu qui osassent refuser d'assister à ses réunions.

Pour célébrer l'anniversaire de son arrivée au gouvernement du pays, Rhinsault annonça un grand bal. Il y convia une partie de la noblesse et des magistrats. Il y admit plusieurs négociants considérables, parmi lesquels on remarquait Pierre Stalins et Régine sa jeune épouse (1).

Cette femme, qui avait vingt-quatre ans, était si belle qu'elle eut tous les honneurs de la fête. Les regards de tous les assistants ne cessèrent de rendre hommage à sa grâce modeste, à son naïf enjouement un peu mélancolique. Mais ce fut surtout au gouverneur qu'elle ôta le repos. Rhinsault devint

(1) Dans plusieurs récits, qui placent le fait dont il s'agit à Flessingue, l'héroïne est nommée Saphira. M. de Barante a suivi cette version dans son *Histoire des ducs de Bourgogne*. Il n'est pourtant guère possible que le trait de justice qu'on va lire ait eu lieu dans les deux villes.

tellement épris d'elle, qu'il n'eut plus d'autre pensée. C'était un homme ardent et livré sans frein à ses passions. Il en était redoutable. On le savait ; et soit que Régine, qui aimait pieusement et tendrement son mari, eût remarqué l'impression qu'elle avait faite sur le gouverneur, soit que Pierre Stalins eût été prévenu, il refusa, sous des prétextes polis, les invitations qui lui furent adressées pour les fêtes suivantes. Tantôt il alléguait un deuil, tantôt une maladie, tantôt une indisposition de sa femme.

Deux mois passèrent de la sorte ; la criminelle passion du gouverneur croissait à mesure que Régine pensait qu'elle dût s'éteindre. Ne pouvant plus attirer chez lui la jeune dame, Rhinsault alla lui-même faire visite à Stalins, à propos de son commerce. Il ne vit pas Régine, qui en ce moment se trouvait absente ; mais comme il était adroit, il prit ses mesures pour avoir occasion de revenir. La jeune femme reconnut à ces démarches que ce qu'elle redoutait avait lieu et que Rhinsault allait devenir son persécuteur. De l'aveu de son mari, elle se retira en secret dans la famille de son père, qui habitait Kevelaer, à deux lieues de Gueldre ; et Pierre s'effraya tellement, car en ce temps-là les lois protégeaient mal, qu'il se résolut même de quitter le duché, pour venir s'établir dans le Brabant.

Il n'y avait pas huit jours que ces résolutions étaient prises, lorsque le gouverneur en fut instruit. Connaissant la retraite de Régine, il alla chasser sous un déguisement autour de Kévelaer et trouva moyen de parler à cette jeune dame. Il l'effraya, en lui faisant entrevoir les excès auxquels pourrait le porter une passion désordonnée.

Régine n'avait pu l'écouter qu'en tremblant. Elle lui répondit toutefois avec une dignité si calme et si ferme, tout en conservant les égards qu'elle croyait devoir encore à son titre, que, reconnaissant une vertu solide, Rhinsault s'en revint furieux, décidé à réussir par la violence, s'il ne le pouvait par la séduction.

Il roulait dans sa tête les plus noirs projets. Il s'arrêta à une idée qui l'avait déjà servi. En rentrant à son hôtel, il envoya douze archers bourguignons, ses agents ordinaires, à la maison de Pierre Stalins, avec ordre écrit de l'arrêter et de le conduire en prison, comme coupable de correspondance avec Adolphe d'Egmond.

Il s'assura en même temps qu'un vieux serviteur était allé en toute hâte prévenir Régine de cet événement. C'était un mercredi soir.

Le lendemain matin, Régine, portant sur tous ses traits la terreur et la consternation la plus profonde, arriva à sa maison de la ville. Elle voulut aller voir son mari dans ses fers; mais on lui refusa l'entrée de la prison; elle ne pouvait pénétrer jusqu'à lui qu'avec un mot du gouverneur.

La pauvre femme s'en retourna plus navrée. Elle passa la moitié de ce jour funeste dans des angoisses mortelles. Ne sachant à quoi se résoudre, mais décidée en femme chrétienne à ne forfaire jamais, elle voulut écrire à Rhinsault. Puis, voyant dans cette démarche même une souillure, elle déchira sa lettre à peine commencée. Elle s'arrêta à une ressource violente : elle s'adressa au duc Charles.

Mais comme elle écrivait sur un parchemin qu'elle mouillait de ses larmes, on vint lui dire que les juges et prévôt de Bourgogne, dans un simulacre de tribunal, étaient assemblés à l'instant pour prononcer l'arrêt de son mari. On lui rappela que ces sortes de sentences étaient promptes, qu'il n'y avait d'appel qu'au gouverneur, et que si le crime de trahison était établi, l'exécution de l'arrêt serait immédiate.

On avait saisi tous les papiers du négociant ; Régine savait bien que son mari, tout occupé de son commerce, était innocent du crime dont on l'accusait. Mais que ne pouvait-elle pas craindre d'un homme tout-puissant, qui n'avait ourdi cette odieuse intrigue que pour l'attirer à lui ?

— J'irai donc à ses pieds, dit-elle ; il s'attendrira. S'il persiste dans ses projets coupables, je saurai gagner le temps nécessaire pour prévenir le duc de Bourgogne....

Dès qu'elle eut pris sa résolution, Régine, séchant ses larmes, se rendit, émue, agitée, hors d'elle-même, à l'hôtel du gouverneur. Elle fut conduite à l'instant jusqu'à lui. Il la reçut de manière à montrer qu'il attendait sa visite. Il lui parla avec douceur :

— Vous voyez, lui dit-il, que vous êtes en mon pouvoir. Pardonnez-moi le chemin que j'ai pris pour vous amener ici. Mais entraîné par une passion invincible, je suis désolé de la peine que je vous cause.

Les yeux de Régine, baissés à terre, ne se levèrent pas sur Rhinsault.

— Si vous dites vrai, répondit-elle, faites cesser la douleur où vous me plongez, rendez-moi mon mari.

En achevant ces mots, elle était tombée à genoux tout en pleurs. Le gouverneur se hâta de la relever, et, ne voilant plus ses odieux projets, il lui déclara les coupables conditions auxquelles seules il consentirait à laisser vivre Stalins. Régine en repoussa la pensée avec tant d'énergie que le monstre irrité siffla un valet.

Deux minutes après, un homme couvert d'un manteau de juge lui apporta un rouleau de parchemin, qu'il signa. Puis, le mettant sous les yeux de Régine :

— Vous le voulez, dit-il ; c'est la sentence de mort de votre mari.

On avait en effet expliqué ses lettres de commerce par les procédés du système interprétatif, dès lors en usage ; les juges vendus au gouvernement l'avaient condamné. Régine se fût évanouie de douleur, si la peur de la bête féroce qui était devant elle n'eût retenu ses esprits. Elle vit bien qu'il n'y avait plus d'espoir.

L'épouvante et l'horreur égarèrent sa tête. Elle ne sortit du palais que couverte de honte. Rhinsault lui avait promis que Pierre lui serait rendu dans la nuit. Elle rentra dans sa maison, le cœur abîmé, l'âme inconsolable. Mais la nuit se passa sans que Pierre reparût. L'infâme n'avait pas même tenu sa promesse; il avait voulu s'épargner toute contrainte; et Pierre Stalins venait d'être décapité.

Dépouillée de son honneur et veuve ainsi de l'époux qu'elle chérissait, Régine, brisée, s'abîma dans des convulsions qui ne la quittèrent plus et qui firent croire à chaque instant qu'elle allait expirer. Toute la journée du vendredi se passa dans ces transes. La nuit et l'accablement apportèrent à peine un peu de soulagement à tant de maux. Seulement, le samedi matin, la jeune veuve parut tout à coup revenir au sentiment de la vie, en entendant le son de toutes les cloches, les cris du peuple, les instruments de musique. Je ne sais quel pressentiment l'excita. Elle demanda ce que c'étaient que ces clameurs de fêtes.

Par une de ces surprises qui convenaient au caractère aventureux de Charles-le-Téméraire, dans un moment où l'on ne savait trop où il se trouvait, il s'était avisé subitement de visiter son duché de Gueldre, qu'il n'avait pas encore parcouru; et il était venu de Maestricht, sans être attendu par ses nouveaux sujets. On annonça à Régine cette nouvelle. Elle se leva aussitôt, dans son vêtement de deuil ; et, couvrant sa tête d'un voile noir, quoiqu'elle n'eût pris la veille aucun aliment elle retrouva la force de s'élancer dans la rue, au-devant du souverain.

Elle aperçut bientôt le cheval ardent de Charles-le-Téméraire. Elle le saisit par la bride, et tombant à genoux : — Justice, sire, dit-elle, ou c'est ici que je dois mourir !

Le duc de Bourgogne s'était arrêté avec surprise, avec intérêt. Mais il ne répondait point.

— Justice ! répétait Régine.

— De qui ? demanda enfin le Prince.

La jeune veuve chercha un instant dans la foule. Elle aperçut bientôt, parmi les seigneurs, le gouverneur de la Gueldre, pâle et décontenancé :

— De cet homme ! dit-elle en le montrant du doigt.

— Suivez moi, répliqua Charles, après avoir jeté un regard de feu sur Rhinsault ; et si vous avez droit, vous aurez justice.

En arrivant à l'hôtel du gouverneur, le duc de Bourgogne fit amener Rhinsault devant Régine. Elle conta sans détours, mais abreuvée de honte, l'histoire de son opprobre et de son malheur. Le coupable terrassé se jeta aux pieds du Prince, confessant tout, et cherchant à tout excuser sur une passion indomptable.

Le duc de Bourgogne, ayant tout entendu, marchait à grands pas, sans parler, frappant du talon de sa botte le parquet de la salle. Il fit signe enfin à deux pages, qui s'approchèrent, leur dit quelques mots et retomba dans le silence.

L'un des pages reparut bientôt; il amenait un prêtre avec le chancelier de Gueldre.

— Puisque vous aimez cette femme, dit alors le Duc en s'adressant à Rhinsault, d'une voix austère, vous allez l'épouser à l'instant et lui donner tous vos biens.

Rhinsault poussa un cri de joie.

— Ah! jamais, sire, répliqua amèrement Régine.

— Il le faut, dit le Duc, d'un ton impérieux. Monsieur le chancelier de Gueldre, écrivez le contrat. Vous entendez. J'exige que Rhinsault donne et cède sans réserve tous ses biens à cette dame, qu'il a offensée.

Régine eut beau protester et témoigner son horreur pour l'assassin de son mari; sur l'ordre du prince, l'assassin du mari fut solennellement uni par mariage légitime à la veuve éplorée.

Quand la cérémonie fut terminée, Régine, d'une voix éteinte, supplia encore le duc de Bourgogne de la prendre en pitié, et de ne pas permettre qu'elle suivît son odieux époux.

Aussi ne le suivrez-vous pas, dit-il. Seulement vous posséderez désormais, faible indemnité! toutes les richesses de cet homme. Vous aviez demandé justice : la vôtre est faite; mais la mienne ne l'est pas.

12

Aussitôt le second page entra, amenant le bourreau ; une demi-heure fut donnée à Rhinsault pour se confesser ; après quoi sa tête tranchée expia son double crime.

Quant à Régine, si rapidement deux fois veuve, elle se retira dans une maison religieuse, après avoir fait abandon aux pauvres de toute la fortune de Rhinsault.

LES DEUX FEMMES D'OTHON III.

Non mœchaberis.
DÉCALOGUE.

I. — Marie d'Aragon.

C'est ici une vieille légende du moyen âge ; nous la donnons dans sa naïveté.

L'empereur Othon III avait pour femme la fille du roi d'Aragon, laquelle conçut une passion criminelle pour un seigneur de la cour. Ce comte, dont nous n'avons pas trouvé le nom, étant pieux et chaste, ne voulut pas, dit le légendaire, se rendre félon à Dieu, traître à l'Empereur et infidèle à sa propre épouse ; car il était marié. L'Impératrice le prit donc en haine et l'accusa auprès de l'Empereur d'avoir essayé de la corrompre. Othon crut à ses paroles ; dans sa colère, il ordonna au bourreau de trancher la tête du Comte.

Au moment de l'exécution, le Comte dit à sa femme :

— Je ne suis pas coupable; et je vous prie de prouver mon innocence après ma mort. Ce que la justice vous prescrira, veuillez le faire en toute sûreté, attendu que Dieu est un juge toujours équitable.

L'épouse désolée promit de faire ce qui lui était recommandé dans un moment si solennel; elle avait une telle confiance en son mari, qu'elle eût voulu tenter sur-le-champ la preuve judiciaire et le sauver. Mais l'Empereur était parti; le bourreau ne pouvait surseoir. Elle pleura donc, avec désespoir et angoisse.

Peu de jours après, comme l'Empereur siégeait en sa cour, rendant la justice avec d'autres princes et seigneurs, elle vint devant lui et dit :

— Sire Empereur, que mérite celui qui a tué injustement mon mari?

L'Empereur répondit :

— Celui qui a tué injustement votre mari mérite la mort.

— Sire Empereur, c'est vous, répliqua la dame. Vous avez fait mourir iniquement le Comte, qui était mon époux; ce que je prouverai par la preuve qui sera prescrite.

— Le Comte, dit encore l'Empereur, a été exécuté avec raison; son crime emportait la mort.

— J'invoque la loi, reprit la veuve, et je demande qu'on me dise comment je dois prouver qu'il était innocent.

— La loi, répliqua Othon, ordonne de porter un fer rougi par le feu.

C'était l'usage du temps.

La dame pria Dieu et cria justice devant tout le peuple qui était présent ; puis elle porta saine et sauve le fer brûlant dans tout l'espace désigné.

L'Empereur s'effraya, ainsi que tous les juges. Il dit alors à la dame :

— Le jugement de Dieu vous donne raison ; je m'abandonne à votre merci.

— Si vous voulez vivre et mourir en véritable empereur, s'écria-t-elle, si vous voulez rendre et subir la justice, vous devez périr à votre tour.

Et elle demanda au premier juge de trancher la tête de l'Empereur.

Mais les seigneurs effarouchés s'interposèrent ; ils accordèrent à Othon un terme de dix jours, pour que la dame prît conseil auprès de ses amis.

Après les dix jours écoulés, ils reparurent dans le lieu de la justice : la dame se tint à ses premières paroles. La cour décida encore un terme de huit jours. Ce délai expiré, la veuve du Comte resta sans pitié et persista à vouloir la tête d'Othon. Les seigneurs demandèrent un troisième terme de sept jours.

— Si vous voulez conserver la vie de l'Empereur, dit alors la dame, que l'Impératrice meure ; elle est la vraie coupable, et c'est à ce prix seul que l'Empereur peut se racheter.

Pendant ce temps, Othon III s'était instruit de la vérité; il s'était assuré que le Comte était innocent, et que Marie d'Aragon, l'Impératrice, avait entretenu des liaisons coupables. Les juges portèrent une sentence contre l'Impératrice; elle fut brûlée, et son corps réduit en cendres.

Prenez exemple de ceci, impératrices, reines et grandes dames; et vous, princes, sachez qu'on ne doit pas être trop prompt à juger dans la colère.

Cette légende curieuse, extraite d'une chronique écrite en Hesse au quinzième siècle (1), donne l'explication de deux tableaux célèbres de Thierry Stuerbout, dont on n'avait pu deviner le sujet.

En voici la suite.

II. — Stéphanie.

Nous sommes bien peu avancés en histoire. Nous ne savons presque rien, et le plus souvent il nous faut douter des bribes qu'on nous offre. Voilà Othon III qui, selon les uns, eut deux femmes, et qui, suivant d'autres, mourut sans avoir été marié, parce que, disent-ils, ce prince ne laissa pas d'enfants. Mais Ferdinand VII, en Espagne, n'eut d'enfants

(1) Révélée dans le *Messager des sciences de Gand*, par M. le professeur Rausmann.

que de sa quatrième femme. Si Othon n'a pas été marié, que ferez-vous de Marie d'Aragon, cette princesse diffamée pour ses débauches, comme dit Moréri?

Nous croyons à la légende claire et précise que nous venons de transcrire et à ses détails singuliers. Othon III avait alors vingt-quatre ans. L'année précédente, il avait appuyé l'élection du pape Grégoire V. Grégoire V, reconnaissant, lui avait mis à Rome la couronne impériale sur la tête; et c'est de là qu'on a prétendu à faux que Grégoire avait conféré aux nations germaniques le droit exclusif de nommer à l'avenir les Papes, prétention absurde qui a fait de grands maux.

En 998, Crescentius, qui, sous le titre de consul, exerçait depuis long-temps l'autorité dans Rome et cherchait à reconstituer l'ancienne république romaine, voulant opposer un concurrent à Grégoire V, fit élire pape, sous le nom de Jean XVI, un Grec de naissance qui lui était dévoué; après quoi il marcha sur Rome. Mais Othon III prévenu y arriva plus tôt que lui, avec une puissante armée. Crescentius se jeta dans le château Saint-Ange et s'y fortifia. Othon s'empara de Jean, qui disparut; puis il offrit à Crescentius une capitulation; et dès qu'il l'eut entre ses mains, il le fit mourir.

La veuve de Crescentius, Stéphanie, jeune personne aimable et belle, fut, dit-on, outragée par les officiers allemands; elle pleurait sa honte et la mort de son époux ; — mais elle méditait la vengeance.

En l'an 1001, l'empereur Othon III, se trouvant gravement malade des suites de quelque excès, et aucun médecin ne pouvant le guérir, Stéphanie se présenta, comme une jeune Grecque habile dans l'art d'Hippocrate. Elle parvint facilement jusqu'auprès de l'Empereur, à qui elle rendit la santé.

Après avoir admiré son talent, Othon s'éprit de ses charmes ; il en devint tellement ravi qu'il l'épousa, quoi qu'en écrivent les ennemis de ses deux mariages.

Mais le soir de ses noces, Stéphanie lui donna une paire de gants parfumés qui l'endormirent, et qui, glissant dans ses veines un poison subtil, le firent expirer lentement, dans une agonie douloureuse, le 17 janvier de l'année 1002 ; il avait vingt-neuf ans.

Prenez exemple de ceci : les passions se tiennent ; mais comme la plupart des venins ont avec eux leur contre-poison qu'il faut savoir découvrir, elles mènent presque toujours parmi elles leur châtiment qui se cache.

Septième commandement.

**Le bien d'autrui tu ne prendras
Ni retiendras à ton escient.**

LA CROIX DE SAINT-JEAN.

Tu ne déroberas point.
DÉCALOGUE.

I.

Avant que Charles-Quint eût détruit à Gand le bourg de Saint-Bavon, pour asseoir là sa vieille citadelle, l'espace maintenant occupé par les solides constructions qu'on appelle encore le *château des Espagnols*, quoiqu'il soit aujourd'hui tout démantelé, était en quelque sorte une cité à part, où se dressaient, sous la juridiction de l'abbé de Saint-Bavon, trois ou quatre cents maisonnettes qui jouissaient de plusieurs priviléges. Des rues étroites et tortueuses amenaient un peu d'air dans ces habitations, qui, en général, n'étaient pas riches. On remarquait pourtant, dans le bourg, quelques hautes maisons d'hommes opulents; plus aérées, accompagnées de petits jardins, elles étaient plus saines, plus fières, et dominaient orgueilleusement leur voisinage.

Telle était la maison de l'Ours-vert, ainsi nommée

à cause de son enseigne sculptée et peinte au-dessus de la porte, entre les deux fenêtres gothiques du premier étage. Cette maison appartenait à maître Balthasar Merx, honnête négociant gantois qui, en 1535, époque du récit qui va suivre, était âgé de cinquante ans.

Balthasar était de haute taille, fortement constitué ; de larges épaules, des membres carrés, une poitrine velue accusaient sa vigueur ; sa chevelure châtain-tendre ne grisonnait pas encore ; il avait la figure longue et pleine, fortement sillonnée par les traces de la petite vérole ; ses yeux verts, petits et enfoncés, brillaient vivement sous deux épais sourcils. Tout annonçait dans cette figure de la ténacité, de la persévérance ; aussi avait-il fait une grande fortune. Mais, selon les physionomistes, son nez arrondi et ses lèvres charnues indiquaient des sentiments affectueux ; et, il faut le dire, la science qui prétend lire les indices du caractère dans les traits des hommes, ne s'était pas tout à fait trompée avec Balthasar.

Il faisait le commerce des cuirs ; il l'avait commencé avec un très-petit avoir, que lui avait laissé son père, honnête cordier de la rue d'Anvers. A vingt-huit ans, dans un voyage en Normandie, il avait épousé Catherine, fille unique d'un riche nourrisseur. Elle lui avait donné un fils, devenu son plus tendre amour. Une année après, Catherine était morte d'une maladie épidémique qui pesait sur le quartier de Saint Bavon; et Balthasar, pour être tout à sa tendresse paternelle, n'avait plus voulu se remarier.

En 1535, le jeune Siméon Merx avait vingt ans. C'était tout le portrait de sa mère; une figure rose et fraîche, ronde et animée, des yeux doux, mais qui soutenaient mal le regard, défaut qu'on attribuait à la timidité et qui signalait peut-être une tendance à la dissimulation. Quoiqu'il aimât le jeu, la dissipation et le plaisir, son père, qui l'idolâtrait, ne voyait en lui que des perfections et ne savait rien refuser à ses goûts portés à la dépense.

Balthasar était fort riche. Toutefois, il n'y avait dans sa maison, avec lui et son fils, que trois autres personnes qui semblaient composer la famille. Nous devons mettre en première ligne la bonne Michelle, grosse servante flamande, un de ces êtres dont l'extérieur peu brillant n'indique pas les qualités précieuses et que l'on peut comparer aux vieilles bourses de cuir terni qui renferment pourtant des pièces d'or. Elle était trapue; ses pieds étaient déformés, ses mains calleuses, ses doigts noueux, sa figure bourgeonnée et garnie de trois ou quatre verrues. Ses yeux grands sortaient de sa tête et n'exprimaient rien. Mais sous cette grossière enveloppe, il y avait un cœur plein de dévouement et de tendresse.

Michelle avait quarante ans. Elle était entrée au service de Balthasar au moment où sa femme était morte; elle avait élevé son fils. Les enfants, au moins tant qu'ils sont petits, chérissent ceux qui les aiment, sans rechecher les charmes extérieurs ; et Michelle s'était attachée profondément à son jeune maître. Elle avait concentré sur le petit Siméon tout ce qu'il y avait de fibres aimantes dans son cœur. Elle se regardait comme sa mère ; et l'enfant eut le bonheur de ne jamais sentir la perte qu'il avait faite.

Aussi le négociant avait-il promis à Michelle qu'elle ne quitterait jamais sa maison, et qu'elle ne mourrait pas à l'hôpital.

Le second personnage admis dans l'intérieur de Balthasar était le vieux Bonaventure, commis de cinquante-cinq ans, qui depuis longues années tenait les écritures et faisait la correspondance du marchand de cuirs. Bonaventure n'aimait pas Michelle, qu'il trouvait trop acharnée aux petits intérêts de la maison, trop économe sur le feu et sur la bière. Il avait une femme, et il songeait parfois que, si on renvoyait la servante, sa femme pourrait être introduite dans la maison comme gouvernante. Mais Michelle était solidement appuyée sur la reconnaissance de Balthasar et sur l'attachement de Siméon.

Il y avait en troisième lieu dans cette famille un jeune cousin du côté maternel, venu depuis deux ans de Normandie. Il se nommait Théodore Mauville ; garçon âgé à peine de vingt-huit ans et plein de gaieté. Il avait passé trois années à Paris, où il avait dissipé tout son bien ; puis il s'était décidé à remplir chez Balthasar le rôle de second commis. Le négociant, voyant en lui un parent de sa femme, qu'il avait tendrement aimée, et un cousin de son fils, le traitait avec beaucoup d'égards. Son esprit, ses chansons, les joviales anecdotes qu'il contait avec malice prévenaient en sa faveur. D'ailleurs il avait vu le beau monde; il faisait des tours d'adresse, savait tous les petits jeux, contrefaisait tous les personnages; c'était ce qu'on appelle un homme amusant. En même temps, il parlait au besoin raison et morale. Le vieux négociant le considéra bientôt comme un excellent mentor pour son fils, qu'il lui recommanda en augmentant ses appointements.

Pourtant la figure colorée et les yeux ardents de Théodore décelaient de violentes passions. Mais Balthasar se connaissait mieux en cuirs qu'en physionomies, ou bien il était là-dessus moins observateur que le vieux chroniqueur de qui nous tirons ces détails.

Quoi qu'il en soit, depuis un an et demi, le négociant avait confié son fils à Théodore, qui lui faisait faire fréquemment de bonnes parties de plaisir. Siméon était enchanté de son cousin, et par conséquent Balthasar ravi de son second commis.

Bonaventure n'osait pas haïr Théodore, qu'il voyait très-avant dans les bonnes grâces du fils de la maison. Il faisait sa cour en approuvant sans réserve la conduite des deux jeunes gens. Parfois il demandait, d'une voix insinueuse, si M. Siméon ne prendrait pas bientôt quelque part au commerce de son père. Mais Balthasar lui fermait la bouche en répondant :

— Quand il le voudra ! laissons-le jouir de sa jeunesse.

C'était du reste un homme sec, un homme de chiffres et de calculs que Bonaventure, un homme tout à ses intérêts, mais qui surveillait ceux de son maître, parce qu'il savait que sa position et son existence tenaient à son exactitude.

Michelle aimait d'autant plus Théodore qu'elle le voyait indispensable à Siméon. D'ailleurs, le mentor normand se montrait généreux ; et souvent il donnait d'honnêtes *pourboires* à la bonne servante. Quoiqu'elle eût autant de désintéressement que de droiture, la pauvre fille n'était pas insensible aux petits présents loyalement acquis ; elle en faisait d'ailleurs un noble usage. Tout l'argent qu'elle gagnait où qu'elle pouvait amasser, elle l'envoyait à sa mère, qui habitait Zotteghem, et qui était vieille et infirme. Malgré tant de vertus dans la pieuse servante, on verra que les circonstances qui vont se dérouler firent douter de sa probité.

Théodore avait pris un grand ascendant sur Siméon, en flattant ses penchants, en approuvant ses goûts ; il en était venu insensiblement à le dominer. Une intimité complète s'était établie entre les deux jeunes gens, qui fréquentèrent vite les plus mauvaises sociétés.

Balthasar fournissait généreusement aux désirs de

son fils. Mais bientôt les fonds qu'il donnait, et qui eussent pu suffire aux plaisirs de dix jeunes hommes réglés, semblèrent trop restreints. Siméon fit des dettes.

Ce jeune homme qui se corrompait ne se perdit pas tout d'un coup. Il eut un retour sur lui-même. Sachant la rigidité de son père, et tremblant qu'il n'apprît son embarras, il se contint pendant un mois, fit des épargnes et résolut de mettre des bornes à ses dépenses, jusqu'à ce qu'il eût payé ce qu'il devait. Malheureusement un soir, dans une réunion de jeunes dissipés, il ne put résister à Théodore, qui l'avait mené dans une maison de jeu, où il voulait risquer un coup de dés. Les deux amis jouèrent et s'en revinrent les poches vides.

Siméon passa une nuit cruelle. Redoutant que ceux à qui il devait ne vinssent en son absence s'adresser à son père, il ne sortit pas le lendemain, entra dans le bureau avec Théodore et se mit à travailler. Son père était ravi.

A onze heures et demie, un instant avant le dîner, Michelle vint appeler M. Balthasar, qu'un de ses amis voulait saluer ; Bonaventure était sorti. Dix minutes après, les deux jeunes gens fermèrent la porte du bureau, remirent la clef à la servante et s'en allèrent, en lui disant qu'ils ne reviendraient que le soir. Balthasar retint son ami à dîner ; et rien d'extraordinaire ne fut remarqué dans la maison.

Quatre mois se passèrent. Il est probable que pendant ce temps-là Siméon Merx paya ses dettes ; car son père n'en entendit point parler. Il n'eut même pas le moindre soupçon des dérangements de son fils. Mais d'autres inquiétudes le minaient depuis quelque temps, lorsque le 24 février 1535, s'étant enfermé dans son cabinet avec Bonaventure, il lui ouvrit son cœur :

— Vous ne savez pas, vieux, ce qui m'arrive, dit-il ; il faut que je vous le conte ; car ce n'est pas vous qui êtes le voleur.

— Le voleur, monsieur ! répondit Bonaventure en sautant sur son escabelle, il y a un voleur !

— Je vous dis que ce n'est pas vous, vieux ; ainsi ne criez pas. D'ailleurs comment auriez-vous pu me voler ?

— Vous voler, monsieur ! on vous a volé ?

— Vous allez entendre. Vous voyez bien cette grosse clef, si habilement travaillée ; vous la connaissez, n'est-ce pas ?

— Si je la connais ! c'est-à-dire je l'ai vue, mais je ne l'ai jamais touchée.

— Mon Dieu ! je le sais, Bonaventure. Vous êtes rétif aujourd'hui comme un cuir de porc. Eh bien ! c'est la clef de ma caisse. Elle ne me quitte jamais ; le jour elle est enchaînée à ma ceinture ; la nuit elle dort sous mon oreiller ; et pourtant ma caisse a été ouverte.

— Oh, monsieur ! votre caisse !

— Ma caisse, dit Balthasar. Deux fois déjà on m'a

volé, trois fois peut-être, et peut-être quatre. Mais au moins je suis sûr de deux vols.

— Et des vols considérables? fit Bonaventure pâle comme une muraille.

— Deux vols de mille florins.

— Oh, monsieur! cela n'a pu avoir lieu que la nuit.

— Mais comment le voleur n'a-t-il pas vidé la caisse? comment n'a-t-il pris que la dixième ou la vingtième partie de ce qu'elle contenait?

— Oh, monsieur! cela fait frémir; c'est que le voleur a espéré que vous ne verriez pas...

— Comme vous le disiez, vieux, le vol n'a pu se faire que la nuit. Il a fallu prendre ma clef; je soupçonne Michelle, et je me reproche de la soupçonner.

— Michelle! monsieur; oh! la sournoise! Pourtant elle m'a l'air d'une fille qui craint Dieu. Mais elle est si ladre, qu'elle a bien pu concevoir une mauvaise pensée.

— J'ai de la peine à me le persuader; je voudrais pouvoir porter mes soupçons ailleurs; mais il n'y a qu'elle qui, les jours où j'ai un peu trop soupé, puisse entrer dans ma chambre et prendre ma clef.

— Oh, monsieur! il ne faut pas aller légèrement dans une affaire si grave, dit Bonaventure en reculant avec-hypocrisie sur son commencement de prévention.

— Il me vient une idée, reprit Balthasar. Je veux

éprouver cette fille. — Demain, je serai éclairé....

Après qu'il eut diné, le marchand de cuirs s'habilla; puis, laissant visiblement sur son lit la clef de sa caisse, il dit à sa servante :

— Je vais coucher à Alost, Michelle ; je ne reviens que demain ; mon fils et son ami sont à Bruxelles. Ainsi, vous restez seule avec les deux dogues. Ayez soin de mettre les barres de fer aux portes.

— Soyez tranquille, monsieur, répondit la Flamande; avec Hassan et Muley, votre maison est bien gardée.

II.

Dès que son maître fut parti, Michelle, s'étant mise à ranger la chambre, fut toute troublée de trouver sur le lit la clef de la caisse.

— Il va être inquiet, dit-elle.

Et pour ne pas risquer d'égarer un dépôt si précieux, elle le lia sous son tablier au cordon qui lui serrait la ceinture. Bonaventure, à qui le négociant avait donné beaucoup de commissions, s'en alla et ne revint plus ce jour-là. C'était, ainsi que nous l'avons dit, le 24 février. A cinq heures, bien qu'il ne fît pas encore nuit, Michelle ferma toutes les portes; elle fit sans bruit sa besogne du soir; elle tricota deux heures ; puis, quand neuf heures sonnèrent à l'Abbaye, elle s'alla mettre au lit, après avoir dit ses prières, et s'endormit tenant, selon son usage, son chapelet à la main.

La maison dont elle était gardienne se composait au rez-de-chaussée d'une salle à manger, d'une cuisine et d'un vaste magasin. Au premier, deux chambres donnaient sur la rue : l'une où couchait Balthasar ; l'autre était la chambre de Siméon et de son ami. Du côté du jardin, séparées par un large corridor, on trouvait deux autres pièces : la première formait un grand bureau ou cabinet qui contenait la caisse ; la seconde, beaucoup plus petite, était la chambre à coucher de Michelle.

Malgré l'hiver, elle laissait sa porte entr'ouverte, pour entendre au besoin la voix des chiens et pouvoir dans une alerte appeler le voisinage, en courant à la fenêtre de son maître. Les deux chiens, Hassan et Muley, qui avaient une mine formidable, couchaient dans le magasin, dont la porte n'était pas fermée, de sorte que, si on les appelait, ils pouvaient, en un bond, s'élancer au premier étage et porter secours, dans le cas où des voleurs entreraient par les verrières ; ce qui n'était pas très-facile, attendu qu'elles étaient fortement grillées.

A onze heures du soir, Michelle était profondément endormie, lorsqu'un très-vif aboiement des chiens la réveilla en sursaut. Ne sachant pas l'heure qu'il était, mais un peu rassurée par le clair de lune, et n'entendant plus les chiens qui s'étaient calmés, elle allait croire qu'ils n'avaient aboyé qu'après des passants attardés, quand elle distingua bien clairement qu'on frappait à la porte.

— C'est sans doute mon maître qui se sera inquiété, dit-elle.

Elle courut ouvrir une des petites divisions de la fenêtre de Balthasar et demanda qui heurtait ?

— C'est nous, Michelle.

Elle reconnut la voix de Siméon. Il arrivait de Bruxelles avec son ami. Elle se hâta d'aller leur ouvrir.

— Quelle heure est-il donc ? demanda-t-elle.

— Tu dormais, dit Siméon. Mais il est à peine onze heures. Mon père est-il couché ?

— Il est à Alost.

— A merveille, dit tout bas Théodore, pendant que la servante battait le briquet et que les deux chiens caressaient leur jeune maître.

Après qu'elle eut allumé une lampe, elle remarqua la figure pâle et décomposée des deux jeunes gens. Elle leur demanda avec anxiété ce qu'ils avaient.

— Oh ! rien, dit Théodore. Le froid et la fatigue nous ont un peu harassés. Le repos nous remettra.

— Vous allez souper, reprit la bonne fille en ranimant le poêle ; vous devez en avoir besoin. Il reste un poulet froid.

— Merci. Donne-nous seulement deux verres de genièvre.

— Vous avez tort de ne prendre que cela, poursuivit Michelle. — Est-ce que vous seriez malade ?

— Non ; nous avons soupé à Alost. Nous aurions pu y rencontrer mon père.

La servante apporta deux verres et une cruche de genièvre.

Les deux jeunes gens s'assirent devant le poêle, se mirent à boire gravement; et Michelle, un peu troublée de leur air singulier, s'en retourna à sa chambre où elle se recoucha. Mais elle ne put se rendormir.

Deux heures après néanmoins, un lourd assoupissement commençait à gagner sa tête, lorsqu'elle en fut tirée de nouveau par un certain mouvement qu'elle entendit; elle se leva encore, pensant que Siméon était indisposé; et ne voulant pas l'alarmer, elle sortit sans bruit de sa petite chambre. Les jeunes gens n'étaient plus dans la leur. Ils parlaient à voix basse, sans lumière, dans la chambre où était la caisse. Une sensation d'inquiétude et d'effroi la saisit; elle s'approcha doucement et faillit tomber morte au spectacle qui se déroulait devant elle.

Les deux jeunes gens, à Bruxelles, avaient perdu au jeu tout ce qu'ils possédaient. Ils avaient perdu ensuite sur parole; et ils étaient revenus à la hâte. La caisse était ouverte, la caisse dont Michelle avait la clef à sa ceinture. Mais Théodore avait trouvé moyen de s'en procurer une double; et les deux amis se disputaient, parce que Siméon ne voulait prendre qu'un sac de mille florins, comme dans les vols précédents, tandis que son compagnon lui démontrait qu'il leur fallait davantage.

— Il ne nous reste rien, disait-il ; et nous devons douze cents florins.

— Nous en payerons neuf cents, répliquait Siméon ; nous demanderons un peu de temps pour le reste.

— Du temps pour des dettes de jeu ! Des dettes d'honneur ! nous serions perdus.

— Mon père s'apercevra de tout ; voilà déjà cinq mille florins que nous enlevons.

— Eh bien ! dit Théodore, prenons-en encore cinq mille. Nous réparerons nos pertes et nous rétablirons les déficits sans qu'on s'en aperçoive. Ton père ne compte pas.

— Mais s'il comptait ?

— Il est absent. Nous reviendrons demain soir. J'ai un calcul qui nous assure d'énormes bénéfices ; il faut pour le soutenir une forte somme.

— Mais si nous perdons ?

— Impossible.

— Cependant si cela arrivait ?

— Alors tu écrirais à ton père ; tu lui avouerais tout ; tu me sacrifierais, et il te pardonnerait.

— Je ne puis m'y résoudre.

Il achevait ces mots quand Michelle entra.

— Ah ! monsieur Siméon ! s'écria-t-elle en se jetant à genoux....

— Tout est perdu ! interrompit Théodore, d'une

voix violente, en laissant tomber deux sacs qu'il tenait.

Le jeune Merx devint pâle comme un fantôme.

— Ah! monsieur Siméon, reprit la servante tout en pleurs, que faites-vous? Est-ce que votre père vous laisse manquer d'argent? Et voulez-vous damner votre âme? Oh! si vous ne reculez pas devant le crime, tuez-moi du moins. Personne n'en saura rien ; je suis seule ici ; on croira que des voleurs sont venus; votre pauvre père n'aura pas le désespoir de soupçonner son fils... Et que Dieu bientôt vous donne le repentir!

Pendant qu'elle parlait en sanglotant et se tordant les mains, Théodore marchait à grands pas dans le bureau.

— Elle a raison, dit-il enfin d'une voix sombre en tirant un poignard caché dans son pourpoint; il faut la tuer. Aussi bien elle nous perdra et nous la compromettrons.

Il s'avança en même sur Michelle, qui ne dit que ces mots : — O ma pauvre mère! — et se résigna à la mort.

Mais Siméon, hors de lui, s'était jeté au-devant du poignard..

— Arrière! lui dit son camarade, ne vois-tu pas que sa vie est maintenant empoisonnée? Si nous la tuons, ton père ne nous accusera pas; et nous pourrons enlever toute la caisse, qui contient quatorze mille florins.

— Je ne veux pas qu'on la tue, dit Siméon avec force. Tu me tueras avant elle. Allons-nous-en.

— Puisque tout est découvert, reprit l'autre, nous n'avons rien à ménager. Prends donc ces deux sacs, et partons si tu le veux.

En remettant à Siméon deux groupes de florins, que celui-ci prit d'un air hébété, Théodore lui fit signe de sortir. Mais le jeune homme ne voulait pas laisser son compagnon seul avec Michelle. La servante ne cessait de supplier et de pleurer ; elle parlait de son maître ; elle rappelait aux deux coupables les principes de la probité et de l'honneur. Elle les priait, au nom de Dieu qui voit tout ; elle les menaçait de la vengeance céleste. Mais, sans l'écouter, et sans que Siméon, qui s'épuisait à la rassurer, s'en aperçût, Théodore avait vidé la caisse. Chargé de tout ce que son jeune cousin n'avait pas voulu prendre, il prit le bras de Siméon.

— Partons, lui dit-il ; nous sommes hors d'embarras ; nous irons à Madrid ; nous écrirons à ton père. Il faudra bien qu'il pardonne.

— Oh ! dit Siméon, Michelle ne nous trahira pas. Elle dira que des voleurs sont venus. Adieu, Michelle ; plains-moi.

Alors la pauvre fille fit un nouvel effort. Retenant son jeune maître par le bras :

— Ne volez pas, dit-elle ; au nom du Seigneur, ne volez pas votre digne père ! Si vous avez fait des fautes, pauvre jeune homme, s'il vous faut de l'argent, demandez-le à M. Balthasar ; confiez-lui vos peines, il ne vous repoussera pas ; et s'il le faisait, je le prierais, moi, de vous écouter, de vous donner mes gages à venir ; je le servirais pour rien le reste de ses jours. Mon enfant, je vous ai servi de mère, écoutez-moi...

Théodore, tandis qu'elle parlait, tirait Siméon de l'autre côté, pressé qu'il était de fuir. Michelle se jetant au-devant de lui :

— C'est vous, dit-elle, qui me perdez et qui perdez mon jeune maître. Car qui accuserai-je ? Si je vous nommais, vous auriez votre appui dans le fils de la maison. Mais Dieu vous punira ; vous le voyez là-bas qui vous menace.

En disant ce mot, elle indiquait du doigt par la fenêtre la lune dans son plein, coupée en quatre par une croix noire qui semblait appliquée sur son disque d'argent. Théodore recula d'un pas. Mais en une seconde il se rassura. Cette vision, qui lui avait semblé un prodige, était produite par la croix de l'église de Saint-Jean, qu'on voyait au loin, et derrière laquelle passait la lune. Cette croix, élevée à quatre cents pieds du sol, terminait une flèche élégante qui n'existe plus, mais qui s'effilait, gracieuse et légère, sur la tour de Saint-Jean, aujourd'hui Saint-Bavon.

— Ce signe que vous méprisez me vengera, dit encore Michelle avec désespoir.

Théodore, avec un sourire sardonique, proféra

un triste jurement et repoussa violemment la servante, qui tomba contre la porte, où elle resta évanouie.

Le jour commençait à poindre lorsqu'elle revint à elle. Elle se trouva seule; elle se rappela tout ce qui s'était passé comme un rêve épouvantable. Mais la caisse, ouverte et vide, ne pouvait lui laisser de doutes sur son malheur. Son cœur se déchira, et elle pleura de nouveau avec amertume.

— Je suis perdue, dit-elle, perdue à jamais.

Sa tête s'égara; elle ne se sentit plus la force de soutenir le regard de son maître; et, sans savoir ce qu'elle faisait, elle s'enfuit; elle marcha comme une machine jusqu'à Zotteghem, où elle arriva chez sa mère, qui, la voyant décomposée et n'en pouvant tirer une parole, la fit mettre au lit.

III.

Théodore et Siméon, pressés de quitter Gand, traversèrent la ville en silence, chargés de la somme considérable qui était le fruit de leur vol, et dont la plus grande partie était en or.

En passant sous le beffroi, au clair de la lune, Théodore tourna la tête malgré lui et ne put s'empêcher de jeter un regard sur la haute croix de Saint-Jean, qui se projetait dans le ciel. Puis s'efforçant de braver la menace de Michelle :

— Ce n'est pas cela que je crains, dit-il à Siméon en désignant la croix de fer ; mais la manière dont elle était posée sur la figure de la lune m'avait troublé un instant. Ce que je redoute, c'est quelque indiscrétion de cette fille. Pourtant tu as bien fait de m'empêcher de la tuer, si tu es sûr qu'elle ne nous trahira pas.

— Nous trahir ! répliqua Siméon, en rompant enfin le profond silence auquel il semblait s'être condamné, elle mourrait plutôt, la pauvre Michelle !

— Dans tous les cas, dit encore le jeune Normand, nous ferons bien de quitter le pays pour quelques jours. Si ton père apprend ce que nous avons fait, il sera toujours temps de t'excuser.

Siméon ne répondit rien ; et les deux compagnons sortirent de la ville.

A quelques pas, ils entrèrent dans une ferme où ils louèrent des chevaux et se dirigèrent sur la France.

Le matin qui succéda à cette nuit criminelle, pendant que Siméon et Théodore s'éloignaient au plus vite, à l'heure même où la servante s'enfuyait chez sa mère, à Zôtteghem, Balthasar quittait Alost pour s'en revenir à Gand, l'esprit bourré de pressentiments tristes.

— J'aurais mieux fait, disait-il, de ne pas tenter cette épreuve. Je devais me borner à changer le secret de ma caisse. Si cette fille est coupable, il me faudra donc la perdre !

Le bon négociant était loin de soupçonner son fils.

Il arriva, à dix heures du matin, à la porte de sa maison. Il frappa, selon son usage qu'on avait habitude de reconnaître; mais personne ne vint lui ouvrir. Ses chiens seuls faisaient acte de présence par des sons caressants. Balthasar frappa de nouveau; même silence.

— De vrais voleurs seraient-ils venus, dit-il, et auraient-ils assassiné Michelle? Mais Hassan et Muley ne l'auraient pas souffert.

Comme il s'impatientait de ces perplexités, un voisin ayant mis la tête à la fenêtre :

— N'auriez-vous pas vu Michelle? lui demanda le marchand de cuirs.

— A la pointe du jour, répondit le voisin, comme j'ouvrais ma porte, je l'ai vue partir. Elle allait je ne sais où, et marchait comme une folle.

Ce rapport secoua le cœur de Balthasar. D'autres voisins, qui survinrent, dirent aussi qu'ils avaient vu la servante, et qu'elle avait pris le chemin de Zotteghem.

— Voilà qui est inouï, dit le négociant; et je ne puis rentrer chez moi!

Bonaventure, qui était venu déjà heurter plusieurs fois, arriva alors. Il devint pâle et tremblant lorsqu'il vit ce qui se passait, et qu'un mot de Balthasar lui eut fait comprendre qu'il s'était absenté pour éprouver Michelle, comme il l'avait projeté.

Le vieux commis allait parler ; Balthasar l'interrompit :

— Ne soupçonnons pas trop légèrement, dit-il ; attendons les preuves, vieux, et allez chercher un serrurier, car cette porte ne s'ouvrira pas toute seule.

Beaucoup de monde s'était assemblé devant la maison du marchand de cuirs. Le prévôt de Saint-Bavon, qui vint à passer, s'arrêta aussi.

Quand on eut ouvert la porte, Bonaventure suivit Balthasar : quelques voisins entrèrent ; parmi eux se glissa le prévôt. Le négociant alla droit à la caisse, qu'il trouva ouverte et vide. Il poussa un grand cri :

— Je suis volé, dit-il, volé entièrement ! Quatorze mille florins ! Je ne m'étonne pas du soin qu'elle a eu de disparaître. Il faut qu'on me la retrouve.

— Mon ministère devient nécessaire, comme je le prévoyais, dit le prévôt en se montrant. Quels indices avez-vous ?

— Nous accusons, dit Bonaventure...

Le négociant fit un pas pour lui imposer silence ; mais il hésita, recula sur lui-même, et le vieux commis parla.

— Nous accusons Michelle...

— Du vol de quatorze mille florins, vol domestique, vol avec effraction... Est-ce là votre clef ? poursuivit le prévôt, en tirant celle qui était restée dans la serrure de la caisse.

— Non, répondit le négociant ; c'est une clef

fausse. Je ne l'avais pas prévu. Aussi y a-t-il longtemps que je suis dupe. L'infâme ! elle avait fait faire une fausse clef ! Où sera l'autre ?

Il chercha et ne trouva rien.

Le prévôt, furetant partout, ramassa à terre un bouton de manchette.

— Un homme est venu ici, dit-il.

— Elle avait un complice !

— En voilà encore la preuve, s'écria Bonaventure en entrant dans la chambre des deux jeunes gens. Ces deux verres et cette bouteille vide prouvent que les deux coupables ont pris du courage avant de procéder.

— Je ne suis plus surpris, dit un voisin, de l'aisance qui entoure à Zotteghem la mère de Michelle. Famille de voleurs !

— Et vous dites, demanda le prévôt, que cette fille s'est dirigée sur le chemin de Zotteghem ?

— Précisément.

— Nous allons immédiatement nous y transporter avec main-forte, maître Balthasar. Ce n'est qu'à quatre lieues. Si elle n'a pas eu des ailes, nous la rejoindrons ; et vos quatorze mille florins ne seront pas tous perdus. Mais c'est un crime trois fois capital.

En achevant ce mot, le prévôt sortit, laissant Balthasar dans un profond abattement, et Bonaventure, moitié irrité, moitié satisfait, parce qu'il espérait désormais introduire sa femme dans la maison. Il la fit venir en effet pour soigner le négociant accâblé ; dès ce jour-là, elle s'installa à la place de la pauvre Michelle.

Balthasar écrivit à son fils, qu'il croyait encore à Bruxelles ; il le priait de venir le consoler. Il lui contait tout ce qui venait d'avoir lieu, dans le sens qu'il donnait aux événements. Mais l'exprès chargé de cette lettre ne trouva plus Siméon ; qui, n'étant pas encore totalement perdu, en eût été frappé sans doute et eût pu se repentir. Au contraire, par l'occasion d'un marchand qui se rendait à Gand, le jeune homme écrivait de Mons à son père une lettre où il annonçait un voyage de trois semaines en France. Cette lettre n'arriva que quelques jours après la catastrophe ; et Balthasar ne fut pas fâché du parti que son fils avait pris.

— Mon pauvre enfant n'eût pas supporté la pensée du crime de Michelle, disait-il ; il vaut mieux qu'il n'en sache rien. A son retour, nous aviserons.

Cependant le prévôt, escorté de six archers à cheval, arriva à Zotteghem. Il alla seul en avant à la maison de la mère de Michelle.

— Où est votre fille ? dit-il à la vieille.

— Ah ! mon digne monsieur, ne faites pas de bruit, répondit la bonne femme. Elle est malade !

— Elle dort sans doute, répliqua l'homme de justice. Ce n'est pas surprenant, après une nuit comme celle qu'elle a passée. Il faut que je lui parle.

Il entra brusquement et vit Michelle inondée de larmes sur le lit de sa mère.

— Vous allez nous suivre, la belle enfant, dit-il d'un air goguenard ; et d'abord, faites-nous voir les quatorze mille florins.

— Les quatorze mille florins ! répéta la servante d'un air égaré. Oh ! mon Dieu, je savais bien qu'on m'accuserait !

— C'est toujours ainsi, dit le prévôt. Si on les écoutait, il n'y aurait pas de voleurs.

— Des voleurs, monsieur ! s'écria la vieille femme ; qui ose dire que ma fille ait volé ?

— Moi ! le prévôt de Saint-Bavon. Il nous faut les quatorze mille florins ; il nous faut les noms des complices ; il faut qu'on nous suive.

La vieille était tombée accroupie sur le sol inégal de sa maisonnette. L'homme de la justice siffla ; les six archers entrèrent. Michelle, craignant des violences et des voies de fait, se leva en silence.

— Je vous suivrai, dit-elle.

— Vous ne le pouvez pas, interrompit en accourant le curé de Zotteghem. Cette pauvre fille est très-malade, ajouta-t-il en se tournant vers le prévôt.

— Elle a volé, répliqua celui-ci ; qu'elle restitue le vol, qu'elle désigne ses associés, et pour quelques jours nous la laisserons ici, sous la garde de nos hommes.

— Le ciel m'est témoin que je n'ai rien, que je n'ai rien pris, répondit en tremblant Michelle.

— Alors, qui a fait le vol ? Vous connaissez les voleurs. Nommez-les.

— Je ne le puis.

— Et quelle est cette clef? reprit le prévôt, en arrachant de la ceinture de Michelle la clef de la caisse du marchand.

— Ce n'est pas cette clef qui a servi au crime.

— Je le sais; vous en avez fait faire une fausse : il vous en fallait deux. Mais vous avez perdu la tête.

— Êtes-vous coupable, Michelle? dit le curé.

La servante le regarda d'un air triste ; puis, fondant en larmes, elle répondit

— Non, mon père.

— Au nom de Notre-Seigneur Jésus-Christ, reprit le vieillard, Michelle, répondez-moi : Connaissez-vous les voleurs?

— Mon père, je suis innocente.

— Et nommerez-vous les coupables? demanda le prévôt.

— Jamais.

— Pas même à Dieu? dit le prêtre.

— Pas même à Dieu : Dieu les connaît.

— La question vous fera parler, ma belle, interrompit le chef de la justice : nous avons d'habiles tortures qui ont délié des langues plus rétives que la vôtre. Marchons.

— Mon enfant, dit le bon curé, si vous êtes innocente, Dieu, sans doute, ne vous abandonnera pas. Que sa main vous soutienne ! J'irai vous voir dans la prison. Mais, poursuivit-il en s'adressant aux archers, ne la faites pas marcher jusqu'à Gand : elle n'y arriverait pas vivante.

— Ce ne serait pas notre affaire, repliqua le prévôt : il nous faut des révélations ; il nous faut les quatorze mille florins.

Il fit donc un signe. Un des archers, ayant enveloppé Michelle dans un grand manteau, la mit devant lui sur son cheval, et la troupe s'en retourna à Gand, tandis que le bon curé se dévouait à consoler la pauvre mère.

Le soir de ce jour-là, Michelle était enfermée dans un des cachots du bourg de Saint-Bavon.

IV.

Qui nous jugerait, si nous n'avions pas Dieu dans le ciel ? Car les sentences des hommes sont bien souvent le fruit de l'erreur. Il serait long d'énumérer les cas sanglants où la justice humaine s'est trompée ; il serait aisé peut-être de faire voir que le nombre des innocents condamnés est presque aussi grand que celui des coupables absous.

Dès que la pauvre Michelle se trouva sous la griffe des prévôts, on ne songea pas avec calme à examiner dans sa vie précédente toutes les bonnes présomptions qui pouvaient plaider pour elle ; on ne s'occupa que des circonstances qui devaient la noircir. C'est que les juges alors, comme les maîtres des hautes-œuvres, avaient des remises par condamné. L'exécuteur travaillait aux pièces ; il se plaignait quand on le laissait désœuvré, et les producteurs de sentences lui taillaient de l'ouvrage. On cite un juge qui disait : « Mais si nous ne condamnons personne, de quoi vivra le bourreau, qui a sa famille à nourrir ? » Quoique ce fût un juge suisse et un juge calviniste, j'aime à croire pour mon compte que cet horrible mot est supposé.

Le prévôt de Saint-Bavon instruisit activement le procès de la servante. Son maître, malade de chagrin, ne s'occupa plus d'elle. On remarqua que la mère de Michelle n'était pas morte de faim. Cette singularité, qui faisait l'éloge de la pauvre fille, fut tournée contre elle. On vit, dans ce qu'on nommait l'aisance de la vieille, le fruit du vol. La bonne femme avait de la propreté, de l'économie, de la sobriété ; sa cabane n'étalait pas les hideux aspects de la pauvreté vicieuse ; on tirait de ces vertus de nouvelles inductions, et peu s'en fallut qu'on n'emprisonnât la vieille comme recéleuse de sa fille.

Le curé de Zotteghem vint au bout de deux jours, ainsi qu'il l'avait promis, visiter Michelle dans sa prison. Il se convainquit de son innocence. Mais elle ne voulait pas nommer les auteurs du vol. Il l'encouragea à la patience et la recommanda aux geôliers, en leur disant que la prisonnière n'avait pas fait le crime, et que Dieu ne pouvait manquer de dévoiler les coupables. Les gardiens de la prison eurent quelque égard aux paroles de l'homme de Dieu. Mais les juges qui poursuivaient l'instruction avaient le cœur, dont parle Horace, entouré d'un triple airain. Ils tenaient leur proie; rien ne pouvait la leur ôter, ni les apitoyer pour elle.

On interrogeait tous les jours Michelle; et tous les jours ses réponses étaient les mêmes: elle était innocente; elle connaissait les coupables; mais elle ne pouvait dire leurs noms.

On alla jusqu'à soupçonner, car il y a des âmes noires à qui rien ne répugne, que la pauvre servante avait des intrigues avec un inconnu, en complicité de qui elle avait fait le vol, et qu'elle refusait de compromettre.

Après huit jours écoulés sans qu'on eût pu tirer d'elle les aveux qu'on exigeait, c'est-à-dire le lieu où reposaient les quatorze mille florins et les noms de ses complices, comme on vit que la résignation avait pris le dessus chez elle et qu'elle se portait mieux, on décida qu'on la soumettrait à la torture. On lui fit subir ce qu'on nommait la question des coins. L'aide du bourreau apporta quatre petites planches de chêne très-épaisses. Chacun des pieds de Michelle fut placé entre deux morceaux: au milieu on ficha l'angle aigu d'un long coin; on serra le tout par des barres et des crampons de fer. Puis le bourreau, armé d'un merlin, enfonça le coin qui, repoussant avec effort les deux planches du milieu, comprima les pieds, fit jaillir le sang et broya les chairs. Michelle, poussant des cris lamentables, s'évanouit enfin sans rien déclarer; et la torture cessa. On pansa les plaies qu'on lui avait faites; on la porta sur la paille de son cachot: le chirurgien-juré, qui avait assisté légalement à la question, déclara que dans trois jours elle pourrait en subir une autre.

Les douleurs de l'infortunée la réveillèrent bientôt, si vives et si cruelles que, ne désirant que la mort, elle se décida à éviter une prolongation de supplice. Le lendemain et le jour suivant, elle ne vit personne autre que le geôlier, chargé de lui apporter chaque matin une petite cruche d'eau et un morceau de pain noir. Le troisième jour, on la fit sortir de son cachot pour la mettre à l'épreuve du brodequin. C'était une chaussure de fer qu'on attachait au pied et qu'on plaçait ensuite sur un brasier ardent. Elle ne pouvait ni marcher, ni se soutenir, tant la question précédente avait laissé d'horribles souffrances. A la vue des nouvelles tortures qu'on dressait pour elle, Michelle déclara d'une voix faible qu'elle allait tout avouer.

Résolue à s'immoler pour son jeune maître, dont elle sentait d'ailleurs qu'elle prouverait difficilement le crime, quand même elle l'eût révélé, la servante fit le signe de la croix et se mit à prier tout bas, demandant pardon à Dieu du mensonge qu'elle se proposait de faire. Mais en ce moment, quoique la pauvre fille fût peu éclairée, elle sentit, par une lumière surnaturelle, que le mensonge n'était permis dans aucun cas, et qu'elle ne pouvait, sans offenser Dieu, hâter le moment de sa mort. Elle se borna donc, soumise et résignée, à prier le Seigneur de la secourir et de diriger sa langue, et elle attendit les interrogatoires.

— Êtes-vous coupable? demanda le prévôt.

— Il est possible, dit-elle, que je sois coupable; car j'aurais pu empêcher le vol.

— Qui l'a commis? Qui a enlevé les quatorze mille florins?

— Un jeune homme.

— Que vous aimez?

— J'aime l'un des deux, répondit Michelle avec rougeur; car elle vit que l'on comprenait le mot dans un autre sens que celui qu'elle lui donnait.

— L'un des deux! reprit vivement le prévôt; ils étaient deux?

— Ils étaient deux.

— Indépendamment de vous?

— Indépendamment de moi.

— Et vous auriez pu empêcher le crime?

— Oui, car j'étais présente; et si j'avais appelé du secours, on m'eût trouvée innocente.

— Bien, mon enfant! dit le prévôt d'un air satisfait; et maintenant, les noms de ces hommes?

— Je ne puis les dire.

— Où pensez-vous qu'ils se soient retirés?

— Je l'ignore.

— Croyez-vous qu'ils soient restés dans le pays ?
— Je ne le pense pas.
— Et vous refusez de les nommer ?
— Vous pouvez me faire mourir ; mais je ne puis dire leurs noms.
— Qu'on reconduise cette femme dans son cachot.

Et, quand il se retrouva seul au milieu de ses hommes, le prévôt dit :

— Elle se reconnaît coupable ; c'est un grand point que nous avons obtenu. Quant à ses complices, nous savons qu'ils sont deux. Je me charge des recherches. Mais cette affaire traîne et il y a d'autres causes....

Il se recueillit quelques minutes et formula contre Michelle la sentence de mort.

Le soir de ce jour-là, le curé de Zotteghem, par qui elle voulait être confessée pour la dernière fois, vint lui annoncer qu'elle allait mourir le lendemain. Elle s'en réjouit ; elle demanda l'absolution de ce qui pouvait être répréhensible dans les réponses qu'elle avait faites pour éviter la question du brodequin. Le bon prêtre la vit calme, lorsqu'il l'eut assurée que Dieu lui pardonnait, et qu'elle pourrait recevoir le lendemain matin la sainte communion.

Le jour de l'exécution était le 15 mars de l'année 1535.—

Pendant qu'on préparait froidement la corde qui devait étrangler Michelle, et suspendre ensuite au gibet son corps, enfermé jusqu'au cou dans un sac de toile rouge, que devenaient les deux criminels, dont la mauvaise action était si durement expiée par la pauvre Flamande ?

Ils étaient allés jusqu'à Paris ; ils y avaient mené pendant huit jours la vie la plus dissolue, s'étourdissant avec fracas et cherchant, dans un tourbillon continuel de plaisirs, à repousser le remords. Des idées formidables tourmentaient pourtant Siméon ; des rêves lui montraient Michelle accusée : mais il ne supposait pas à son réveil qu'on pût soupçonner cette âme si honnête, lorsqu'un jour, dans la capitale de la France, visitant le jardin des Tournelles, qui était à l'endroit où l'on a bâti depuis la place Royale, il fit rencontre inopinée de Michel van der Haegen, négociant gantois, ami de son père, qui venait d'arriver à Paris. C'était le 8 mars.

— Vous vous divertissez ici, lui dit le négociant, tandis que votre père est sous le poids d'un amer chagrin.

— Quel chagrin a-t-il donc ? demanda le jeune homme, en commençant à rougir.

— Ne le savez-vous pas ? On a volé sa caisse ; et sa servante va être pendue.

— Siméon chancela à ce mot. Le négociant attribua la décomposition de ses traits à des sentiments naturels. Il le consola, l'encouragea et lui fit promettre qu'il retournerait à Gand le lendemain.

Les deux jeunes gens avaient déjà dépensé ou perdu la moitié de l'énorme somme dérobée. L'espoir de tout réparer, pour tout rétablir, les engagea à jouer encore dans la soirée. Mais ils perdirent à peu près ce qui leur restait; et Siméon déclarant qu'il retournait à Gand, qu'il voulait se jeter aux genoux de son père, lui tout avouer et sauver la pauvre Michelle, Théodore consentit à l'accompagner, sur la promesse formelle que lui jura le jeune homme de prendre tout pour son compte et de s'accuser de tous les vols. Le compagnon savait que Balthasar possédait une fortune immense; et peut-être avait-il des projets. Après sa mort, cette grande fortune devait appartenir tout entière à Siméon. Qui sait si Théodore ne calculait pas qu'on pouvait hâter cet héritage? Si l'on trouve ces suppositions odieuses, que l'on réfléchisse aux suites d'un premier crime. La mauvaise voie ne cesse de s'élargir. D'ailleurs Théodore, complice de Siméon, le volait lui-même; et il avait encore sur lui deux mille florins en or dans sa ceinture, tout en disant qu'il ne restait rien. Qui ment et vole ne s'arrête pas là.

On ne voyageait pas alors aussi vite qu'aujourd'hui. Les deux jeunes hommes n'arrivèrent à Gand que le 15 mars au matin. Ils laissèrent leurs chevaux dans le faubourg, pour être moins remarqués, et franchirent à dix heures la porte de la cité. On devait exécuter Michelle à midi. Il y avait déjà quelque temps que Théodore avait levé les yeux vers la haute croix de Saint-Jean.

— Voilà ce qui doit nous punir, avait-il dit en

riant. Nous avons eu tort peut-être de revenir dans ce pays. Mais, ajouta-t-il, qui ne se risquerait pas pour son ami?

Siméon ne disait rien. Il marchait préoccupé de la manière dont il déclarerait tout à son père, qui retirerait son accusation, en disant qu'il avait retrouvé son argent et ses voleurs, et que les coupables s'étaient embarqués. On pouvait même faire à Siméon et à Théodore l'honneur de publier qu'on leur devait cette découverte.

Il faisait ce jour-là un temps du mois de mars. Un grand vent s'était élevé tout à coup, au moment où Siméon et Théodore pénétraient dans la ville; le ciel était voilé de nuages sombres qui se heurtaient comme des armées. Le vent ébranlait les toits et semait les rues de tuiles et de briques rompues; sa voix sifflait rauque et menaçante, et chacun se serrait dans son manteau.

Les deux amis faillirent être enlevés en traversant la place de la Calandre. Théodore regarda en ce moment, avec un peu d'effroi, la croix de fer, qu'il ne pouvait, malgré ses sarcasmes, bannir de sa pensée.

Comme de cette place ils s'engageaient dans la rue qui conduit au parvis de Saint-Jean, maintenant Saint-Bavon, un hurlement de l'ouragan se fit entendre avec plus de violence; le sol parut trembler, et tout à coup la haute croix de fer, se détachant de sa flèche hardie, s'élança sur les deux voleurs, après avoir froissé le toit de la maison du chapitre, et les renversa. Le corps de Théodore fut coupé en deux. Il ne put dire que ce mot : *Elle avait raison!* et il expira.

Siméon, brisé, vivait encore. Deux prêtres du chapitre accoururent. En leur présence et devant la foule assemblée, le jeune homme avoua le crime que Michelle allait expier. On l'emporta sur une civière, avec le corps de son ami, au bourg de Saint-Bavon. Il renouvela ses aveux et rendit l'âme. On trouva sur Théodore les deux mille florins qu'il cachait, avec une troisième clef de la caisse, des dés pipés et d'autres indices. Les corps des voleurs furent mis au gibet; et le curé de Zotteghem fut chargé d'aller tirer Michelle de sa prison, pour assister à l'amende honorable que lui firent les juges, par ordre de l'abbé de Saint-Bavon.

Quand Balthasar sut ce qui venait d'arriver, il s'arracha les cheveux et quitta le pays, laissant à Michelle une rente perpétuelle de deux mille florins par an. La pauvre fille se retira au Béguinage ; car sa mère venait de mourir. Elle-même ne vécut pas long-temps.

La rue de Gand, où la prophétie de Michelle s'était réalisée par une sorte de miracle, s'est toujours appelée depuis *rue de la Croix.*

UN VOL DE NUIT.

Débauche mène à mal.
Proverbes de Jean Robert.

Lorsque la souveraine bien-aimée des Pays-Bas, l'infante Isabelle, commençait à respirer un peu, victorieuse des troubles qui, pendant un demi-siècle, avaient désolé ses Etats. en l'année 1605, il y avait à Lille un riche négociant qui se nommait Joseph Anessens, et qui était ce qu'on appellerait aujourd'hui un spéculateur. Il avait fait des fournitures dans les dernières guerres ; il possédait de grands capitaux ; il entreprenait; et la fortune constamment lui avait souri. Il n'avait éprouvé dans sa vie que deux cuisants chagrins, dont l'un s'affaiblissait tous les jours ; c'était la perte de sa femme ; et la douleur s'use avec le temps ; l'autre brûlait toujours : la cause en était dans le naturel et les inclinations mauvaises de son fils unique.

Ce jeune homme, qui s'appelait Jean, n'avait que vingt ans ; et il était déjà tout corrompu. On lui attribuait les plus funestes habitudes ; les sociétés que tout le monde fuit étaient celles qui avaient le don de lui plaire. Dans les débauches de toute nature, il s'épanouissait et se dilatait comme dans son propre élément. Il s'enivrait et se mêlait de querelles. Il avait d'ignobles liaisons, se battait dans les cabarets, trompait au jeu; plusieurs fois même il avait volé, quoique son père ne le laissât pas manquer d'argent: on avait étouffé ces graves délits avec de l'or. Les bonnes gens, qui jugeaient peut-être témérairement entre le père et le fils, disaient que Joseph avait toujours été dur; qu'il devait à l'usure le plus net de sa fortune; qu'il avait ruiné mainte famille; et qu'il subissait un châtiment dans son fils.

Au siége d'Ostende, on avait engagé Jean; il s'était conduit de manière à se faire exclure de l'armée: le négociant ne voyait d'autre moyen d'éviter les angoisses qu'il lui donnait, que de l'envoyer au delà des mers.

Joseph Anessens était vieux; il ignorait encore une particularité triste. Son fils faisait des dettes, empruntait à des usuriers, et dévorait en avance l'énorme succession qui devait lui revenir. L'argent qu'il se procurait ainsi se perdait au jeu ou dans les orgies. Si le négociant l'eût su, il eût déshérité son fils, ou plutôt il eût dénaturé ses biens, de manière à laisser toujours pour Jean quelque abri contre le besoin: car malgré ses vices il aimait le mauvais sujet; mais il ignorait ces détails, lorsqu'il se décida à l'envoyer aux Grandes-Indes.

Le jeune homme, qui voyait une bonne somme

d'argent pour le départ, un joyeux voyage et une riche pacotille à l'arrivée dans le Nouveau-Monde, se montra satisfait et fit sans regret ses dispositions. Il partit bientôt pour Anvers, muni de lettres de recommandation; et le vaisseau dans lequel on avait retenu sa place mit à la voile.

Le père un peu soulagé respira. Il prit des habitudes plus rassurées; il se divertit avec ses vieux amis.

Il y avait tout juste huit jours qu'il était débarrassé de son fils, lorsqu'il reçut, le 12 décembre 1605, à quatre heures du soir, la lettre suivante :

« Mon cher Joseph, ce peu de mots vous surprendra. Mon correspondant de Bruxelles vient de manquer; il avait dans ses mains la moitié de ma fortune. Je perds là cent mille florins. Il m'en manque dix mille pour faire face demain matin aux remboursements; je suis compromis et déshonoré, si vous ne me les envoyez pas ce soir. »

Cette lettre était signée Victor Castiau. C'était l'ami le plus cher de Joseph. Le vieillard n'hésita pas :

— Assurez Victor, dit-il vivement au porteur de la lettre, que ce soir je lui remettrai moi-même ce qu'il demande, et qu'il peut y compter. Qu'il m'attende pour souper à sept heures.

Joseph n'avait pas chez lui toute la somme qu'il fallait, mais il l'eut bientôt rassemblée; et, plus affecté de la peine de son ami que de sa fatigue, il arrangea les dix mille florins bien comptés en deux paquets, fit seller le petit cheval qu'il montait d'ordinaire, et se mit en route à six heures du soir, par une nuit très-sombre. Son ami demeurait dans le quartier le plus écarté de la ville.

Il venait de franchir sans encombre une ruelle isolée et entrait dans la rue déserte où demeurait Victor Castiau. C'était le but de sa course. Il le croyait atteint, quand son cheval recula brusquement et faillit le renverser. Un homme l'avait saisi à la bride; et présentant une arme nue, dont l'acier brillait dans l'obscurité, cet homme dit d'une voix sourde au négociant :

— Votre argent, ou vous êtes mort !

Le vieux Joseph ne se piquait pas de vaillance. Tremblant d'effroi, il allait décrocher des arçons de la selle les deux sacs qu'il portait, lorsque tout subitement la pensée lui revint des embarras de son ami.

— S'il n'a pas les dix mille florins, se dit-il à lui-même, il est perdu ; et si je lui dis que j'ai été détroussé, il prendra mon excuse pour un prétexte.

Ces deux réflexions, qui se heurtèrent rapidement sur le cœur du négociant, lui donnèrent un instant d'énergie ; il leva brusquement son fouet, en asséna un coup plein de vigueur à travers la figure du bandit ; et ce mouvement ayant forcé le voleur à reculer avec un cri de douleur, le petit cheval bondit en une minute jusqu'à la porte de Victor, dont le marteau retentit sous la main de Joseph, de manière à faire trembler toute la maison. On ouvrit à la hâte ; on accueillit le négociant pâle et hors de lui ; il conta en deux mots son aventure ; et pendant que tous les gens de la maison couraient à la recherche du voleur, il tira les florins, les remit à son ami et se jeta sur un siége.

On lui fit un lit pour le rassurer.

— Comment pouvez-vous demeurer dans un quartier si désert ! dit-il.

— Tous les quartiers sont dangereux la nuit, lorsqu'on porte de l'argent, répondit Victor. Mais je comptais sur vous et vous eussiez pu venir demain matin.

— Vous n'eussiez pas dormi tranquille, répondit Joseph.

Son ami lui serra la main. Le vieux négociant reprit bientôt ses esprits, content de lui-même et de son intrépidité. On tarda peu à se mettre à table.

Deux domestiques vinrent annoncer qu'une patrouille du guet avait arrêté le voleur, lequel était à jamais reconnaissable, à la balafre que le coup de fouet lui avait faite à travers le visage.

Le voleur coucha en prison comme de juste. On lui demanda son nom, sa bande, ses complices, son pays ; mais il ne voulut rien répondre.

Le lendemain matin, un officier municipal alla recevoir la déposition de Joseph Anessens. La justice se mit à travailler sur le guet-apens dont il avait failli être victime.

Le coup de fouet devenait un témoignage terrible. Le voleur, ne pouvant expliquer convenablement l'origine de la cicatrice qui le défigurait, fut obligé d'avouer tout son crime, qu'il rejeta sur le besoin impérieux, sur le désespoir et sur l'ivresse. Mais c'était un vol de nuit, à main armée, avec tentative de meurtre ; on lui fit entendre qu'il ferait bien de se préparer à la mort. En ce temps-là, on ne montrait pas aux criminels l'intérêt encourageant qu'on leur prodigue de nos jours.

Celui-là parut d'abord épouvanté, puis très-ému ; il demanda un confesseur. On lui amena un bon vieux franciscain, qui sonda avec patience les plaies de cette âme gangrenée, et qui sortit tout décomposé.

En voyant l'agitation du religieux, on pensa bien qu'il savait, lui, le nom du coupable. On essaya de le décider à le dire. — Un secret déposé au tribunal de la pénitence ne m'appartient pas, répondit-il ; et je dois me taire.

Il alla pourtant trouver Joseph Anessens.

— Je viens vous prier, dit-il, de retirer votre plainte, s'il en est temps encore, et de vous intéresser à l'homme égaré qui vous a attaqué le 12 décembre ; il est repentant. Il sent toute l'horreur de ses fautes ; et il appartient à une famille honorable de cette ville.

— Ah, vous le connaissez enfin ! dit le vieux négociant rigide. Moi, m'intéresser à lui ! jamais ! Il faut que le vol soit puni. Mais, puisque vous savez son nom, vous le direz.

— Je ne le puis ; ce n'est pas à moi, c'est à Dieu même que ce jeune homme a parlé. La confession est scellée d'un sceau d'airain que Dieu seul peut rompre.

Joseph s'irrita ; il était peu théologien. Il cita le moine en justice, pour le contraindre à révéler ce qu'il savait. Les juges prononcèrent en faveur du religieux. Le secret fut gardé.

Les débats s'ouvrirent ; et tout espoir fut perdu pour le coupable.

Cependant, quand pour la première fois, afin que l'affaire fût jugée selon les lois, et la sentence légalement motivée, quand le vieux négociant parut en face du voleur, il changea de visage : il eut l'air de reconnaître avec effroi l'homme à la balafre ; il demanda à faire à son tour des révélations secrètes. Il fit des démarches ardentes pour étouffer l'affaire. Il balbutiait ; il répondait de travers ; il ne quittait pas des yeux le voleur, qui cachait son visage dans ses mains. On voyait là quelque chose d'extraordinaire. Mais rien ne put arrêter le cours de la justice. Le voleur fut pendu sur le grand marché de Lille.

Joseph Anessens mourut six mois après, ayant donné tous ses biens aux pauvres, et fondé un service de cent ans dans l'église Saint-Pierre, pour le repos de l'âme du pendu.

On cherchait à s'expliquer ces circonstances. On

disait que Jean, qui ne reparut jamais, ne s'était pas embarqué à Anvers, et qu'on l'avait vu dans un cabaret de Lille, le soir du 12 décembre.

LES CONFRÈRES DE SAINT-YVES.

> Le tort et la perte que cause un avocat par sa négligence sont-ils un vol? — Oui, quelquefois.
>
> VERSORIS.
>
> On croit que la charité se dépouille; non, elle sème.
>
> L'ABBÉ DE BOULOGNE.

Quoique la tour de Saint-Michel à Gand, qui devait avoir quatre cents pieds d'élévation, n'ait pas été achevée, quoique les idéologues français en 1795 aient fait de ce monument le temple éphémère de la loi, et malgré d'autres profanations antérieures, Saint-Michel n'en est pas moins une des plus belles églises de la ville célèbre où est né Charles-Quint. Elle possède une Annonciation de Lens, un Saint-Grégoire de Philippe de Champagne, un Christ en croix de Van Dick, que les Anglais appellent le prince des peintres, et qu'ils mettent avant Raphaël. Ses nouvelles orgues, disposées sur un dessin gothique, font oublier par leur perfection l'ancien jeu à trois mille tuyaux que Saint-Michel possédait autrefois; car cette église a aussi ses souvenirs et ses regrets.

Parmi les splendeurs qui la décoraient au dernier siècle, on en cite une qui, ce nous semble, pourrait renaître. C'était une confrérie, sous le patronage de saint Yves ou Ivoy, patron spécial des avocats; on l'appelait la confrérie de Saint-Yves. Il fallait, pour y être admis, être avocat inscrit, avocat distingué, avoir fait preuve de talent et jouir, sous le rapport des mœurs, d'une réputation intacte. Chose surprenante! cette confrérie tomba justement le jour même où l'église de Saint-Michel devint le temple de la loi. C'est que la religion de 1795 n'avait pas besoin de toutes les vertus qu'exige le Christianisme.

La confrérie de Saint-Yves n'était pas un vain mot. Chaque dimanche, le tiers des confrères, après la messe, se rendaient à la sacristie; là ils donnaient aux pauvres des consultations gratuites. Ils se chargeaient gratuitement aussi de suivre les procès qu'ils instruisaient là, quelque longs, quelque graves, quelque dispendieux qu'ils pussent être. La caisse de la confrérie faisait les frais de ces procédures; et cent fois de pauvres gens ont obtenu justice, ce qu'ils eussent espéré en vain sans les confrères de Saint-Yves.

C'était noble et beau; et tous les ans, le jour de la fête du saint patron, un avocat de la confrérie montait en chaire, où, dans un discours latin, il rappelait les services rendus dans l'année, pour engager les confrères à redoubler de charité et de zèle.

A une époque du dernier siècle, qui n'est pas bien précisée, plusieurs confrères se trouvaient dans la sacristie de Saint-Michel, recueillis, attentifs, occupés à écouter les récits des bonnes gens. Les uns réclamaient de petites sommes, grandes pour eux, qui étaient le salaire de plusieurs mois de sueurs, et qu'ils ne pouvaient se faire payer; les autres, poursuivis pour faits de taxe ou de police, demeuraient sans défense, s'ils ne trouvaient pas un avocat qui voulût, pour l'amour de Dieu et du bon saint Yves, plaider leur cause. De pauvres femmes exposaient leurs tristes griefs et leurs dissensions de famille, que les confrères accommodaient le plus souvent par de bons conseils. L'homme est méchant jusque dans la misère; il est lâche s'il n'est pas contenu. Il y avait des hommes rudes qui cessaient de maltraiter leurs femmes, lorsqu'ils songeaient que les avocats de Saint-Michel étaient les appuis de tout opprimé, et qu'ils n'attendaient pas même les plaintes pour faire poursuivre l'époux brutal, le maître tyrannique, l'enfant dénaturé. Aussi ces avocats marchaient-ils entourés de tout le respect dont ils étaient dignes.

Or, le jour que nous indiquons d'une manière un peu vague, il se présenta, parmi les consultants, une femme dont les traits ne respiraient pas l'air natal de la pauvreté. On voyait que cette femme, qui paraissait avoir cinquante ans, mais qui en avait à peine quarante, était plutôt un chêne brisé qu'une humble plante.

Un membre de la confrérie, qui se nommait Pierre

Mertens et qui n'avait que vingt-sept ans, s'approcha d'elle; il lui demanda sur quoi elle avait besoin d'avis. L'infortunée, après avoir calmé les battements de son cœur, raconta avec quelque désordre les motifs de sa détresse. Elle était née Flamande; mais elle avait épousé un négociant étranger. Craignant de voir sa dot hasardée dans les affaires de son mari, elle avait souhaité que cette dot fût employée en immeubles dans son pays; et un bien avait été acheté en son nom près de Gand. Ses appréhensions s'étaient réalisées. Entraîné par plusieurs faillites, son mari, depuis un an, avait disparu, emmenant leur seul enfant; et depuis elle n'en avait plus eu de nouvelles. Pendant ce temps-là, les créanciers avaient attaqué, saisi et mis en vente les biens de la pauvre dame, qui se trouvait tombée dans un abîme de profonde misère. Elle s'était hâtée d'accourir; mais, dépouillée de tout, malade, dévorée par la douleur, ne sachant comment arrêter la consommation de sa ruine, elle n'avait plus de ressource que la confrérie de Saint-Yves.

Mertens, après s'être fait détailler les circonstances des actes, acquit la conviction que les poursuites élevées contre les biens de cette pauvre dame étaient injustes; car elle était toujours restée étrangère aux affaires de son mari. Il vit même dans la procédure à entamer une occasion favorable pour lui d'acquérir de la célébrité; il rassura la cliente qu'il adoptait, lui promit de suivre chaudement ses intérêts, et se mit à l'œuvre dès le lendemain. Il consulta quelques-uns de ses confrères, plus anciens que lui au barreau ; tous le confirmèrent dans l'opinion où il était qu'il ne pouvait manquer de gagner facilement et glorieusement sa cause. Il s'agissait d'une valeur de 40,000 florins, qui devaient rendre à la dame ruinée une douce et heureuse existence. Le confrère de Saint-Yves se sentit tellement convaincu du succès, qu'il offrit à la pauvre dame des avances d'argent. Elle put reprendre un logement plus décent et des vêtements convenables. Elle retrouva sa santé en renaissant à l'espérance. Un seul chagrin cruel lui restait ; c'était le silence de tout ce qu'elle aimait sur la terre, son mari et son enfant.

Le procès ouvert contre les créanciers se poursuivit avec vigueur. Mais c'était une affaire compliquée ; et, si elle paraissait facile et sûre aux yeux des vieux avocats, elle n'en exigeait pas moins de l'habileté et du travail. Mertens, qui parlait aisément et qui brillait sans effort, était un peu ce qu'on appelle un homme de plaisir, allant aux fêtes et fréquentant les sociétés. Mais comme l'esprit ne donne pas les connaissances, qui ne s'acquièrent que par l'étude, il se trompa. Les développements de la faute qu'il commit seraient sans intérêt pour tout lecteur qui n'est pas avocat. Contre l'attente des amis de Mertens, tandis que les créanciers étaient fort adroitement défendus, il présenta mal ses moyens, expliqua les actes à demi, prit mal ses conclusions, et paya sa négligence et sa légèreté en perdant cette cause, qu'il se croyait certain de gagner, parce que les juges prononcent sur les faits qu'on leur expose et ne devinent pas.

Ce fut pour le jeune avocat un coup de foudre. Aussitôt, comme par un enchantement cruel, ses yeux s'ouvrirent; il comprit tous ses torts, il en fut écrasé. Il avait l'âme généreuse; il prit sur-le-champ sa résolution. Il courut chez un notaire, fit rédiger un acte en règle, par lequel il s'obligeait à une rente annuelle de 2,000 florins au profit de sa cliente. Il le lui porta : — « C'est par ma faute que votre cause est perdue, lui dit-il; ma fortune ne me permet pas de réparer tout d'un coup le mal que je vous ai fait; mais je vous servirai la rente du bien qui vous est enlevé. » En même temps il présenta l'acte.

La dame éperdue refusait de le recevoir. Il y eut alors entre la cliente et l'avocat un assaut de désintéressement. Merténs ne triompha qu'en persuadant que le sacrifice ne le gênait point. C'était pourtant toute sa fortune. Mais il se proposait de travailler désormais. Il supprima de sa vie les réjouissances et les parties de plaisir; l'étude devint son occupation unique et constante; il en recueillit le prix. Au bout d'un an, il avait doublé le revenu de son cabinet; au bout de cinq, on le citait comme l'un des premiers avocats de Gand.

Il payait exactement, tous les trois mois, à la dame, la pension qu'il lui avait faite; et toutes les semaines il l'allait voir : c'était sa distraction la plus fidèle ; car dès lors il marchait accablé d'affaires, et sa réputation grandissait tous les jours.

Un soir, il arriva dans la ville de Gand un riche équipage, qui descendit à l'hôtel du comte d'Egmont, auberge très-renommée à cette époque. On vit sortir de la voiture, soutenu par plusieurs domestiques, un gros homme, qui n'avait avec lui qu'une jeune fille de dix-huit ans, gracieuse, modeste, et belle comme un ange ; il retint les principaux appartements de l'hôtel, et fit savoir qu'il était Américain.

Le lendemain matin, il annonça qu'il désirait consulter un avocat ; et comme il demandait le plus habile, le maître de l'hôtel alla chercher Mertens.

L'avocat, en entrant, fut frappé de l'aspect de Jenny. C'était le nom de la jeune étrangère. Il se remit comme il put et salua le gros homme.

— Je voudrais, dit le père de Jenny, acquérir un domaine dans les environs de votre ville. — Aussitôt il désigna les biens mêmes qui avaient été la cause du procès que Mertens avait perdu et de la rente qu'il servait. — Je tiens absolument à cette propriété, reprit-il ; combien croyez-vous qu'on en demande ?

— Elle s'est vendue 40,000 florins, dit en soupirant l'avocat.

— Achetez-la cinquante mille, soixante mille, cent mille, s'il le faut, répliqua l'Américain : j'y tiens absolument; je la veux tout de suite; et je vous donne carte blanche.

Sur ce mot, il salua Mertens en disant : — J'attends ce soir votre réponse.

L'avocat revint le soir. On voulait de la propriété 60,000 florins, que le gros homme paya. Cet homme arrivait des Indes avec quelques millions. Il avait acquitté toutes ses dettes; racheté maintenant tous ses biens; et il cherchait sa femme. — Car, si vous ne l'avez pas deviné, c'était le mari de la pauvre cliente, qui retrouva enfin sa fortune, son époux et sa charmante fille.

Instruit de la conduite de Mertens, l'Américain émerveillé lui donna Jenny, qui ne fit pas résistance, et qui joignait à toutes ses grâces une dot d'un million. — Le mariage se fit à Saint-Michel; toute la confrérie de Saint-Yves fut de la noce.

La moralité que les avocats peuvent tirer de cette histoire, c'est que la probité généreuse est un moyen de succès, qui, nous le répétons, du moins n'est pas usé.

Huitième commandement.

**Faux témoignage ne diras
Ni mentiras aucunement.**

LE DÉMON D'ALOST.

Tous les fripons sont gibier de Satan.
PH. PICARD.

Si vous trouvez, bonnes gens, quelque chose d'extraordinaire dans la légende qui va suivre, nous vous prions de considérer que c'est une tradition populaire, qu'il ne nous est pas permis d'altérer, et que nous ne donnons pas pour de l'histoire authentique. Ce n'est au reste ni l'histoire de la fée Cancangrogne, ni le conte de Gigot-Mon-Ange, ni les déconvenues du roi Bonbenin-Bonbenet-Bonbéninguet, ni les hauts faits de Gargantua, que nous vous racontons ici. C'est une simple chronique, où le diable remplit un de ces personnages qu'il a recherchés plus d'une fois. Et si la croyance de nos ancêtres ne vous suffit pas pour donner quelque autorité aux faits qui vont suivre, nous vous dirons encore que le docte Chassanion cite l'aventure, un peu dépourvue de détails, dans son livre des *Grands et redoutables jugements de Dieu*. Il est vrai que, tenant le fait d'un Allemand hérétique, il a altéré les temps et les lieux.

Vous saurez donc que la ville d'Alost, démantelée en 1667, se montrait avant ce temps-là bien plus considérable que depuis. C'était la capitale d'une riche comté. A une époque un peu reculée, Baudouin-le-Louche, comte d'Alost, étant mort, sa fille unique Béatrix hérita de ce noble patrimoine. Mais ayant épousé Henri, châtelain de Bourbourg en Flandre, elle s'occupa peu de sa bonne comté d'Alost; et Baudouin de Guines, à qui elle échut ensuite, la céda par transaction à Ferdinand, comte de Flandre. C'était donc en 1232, ledit Ferdinand étant comte d'Alost, quand par une triste soirée de novembre il arriva dans cette ville, venant de Ninove, un soldat brabançon qui se nommait Jean Spitaels.

Ayant voulu défendre en sa route une dame gantoise que des malandrins insultaient, Jean Spitaels avait été blessé. Mais il avait sauvé la dame, une jeune veuve, d'honnête apparence, qui l'avait remercié avec effusion, et que son valet avait très-hâtivement reconduite à Ninove.

Spitaels attribuait un peu sa victoire à l'heureuse pensée qu'il avait eue d'invoquer saint Martin d'Alost. Aussi, quoiqu'il fût déjà tard, il ne voulut pas passer devant l'église du saint patron des braves, sans s'agenouiller sur son parvis, pour y faire sa prière d'actions de grâces. Ensuite de quoi, ne jugeant pas à propos d'entrer à l'hôpital, attendu qu'il était convenablement muni d'argent, il s'en alla heurter à une auberge, que tenait Ghislain Mercx, devant la grande entrée du Béguinage.

On l'accueillit honnêtement.

Il fit demander un chirurgien : ses blessures n'avaient rien de grave ; et au bout de quinze jours, se trouvant parfaitement guéri, il se décida à partir d'Alost, occupé comme malgré lui d'une idée qui tous les jours le dominait de plus en plus. Car le soir où il avait rendu bon office à la jeune dame de Gand, il n'avait cédé, en exposant sa vie pour elle, qu'à la généreuse émotion de tout bon chrétien, qui doit aider son prochain. Mais depuis, en se rappelant la figure et la mine de ladite dame, il en était devenu insensiblement épris ; tellement qu'il ne songeait plus à autre chose et ne rêvait que d'elle. Tout ce qu'il en savait, c'est qu'elle était veuve, et qu'elle habitait à Gand, près le beffroi. Il résolut de l'aller trouver, de se jeter à ses genoux, de lui confesser l'affection dont il était navré.

Or, en entrant dans l'hôtellerie de Ghislain Mercx, craignant de se voir entraîné à de folles dépenses avec quelques-uns de la confrérie des arbalétriers d'Alost, qui étaient ses amis, Jean Spitaels avait donné secrètement en garde à l'aubergiste une bourse passablement fournie. C'était toute sa fortune ; et il voulait moins que jamais l'écorniller en festins et débauches, depuis que le sentiment dont il se nourrissait le cœur lui donnait l'espoir d'un mariage possible, qui eût comblé tous ses vœux de bonheur.

Avant de partir, il réclama de la femme de son hôte l'argent qu'il lui avait confié. Mais la vue de l'or inspire de mauvais desseins, à mesure que la somme en est plus forte. Cette femme avait déjà délibéré avec son mari de retenir la bourse du soldat, puisqu'il la leur avait remise sans témoin. A la grande surprise de Jean, elle nia donc le dépôt, lui demandant effrontément s'il était fou, ou s'il voulait faire injure à sa maison.

Jean Spitaels, consterné d'abord, devint bientôt furieux; et l'aubergiste, de concert avec sa femme, le jeta hors de son logis. Le soldat, qui avait tiré son épée et qui ne se possédait plus, en frappa la porte d'une telle vigueur qu'il allait l'enfoncer. Cependant Ghislain Mercx criait si puissamment au larron, et se plaignait par telles clameurs de ce que le Brabançon voulait forcer sa porte, que le grand bailli d'Alost, qui d'occasion passait là en ce moment pour aller rendre la justice, fit arrêter par ses archers Jean Spitaels et le fit conduire en prison.

Quelques jours après, soit que ledit bailli eût été gagné par l'aubergiste, soit que les effrénés déportements du soldat eussent paru très-criminels, on parlait de le condamner à mort. Se trouvant étranger dans le pays, il eût obtenu peu de recours.

En ce temps-là, on s'occupait dans Alost d'un démon, qui s'était montré à diverses personnes de la ville, et qu'on ne redoutait pas extrêmement, parce qu'il n'avait encore fait aucun grand mal notoire. Le matin du jour où le juge se disposait à prononcer la sentence de Jean Spitaels, ce même démon pénétra dans son cachot et lui dit : — Vous allez être condamné à mourir; c'est injuste; mais les hommes sont comme cela. Néanmoins si vous voulez vous donner à moi, je viens vous assurer qu'il ne vous sera fait aucun tort.

—Et qui êtes-vous? dit le soldat, après un moment de silence.

— Ne vous effarouchez point; je suis le démon d'Alost.

— Le démon d'Alost ! s'écria Jean. Un démon ! Moi, me donner à un démon ! J'aime mieux mourir innocent, que d'être délivré par la perte de mon âme.

— Mais songez que dans deux heures il ne sera plus temps. Vous êtes jeune; vous avez des années à vivre. Je puis aussi vous faire rendre votre argent. Et cette jeune veuve de Gand ! Elle est ici; elle est dans Alost; elle veut vous revoir!...

Ces dernières paroles produisirent sur le soldat une partie de l'effet que le démon paraissait en attendre. Il se leva dans une agitation extrême. — Elle est ici ! dit-il.... — Mais n'importe ! je ne puis être à toi !... Non, j'aime mieux mourir.... Et puisqu'elle est ici, c'est une nouvelle heureuse. A cause de cette joie que tu m'apportes, je te pardonne;

démon.... Du moins je la verrai ; car elle viendra à l'audience.... Et s'ils me condamnent, que je puisse seulement, avant de mourir, lui dire que j'espérais devenir son époux.

La douleur et la résignation du soldat avaient quelque chose de si touchant, que le démon d'Alost, qui, en apparence du moins, n'était pas tout à fait de la plus mauvaise espèce, s'en montra lui-même frappé. Il ouvrit enfin la bouche.

— Eh bien, dit-il, si vous ne voulez pas être à moi, je serai généreux aujourd'hui, et vous ne me maudirez point ; car je vous aiderai sans intérêt. Je me flatte même de vous sauver. Suivez donc mes conseils.... Lorsque vous serez appelé tout à l'heure devant le grand bailli, remontrez vivement votre innocence ; et demandez (ce qu'on ne peut vous refuser) qu'on vous donne pour avocat celui que vous verrez là présent, coiffé d'un bonnet bleu.. Ce sera moi.

Le prisonnier fut ravi d'aise. Et vous, bonnes gens, à qui on arrange quelquefois des romans travaillés, pour vous ménager des surprises, vous croyez déjà sans doute que le démon d'Alost était quelque honnête émissaire de la jeune Gantoise, qui venait éprouver le soldat. Détrompez-vous. C'était un démon véritable, et qui ne faisait pas mal ses calculs, comme vous allez le voir.

Une heure après cet entretien, le soldat brabançon fut tiré de son cachot et conduit devant le juge.

L'accusation qui lui était opposée d'avoir voulu meurtrir l'aubergiste et sa femme, après les avoir calomniés, fut si bien soutenue, que Jean Spitaels allait être condamné au gibet, lorsqu'ayant jeté les yeux sur l'assemblée, il aperçut à deux pas un avocat à l'œil vif, au teint pale, à la barbe mince et pointue, qui était coiffé d'une toque de velours bleu. Il reprit confiance et courage, remontra vivement son innocence, et demanda pour plaider sa cause l'avocat qu'il désignait, et qui s'était secrètement offert à lui.

Cette faveur lui fut accordée, quoique personne dans toute la salle ne connût le docteur au bonnet bleu.

C'était, comme vous le savez, le démon d'Alost. Il se mit à plaider si habilement et si subtilement, qu'il prouva d'abord que le soldat était mal jugé; il raconta ensuite toute l'histoire du dépôt d'argent, avec des circonstances que le soldat lui-même avait oubliées; il offrit de faire paraître des témoins de Ninove, qui attesteraient qu'en quittant leur ville Jean Spitaels emportait véritablement la somme qu'il réclamait; et quand il vit que l'aubergiste se troublait graduellement, il acheva de lui porter le dernier coup, en révélant à l'assemblée le lieu précis où l'argent volé se trouvait caché en ce moment.

L'hôte, tout hors de lui, se redressa avec violence, se défendit plus fort que jamais, nia tout, en homme depuis long-temps corrompu, protesta que l'argent caché lui appartenait, et jura qu'*il se donnait au diable*, s'il n'avait pas dit la vérité!

C'était là que le démon l'attendait. — Je n'en demande pas davantage, dit-il en ôtant son bonnet bleu, sous lequel on vit dans les cheveux quelque chose qui ressemblait à deux petites cornes. Ses yeux flamboyaient. La foule s'écarta devant lui; il s'approcha de Ghislain Mercx, l'empoigna comme son bien, et l'emmena si loin (ou selon d'autres il l'emporta si haut) que jamais personne n'eut plus de ses nouvelles.

L'hôtesse épouvantée tomba à genoux pour demander grâce; elle rendit le dépôt. Jean Spitaels était libre, lorsqu'il aperçut au fond de la salle la dame de Gand, qui lui dit : — J'étais venue avec l'espoir de vous sauver à mon tour.

Ils allèrent à Gand, où le comte Ferdinand, s'étant fait raconter l'aventure du soldat brabançon, le prit à son service, et lui fit épouser sa belle veuve.

Cela vous fait voir, bonnes gens, qu'il est toujours inconvenant de voler, indécent de mentir, et imprudent de se donner au diable.

LA LÉGENDE DE GENEVIÈVE DE BRABANT.

> Grand Dieu, que le cœur d'une mère
> Est un bel ouvrage du tien !
> BERQUIN.

I.

Parmi les enfants de Henri III, le premier des comtes de Louvain qui prit le titre de Comte de Brabant, on remarquait Ida et Geneviève, ses deux filles, toutes deux belles et gracieuses. Ida venait d'être mariée au jeune comte de Hainaut, et le palatin du Rhin Henri II, ayant vu Geneviève, que toutes les chroniques dépeignent comme un modèle de beauté, de piété et de douceur, en parla avec grandes louanges à son frère Sigefrid ou Siffroi. Le Palatin résidait à Aix-la-Chapelle, qui alors encore faisait partie des Pays-Bas. Siffroi se rendit à Louvain, eut le bonheur de plaire en même temps qu'il devint épris ; et il épousa Geneviève, la perle du Brabant.

On croit que ce mariage se fit en 1095, au moment où toute l'Europe commençait à s'agiter pour les croisades.

Geneviève n'avait que dix-huit ans. Quoiqu'elle aimât celui qu'elle venait d'accepter pour époux, elle pleura avec amertume en quittant son père; il lui semblait, à ses pressentiments, qu'elle ne devait plus le revoir ici-bas.

Elle arriva donc triste et dolente à la cour d'Aix-la-Chapelle. L'amour de Siffroi répandit un baume de bonheur sur son âme affectueuse, sans en chasser la mélancolie. Mais recueillie et dévouée, elle ne vivait plus, après Dieu, que pour son mari, qui oubliait auprès d'elle et ses anciens plaisirs et ses goûts passionnés pour la chasse.

Hélas! les félicités de ce monde ne sont pas de longue durée.

La prédication de la croisade avait remué les chevaliers. Tout homme qui voulait qu'on l'appelât homme de foi et d'honneur prenait la croix. L'âge était à peine une dispense admise; on couvrait de mépris tout chevalier qui semblait hésiter entre son repos et la gloire de délivrer le tombeau de Jésus-Christ. Les princes donnaient l'exemple. Godefroid de Bouillon, pour la guerre sainte, aliénait ses domaines; les comtes de Flandre et de Hainaut n'étaient occupés qu'à réunir leurs guerriers; Godefroid de Louvain, frère d'Ida et de Geneviève, était déjà parti avec une foule d'autres. La voix de l'amour et des tendres affections était partout étouffée par la voix austère du devoir. Le palatin Henri II, qui régnait, frappé d'une maladie grave, ne pouvait prendre la croix; Siffroi, parmi les princes, dut remplacer son frère.

Il lui fallut livrer de pénibles combats pour s'arracher à la tendresse de sa jeune épouse. Un malheur affreux vint, par surcroît, frapper le cœur de Geneviève; au moment où Siffroi allait se séparer d'elle, un messager lui apporta la triste nouvelle de la mort de son père, tué dans un tournoi par un chevalier du Tournaisis. Siffroi ne parvenait pas à la consoler ; elle pleurait sur son sein, baisait sa cuirasse et ses armes ; et, trop pieuse pour lui demander de renoncer au saint pèlerinage, elle le priait de permettre qu'elle l'accompagnât dans les camps. Mais le guerrier en connaissait trop les périls et les fatigues. — Quand les chevaliers, ses amis, vinrent l'appeler pour rejoindre Godefroid de Bouillon, il s'éloigna donc avec eux, recommandant vivement Geneviève à ses serviteurs, et surtout à Golo, son intendant.

II.

L'armée de la croix partit des Pays-Bas le 15 août de l'année 1096. Dès lors, seule, inquiète et tremblante, Geneviève ne trouva plus de calme que dans la retraite et la prière. Un vieux religieux, nommé Drago (1), depuis longues années attaché à la maison de son père, l'avait suivie à Aix-la-Chapelle ; il lui lisait tous les jours les saints écrits qui raniment et consolent.

(1) Dans plusieurs traditions populaires Dragant.

Geneviève n'avait pas encore donné d'enfants à son mari. Peu de jours après le départ de Siffroi, elle reconnut qu'elle était enceinte. La douce pensée d'être mère lui rendit du courage et de la force ; de souriantes idées lui revinrent ; elle se berça de l'espoir qu'elle reverrait bientôt son cher époux ; elle se réjouit du bonheur qu'il ressentirait à l'heureuse nouvelle dont elle fêterait son retour.

Cependant Golo n'avait pu voir la belle comtesse sans éprouver pour elle un coupable amour. Investi de la confiance entière de son maître, il avait caché jusque-là un sentiment qui eût pu le perdre. L'absence de Siffroi, pour un si long voyage et pour une guerre si périlleuse, lui parut une favorable circonstance. Oubliant sa condition, la distance qui le séparait de sa maîtresse, et plus que tout cela oubliant la piété, les vertus de Geneviève, il osa bientôt lui avouer sa flamme adultère. D'abord la jeune comtesse ne le comprit pas. Lorsqu'elle eut reconnu la noirceur de ses espérances, elle lui défendit avec indignation de reparaître devant elle. Mais cette défense était vaine ; ce Golo ou Golon, dont le nom est devenu une expression d'horreur, était au manoir dépositaire de l'autorité du Comte. Il ne se rebuta point ; et, comme la pudeur avait empêché Geneviève de faire éclater tout haut sa vertueuse colère, il conserva l'espoir de consommer la séduction.

Pendant plus de trois mois, aucune occasion ne fut négligée par lui. Lorsqu'il vit que les insinuations et les prières ne lui attiraient que des mépris, il employa les menaces ; revêtu de tous les pouvoirs du maître, il était puissant. Geneviève, ne connaissant pas assez les lâchetés du cœur humain pour concevoir des craintes sérieuses, méprisa aussi les menaces et continua de vivre dans la prière, confiante en Dieu et en l'avenir. Mais Dieu livre quelquefois aux épreuves cruelles ceux qu'il veut épurer dans ce monde, qui n'est qu'un passage.

L'amour de Golo l'intendant, ne se nourrissant plus d'aucun espoir, se changea bientôt en une sorte de haine profonde. Une noire jalousie s'empara de son âme ; il ne voulut pas que celle qui ne pouvait jamais être à lui, fût de nouveau à un autre. Il résolut de perdre Geneviève. Comme un dernier effort, il se décida à le lui faire savoir. Elle demeura calme, ne croyant pas que l'esprit du mal eût tant de hardiesse, aimant mieux mourir pure que vivre souillée, et comptant d'ailleurs sur quelque appui. Elle avait perdu son père ; elle ne savait pas si son oncle Godefroid de Louvain, parti pour Jérusalem, était encore vivant ; le Comte-Palatin, frère de son mari, se mourait sur un lit de douleurs. Elle écrivit à sa mère, à sa sœur de Hainaut et à son mari ; elle annonçait à Siffroi sa grossesse déjà avancée, lui confiait ses peines avec l'infidèle intendant, et le suppliait de presser son retour. Golo intercepta les lettres ; et ne gardant plus de mesures il accusa hautement la Comtesse de mener une vie criminelle.

et de trahir la foi qu'elle devait à son époux et seigneur. Il insinua, l'infâme, que ses pieux entretiens avec Drago couvraient des rendez-vous d'amour, et que l'enfant qu'elle portait dans son sein était le fruit de l'adultère.

Peu de temps après, un jour que Geneviève était seule avec le vieux religieux, occupée à lire les saintes Écritures, Golo se présenta brusquement devant elle, accompagné d'hommes vils qui étaient à sa solde; il outragea la Comtesse par les plus odieuses imputations; il accusa le pieux Drago des crimes avilissants que lui-même avait médités; et, sans oser soutenir les regards de ses victimes, il les fit violemment séparer. Des mains vendues saisirent Geneviève et la jetèrent dans un cachot, pendant que deux meurtriers entraînaient le bon moine hors de l'oratoire pour lui donner la mort.

Lorsque la Comtesse se trouva seule dans sa prison, elle se crut en proie à des rêves horribles; elle ne tarda pas à reconnaître que son malheur était réel.

On lui apportait tous les jours une cruche d'eau et de grossiers aliments; personne ne lui disait une parole. Le geôlier, qui lui donnait l'eau et le pain, interrogé par elle, avait ordre de ne pas répondre. Elle supporta tout, par résignation et par amour pour son enfant, qui devait bientôt naître. Mais souvent elle pleurait avec amertume; et après ces angoisses elle ne retrouvait quelque force qu'en se jetant dans les bras de la Vierge Marie, en qui elle avait grande foi et douce confiance.

Un jour, elle entendit confusément le bruit des cors et des trompettes. Elle s'imagina que c'était son cher Siffroi qui rentrait dans ses domaines. Elle espéra, mais en vain; personne n'ouvrit la porte de son cachot, et tout retomba dans le silence.

La nuit suivante, son terme étant arrivé, elle accoucha, seule et sans assistance, d'un fils qu'elle nomma Bénoni, à cause de sa douleur. Elle le baptisa avec l'eau de sa cruche, et le mit sous la protection de la Vierge-Marie. Le matin, en entendant les vagissements du nouveau-né, le geôlier sembla ému; mais il ne parla pourtant point et ne changea rien aux rudes aliments qu'il apportait à la prisonnière.

Les fanfares qui avaient frappé la Comtesse n'annonçaient pas le retour du Palatin, mais seulement un messager qu'il envoyait à sa femme, pour lui annoncer son heureuse arrivée à Constantinople. Ce fut Golo qui reçut l'envoyé de Siffroi. Il lui raconta, d'un visage composé, ce qu'il appelait les crimes et l'hypocrisie de Geneviève; et il le chargea pour son maître d'une lettre, où il accusait la Comtesse des plus noires infidélités.

De longs jours et de tristes nuits passèrent, sans que Geneviève reçût aucune marque d'intérêt; il lui semblait, au fond de son cachot, qu'elle était dans une tombe fermée au monde. Elle s'étonnait de ne pas voir venir à son aide sa mère chérie ou sa sœur Ida. Elle ne soupçonnait pas encore qu'on avait intercepté ses lettres ; que sa mère était retenue par la régence du comté de Louvain, qu'elle exerçait depuis la mort de Henri III, au nom de son second fils Godefroid, dont on ne pouvait savoir le sort ; que sa sœur Ida était partie, la croix sur l'épaule, à la recherche de son époux ; que des bruits sinistres se répandaient sur la destinée des soldats de la Croisade.

III.

Le messager, qui avait emporté la lettre de Golo, ne revint qu'au bout de huit mois, rapportant la terrible réponse du Palatin. Siffroi, qui idolâtrait sa femme, en apprenant son infidélité, car il ne doutait pas de son intendant, était tombé de l'amour extrême dans la plus furieuse jalousie. Donnant à peine à son envoyé le temps de changer de cheval, il lui avait remis pour Golo un ordre écrit, qui prescrivait formellement de mettre à mort Geneviève et le fruit de son adultère.

C'était ce que le perfide avait espéré. Il triompha. Il fit sortir la Comtesse de son cachot ; elle parut devant lui, tenant contre son sein l'enfant, dont on ne put la séparer.

— Vous voyez, lui dit Golo, que vous êtes dans mes mains.

Il lui montra l'ordre du Comte. Pendant qu'elle lisait cet écrit avec épouvante : — Tout peut se réparer encore, ajouta-t-il; si votre cœur veut être à moi, je vous rendrai votre puissance ; et votre fils reprendra son rang.

Geneviève ne leva pas les yeux.

— J'aime mieux mourir, dit-elle ; je ne demande grâce que pour mon fils, qui n'a pu vous offenser, et qui est le sang de vos maîtres. — Mais qui me justifiera auprès de mon époux ?

Elle jeta un regard autour d'elle et se vit seule avec son ennemi. Au fond de la salle, gardant la porte entr'ouverte, elle n'aperçut que deux figures sinistres, qui lui semblèrent deux bourreaux.

— Personne, répliqua Golo, ne vous justifiera. Vous allez mourir ; et votre souvenir sera déshonoré.

Après un moment de silence, elle dit :

— Dieu nous jugera. — Mais mon fils.... reprit-elle encore avec un regard qui suppliait...

— Il mourra avec vous.

Elle étouffa un long sanglot et dit en embrassant son fils, qu'elle couvrit de larmes : — Nous mourrons donc ensemble ; pauvre enfant ! votre père ne vous verra que dans le ciel.

Elle l'avait enveloppé d'un pan de sa robe flétrie, n'ayant pas d'autre vêtement. C'était au mois de novembre de l'année 1097.

Golo, la voyant inflexible, eut l'air de faire sur lui-même un effort violent. Il appela ses deux satellites, dont il connaissait toute la dureté ; il leur ordonna d'emmener la Comtesse avec son enfant, à l'heure de minuit, dans un lieu écarté de la forêt, de la mettre à mort elle et son fils, d'ensevelir leurs restes dans le lac, et pour preuve de cette exécution, disent les chroniques, de lui rapporter les yeux de Geneviève.

La nuit s'avança; et la Comtesse n'ayant fait demander aucune grâce à Golo, les deux bourreaux vinrent la prendre à minuit. Ils s'en allèrent, avec elle et l'enfant, dans la forêt. Ils marchaient en silence; Dieu sans doute les suivait de son regard.

La nuit était froide, le ciel calme et pur, les arbres chargés de glaçons et de frimas. Geneviève allait à peine vêtue ; mais elle s'était accoutumée à souffrir.

Arrivés au lieu du supplice, les deux assassins s'arrêtèrent. Geneviève se mit à genoux pour prier, tandis qu'ils tiraient du fourreau leurs larges poignards. Alors l'enfant, insensible à cette scène de meurtre, prit innocemment le sein de sa mère. La jeune comtesse, à ce mouvement, perdit ses forces ; elle se mit à pleurer.

— Oh! je vous en conjure, dit-elle en descendant aux supplications, accordez encore un moment à mon pauvre enfant.

Les deux bourreaux détournèrent les yeux; ils demeuraient muets ; mais leurs mains semblaient trembler. Geneviève crut qu'elle pourrait les toucher. — Je suis innocente, leur dit-elle; promettez-moi de le dire à mon époux avant votre mort; car vous aussi vous mourrez...; et si je fus autrefois pour vous bonne et compatissante maîtresse, accordez-moi aujourd'hui une grâce qui est en votre pouvoir. Faites-moi mourir avant mon cher enfant. Je vous pardonnerai à ce prix. Je demanderai à Dieu qu'il vous pardonne.

Une grosse larme brilla dans la nuit, comme un ver luisant, sur la joue de l'un des bourreaux. Il était ébranlé. Tirant son compagnon à l'écart : — C'est un vrai crime que nous allons faire là, dit-il. Elle a été notre maîtresse; elle était pour nous, comme pour les plus grands, douce et affable; et si nous la sauvions..., peut-être un jour nous fera-t-elle encore du bien....

L'autre assassin, luttant contre sa conscience, objecta la volonté de Golo et surtout l'ordre formel du Comte. Néanmoins la miséricorde l'emporta aussi dans son cœur. Ils offrirent à Geneviève de lui laisser la vie, si elle voulait jurer sur la croix de vivre cachée dans une caverne et de ne jamais reparaître. L'amour maternel était trop grand dans Geneviève pour qu'elle n'embrassât pas avidement cette proposition. Son fils était son univers; elle rendit grâces à ces hommes, les appelant ses sauveurs; et elle s'enfonça dans la forêt, jusque dans le canton de Zulpich ou Tolbiac, au pays de Cologne, pendant que les deux satellites de Golo, ayant tué un pauvre chien, qu'ils avaient rencontré, rapportèrent ses yeux à l'intendant, comme preuve de la mort de Geneviève.

La jeune Comtesse, ayant marché toute la nuit, s'arrêta épuisée devant une caverne qui lui parut un asile. Aucun chemin n'y conduisait. Elle s'y reposa; le soleil s'était levé; et tout autour d'elle était désert et silence. Bientôt un bruit subit dans le feuillage la fit tressaillir; elle vit venir une biche avec son jeune faon, dont cette caverne était la retraite. La biche parut intimidée à son aspect; mais le petit faon s'étant mis à jouer avec elle, la biche prit confiance et s'avança aussi. La Comtesse regarda cet incident comme un secours du ciel; car elle n'avait presque pas de lait pour nourrir son enfant. En peu de jours, la biche s'accoutuma si bien à la compagnie de Geneviève, qu'elle se laissa téter par le petit Bénoni, et qu'elle partagea sa tendresse entre son faon et le fils du Palatin.

La Comtesse ne vivait que de plantes qu'elle arrachait dans la forêt, de racines, de glands, de fruits sauvages. Une petite source voisine lui donnait de l'eau pure. Elle se couchait avec son fils sur un lit de feuilles séchées, à côté de la biche et du jeune faon.

IV.

Siffroi cependant, après l'ordre cruel qu'il avait donné, s'était senti frappé de remords. L'innocence et la pureté de Geneviève lui étaient revenues à la mémoire ; et il avait repoussé comme infâme l'idée qu'elle se fût souillée d'un crime. Un second messager avait été envoyé par lui, pour contremander la hideuse sentence que lui avait dictée la colère. Il suivait le premier de trois jours seulement ; mais il arriva trop tard. Il revint annoncer à son maître que tout était consommé.

Les croisés en ce moment quittaient Antioche conquise pour marcher sur Jérusalem. Siffroi, navré par le désespoir, vieillit en quelque sorte tout d'un coup, devint sombre et triste, et ne chercha plus que la mort dans les combats nombreux que livra l'armée de la croix. Mais la mort semblait dédaigner sa téméraire ardeur. Vainement il affrontait les périls ; vainement, au long siége de Jérusalem, on le vit toujours le premier aux assauts ; il vécut. Et quand les guerriers de la Croisade se rembarquèrent pour l'Europe, il fut un des derniers à partir ; il semblait craindre de revoir les lieux où il avait aimé sa chère Geneviève.

Il rentra dans les Pays-Bas au milieu de janvier de l'an 1100, et traversa la Flandre et le Brabant sans s'arrêter, regagnant tristement Aix-la-Chapelle.

Ce ne fut qu'à Bruxelles qu'il apprit que son frère Henri venait de mourir, et qu'il lui succédait dans la dignité de comte palatin du Rhin. La puissance et la souveraineté, qu'il ne pouvait plus partager avec son épouse chérie, lui parurent un fardeau.

Golo, instruit de son arrivée, se rendit au-devant de lui jusqu'à Liége. Le félon était vêtu de deuil. Il lui suscita avec hypocrisie tant de preuves du crime de Geneviève, que Siffroy resta persuadé qu'en ordonnant sa mort, il n'avait fait que venger son honneur. Il n'en rentra pas moins dans son château avec l'âme pleine de douleur; il s'y retrouva dans une affreuse solitude. Tout lui rappelait Geneviève et le bonheur qu'elle lui avait donné. Alors, de nouveau, il ne pouvait croire à sa perfidie. Il n'eut pas la force de passer la nuit dans ce manoir; et dès le jour de son arrivée il s'en alla habiter le château des Comtes-Palatins, dont la mort de son frère l'avait rendu héritier.

Mais là un autre objet de remords le suivit; Golo se présentait sans cesse à sa vue; l'aspect de cet homme l'irritait; il le haïssait sans pouvoir s'en rendre raison; il le traitait avec dureté. L'intendant se plaignit, comme un serviteur fidèle dont on méconnaît le dévouement. Dans l'espoir de ramener quelque sérénité sur le front de son maître, il voulut l'engager à prendre une autre femme. Mais si Geneviève l'avait trompé, quel ange pouvait le rendre heureux? Siffroi exprima l'irrévocable résolution de vivre à jamais seul.

Deux jours après son arrivée, il retourna à son château; et il prit, comme malgré lui, l'habitude d'y aller tous les jours, exigeant que personne ne le suivît. Il errait dans tous les lieux qui lui rappelaient Geneviève. Un matin, plus agité que d'ordinaire, il voulut visiter le cachot où Golo l'avait enfermée. Son cœur se serra en y entrant, en songeant que là elle était devenue mère. A la lueur d'une torche qu'on portait devant lui, il lut ces mots sur la muraille : « O mon cher Siffroi, je vais » mourir, et c'est vous qui le voulez. Vous pleurerez » sur moi. Mais si vous lisez ceci, sachez que je vous » pardonne, comme Jésus Notre Seigneur a pardonné, » et que mon cœur est toujours à vous. »

— O Dieu! s'écria-t-il, elle était innocente! Mon Dieu, faites que je ne puisse en être convaincu!...

V.

Siffroi ne trouvait à se distraire de ses violentes douleurs que dans les fatigues de la chasse. Il s'y livra sans réserve; et dès lors on le vit errant dans les bois, ne parlant plus, ne s'occupant plus du gouvernement de ses états, vivant comme un homme qui est forcé de vivre et qui ne peut entièrement secouer sa chaîne. Il ne soupçonnait pas que souvent il passait à un jet de flèche de la retraite de Geneviève.

Un jour du mois de novembre de l'année 1104, le Comte poursuivait une biche qui fuyait avec vitesse; il se laissa emporter à sa suite; et la biche le conduisit à la grotte habitée par Geneviève. La Comtesse, n'ayant plus de vêtements, se réfugia, à l'aspect d'un homme, jusqu'au fond de la caverne. Le petit Bénoni, qui recueillait des racines pour sa mère, courut aussi se cacher. Siffroi étonné s'arrêta.

— Qui êtes-vous? dit-il. Adorez-vous Jésus-Christ?

Depuis sept ans, c'était la première fois que Geneviève entendait les sons d'une voix humaine, autre que celle de son fils. Elle répondit, après un moment d'émotion :

— Je suis femme et chrétienne.

— Si vous êtes malheureuse, reprit Siffroi, pourquoi vous cachez-vous?

— Mes vêtements se sont usés, dit-elle, et je ne puis paraître devant un homme.

Le Comte-Palatin, détachant son riche manteau, le jeta dans la grotte. Geneviève s'en étant couverte s'avança. Mais malgré la croix de drap rouge qui brillait toujours sur l'épaule du croisé, elle ne reconnut pas son époux, dont le désespoir avait vieilli les nobles traits.

Lui, de son côté, ne soupçonnant pas que ce fût là sa chère Geneviève, se prit à dire :

— Comment! pauvre femme, vous êtes ici sans vêtements! Et quelle est donc votre nourriture?

— J'ai pour me nourrir, répondit-elle, les racines et les fruits sauvages de cette forêt.

17.

— Et cet enfant? dit le Comte.

— Il est mon fils et le fils d'un noble chevalier. Mais son père l'a méconnu; et j'ai promis de ne le point nommer.

— Seriez-vous victime aussi de la perfidie?

— Ma bouche, seigneur, fut toujours étrangère au mensonge. Un félon, qui voulait m'ôter l'honneur, me perdit pour se venger de mes refus. Jeune et recherchée, je suis venue du Brabant...

Elle s'arrêta à ce mot.

— Oh! ciel! s'écria Siffroi en tombant à genoux, vous êtes Geneviève....

La Comtesse avait retrouvé son époux. Dans les bras l'un de l'autre, ils ne se souvenaient plus des horreurs du passé. Un cri d'effroi du petit enfant vint seul les rappeler à la vie présente. Tandis que le Comte-Palatin couvrait son fils de baisers et de larmes, les chasseurs qui l'accompagnaient s'étaient approchés, stupéfaits de la scène qui se passait devant eux ; et l'enfant s'était effrayé. Golo était là; en entendant nommer Geneviève, il pâlit comme un spectre, et voulut s'enfuir. Deux écuyers, comprenant tout l'horrible mystère, l'arrêtèrent brusquement...

On apprêtait à la hâte un brancard pour remmener la Comtesse en triomphe. Avant de quitter ces lieux consacrés, le Palatin fit le vœu de bâtir à la Vierge Marie une chapelle, sur le petit tertre où il avait retrouvé sa femme et son fils. C'est là l'origine de l'église du Mont-Notre-Dame (Frauenberg), autour duquel s'est formé un joli village. Puis il sonna trois fois du cor; tous les bois en retentirent; tous les hameaux voisins accoururent.

Il prit son fils dans ses bras et suivit la rustique litière de sa femme, au milieu des cris d'allégresse de tous ses vassaux. Geneviève rentra ainsi dans le château, qui n'avait pas été habité depuis son absence.

On raconte que la biche, accoutumée à vivre avec elle, ne voulut pas la quitter, non plus que l'enfant qu'elle avait nourri de son lait; et qu'elle suivit le cortége, marchant à côté de Geneviève, de qui elle ne détachait pas ses regards.

Les deux assassins, qui avaient épargné la Comtesse, furent retrouvés et comblés de présents; pendant que quatre taureaux indomptés écartelaient Golo, dont les restes horribles furent jetés à la voirie.

Siffroi semblait renaître d'heure en heure; toutes ses peines étaient effacées. Mais, disent les saints légendaires, il devait expier plus durement encore le crime qu'il avait commis dans un transport d'indigne colère, en ordonnant sur un mensonge la mort de sa femme. La bonne Comtesse, malgré les fêtes qu'on lui donna, malgré les tendres soins dont elle fut entourée, malgré tout l'amour de son époux, se rattacha mal à la vie. Ses souffrances, si longues et si incessantes, l'avaient tuée depuis long-temps. Elle n'avait en quelque sorte vécu que pour son fils. Un peu plus d'un an après sa réunion avec Siffroi, le 2 avril 1106, Geneviève s'éteignit saintement, tenant d'une main la croix de bois qui avait consolé sa grotte, de l'autre la main de son époux, qu'elle bénit de ses prières jusqu'à son dernier souffle.

On dit que la biche fidèle pleura tout un jour au pied du cercueil de Geneviève, et qu'au matin on la trouva morte auprès de celle à qui elle s'était vouée.

Et le 2 avril de l'année 1113, un vieillard, blanchi avant l'âge, sillonné de rides que les larmes avaient creusées, soutenu par un enfant de seize ans, dont la douleur avait aussi flétri les traits, vint s'agenouiller à la chapelle du Frauenberg, devant l'autel de la Vierge Marie: le jeune homme se mit à genoux aussi; et tous deux prononcèrent lentement les vœux qui détachent de la terre, pendant qu'un prêtre, sans doute inspiré, chantait:

Sancta Genoveva! ora pro nobis.

Ils prirent l'habit monastique; et le monde n'entendit plus parler de ces deux solitaires. — C'étaient le Palatin et son fils.

Neuvième commandement.

**L'œuvre de chair ne désireras
Qu'en mariage seulement.**

L'ÉTANG DU NID DE CHIEN.

Oh! dis-moi quel démon t'a soufflé sa fureur?
PH. LESBROUSSART. *Dunean-le-Noir*.

La légende de Geneviève de Brabant, qu'on vient de lire, présente avec celle-ci quelques points d'analogie dans les incidents et dans la morale. Le lecteur saisira sans peine ces rapports.

Quant l'Empereur Charlemagne, ce prince prodigieux, comme l'appelle Montesquieu, vint en l'année 804, accompagné de la belle Régine, son épouse, prendre quelques jours de repos dans la contrée où depuis s'est élevée Bruxelles, il amenait avec lui le saint pape Léon III, qui l'avait couronné empereur d'Occident. L'Impératrice, le Pape et l'Empereur se logèrent dans un château dont on retrouverait difficilement les traces aujourd'hui, et qui était situé sur la montagne occupée en partie, dans la capitale du Brabant, par la Vieille-Halle-aux-blés.

Né dans ces belles provinces, Charlemagne en aimait le séjour. Il avait alors soixante-deux ans et paraissait jeune encore. On admirait son port majestueux, sa démarche aisée, son visage agréable, son nez un peu aquilin, ses yeux grands et pleins de feu, ses cheveux doux et châtains, son air riant et abordable.

C'était au mois de mars. L'empereur ne portait qu'un pourpoint de loutre, sur une tunique blanche bordée de soie rouge fabriquée dans le pays de Liége. Un manteau bleu couvrait ses épaules. Sa chaussure, formée de bandelettes tricolores, ressemblait au brodequin écossais.

Il venait de Soissons et se rendait à Aix-la-Chapelle, occupé de ses guerres avec les Saxons.

Il laissa Régine au château brabançon, que l'on appelait le *Val des Roses*, nom qui s'est conservé, mais qui ne désigne plus qu'une rue étroite à Bruxelles (1).

Un frère naturel de Charlemagne, que des chroniques nomment Tallen et d'autres Wenneman, avait suivi l'Empereur jusque-là. Secrètement épris depuis long-temps de la belle Régine, il crut l'occasion favorable à ses projets. Il obtint de rester avec l'Impératrice; et quoiqu'elle joignît les plus grandes vertus à la beauté la plus rare, il osa bientôt avouer son amour criminel. Vainement Régine lui rappela qu'elle était l'épouse de Charlemagne, et qu'il voulait déshonorer son frère; sa passion était devenue si violente qu'il ne se rebuta point;

(1) Des légendes sur lesquelles M. Alexandre Dumas s'est appuyé, remplacent, dans cette aventure, Régine par Hildegarde.

plus jeune de vingt ans que l'Empereur, il eut l'impudence de faire valoir cet avantage; il déclara que si la princesse n'accueillait pas son amour, elle ne devait attendre de lui que haine et vengeance. Régine prit le parti de feindre, seul moyen de gagner du temps jusqu'au retour de son époux.

Elle cultivait de ses mains les fleurs du Val-des-Roses. Dans l'espoir de quelque répit aux persécutions de Wenneman, elle le pria de faire construire au milieu de ces fleurs un petit pavillon où elle pourrait ensuite lui donner rendez-vous, sans être soupçonnée. Ce pavillon fut élevé plus vite qu'elle n'avait pensé. Wenneman la somma de s'y rendre. Elle le suivit donc; mais dès qu'il fut entré dans le pavillon, elle ferma la porte et en tira la clef.

— Vous êtes mon prisonnier, lui dit-elle, jusqu'à ce que l'Empereur, mon maître et le vôtre, soit revenu de la Saxe.

Wenneman, furieux et interdit, fut obligé pour l'instant de comprimer sa colère. Au bout de quelques jours, comme il savait que le retour de Charlemagne n'était pas éloigné, il supplia Régine, d'une voix si soumise, de lui rendre la liberté et de ne pas le perdre auprès de l'Empereur, il lui promit si solennellement de ne plus la troubler de ses poursuites, que la princesse consentit à lui ouvrir la porte.

Le traître cependant ne fut pas plus tôt dehors, que, lançant sur Régine un regard sinistre, il lui dit :

— Vous vous repentirez de m'avoir joué.

Il partit aussitôt au-devant de Charles; et l'ayant rejoint à Aix-la-Chapelle, il accusa effrontément l'Impératrice d'adultère.

Autrefois, chez les Gaulois encore sauvages, le mari de la femme criminelle avait le droit de lui infliger lui-même le châtiment, qui consistait à lui couper les cheveux, à la déshabiller devant ses parents et à la chasser en la poursuivant à coups de fouet dans toute la bourgade. Et on lit dans nos vieux historiens qu'en un cas si affreux l'infortunée ne trouvait personne qui la recueillît. L'Évangile avait adouci ces usages cruels; mais pourtant les maris nobles gardaient encore le droit de puissance absolue sur leurs femmes. L'Empereur indigné ordonna, dit la chronique, que Régine fût mise à mort. Des agents de Wenneman furent chargés de la jeter vivante dans un des étangs qui se trouvaient alors, en plus grand nombre qu'aujourd'hui, autour de Bruxelles. — L'ordre fut exécuté par une nuit sombre.

Mais au moment où la princesse, au milieu des flots, recommandait à Dieu son âme innocente, elle vit venir à elle le chien d'un vieil ermite, mort depuis peu. Le bon personnage avait habité près de là une cabane convertie depuis en moulin. Son chien, resté seul, s'était réfugié aux bords de l'étang dont nous parlons. Il venait de s'élancer au secours de l'Impératrice; il la saisit par sa longue chevelure, et l'attirant au rivage, — il la déposa dans son nid.

La princesse revint bientôt à la vie. Le chien la réchauffa, la consola de ses caresses, et Régine remit son sort entre les mains de la Providence. Pour éviter d'être reconnue, elle partit avant le jour et prit la route de Rome, où elle espérait obtenir justice du pape Léon III, qui était retourné en Italie.

Après de longues fatigues, elle arriva dans la ville éternelle. Du produit de quelques bagues qui étaient restées à ses doigts, elle s'était acheté une robe de pélerinage; elle se rendit à l'église de Saint-Pierre, qui n'était pas encore la somptueuse basilique de Michel-Ange. Le Pape y vint, et Régine se trouva sur son passage. Léon III la reconnut; car elle avait une figure qu'on ne pouvait oublier; et quand elle eut conté son histoire :

— Restez ici, ma fille, lui dit le souverain Pontife; vous êtes entrée à Rome en pélerine; vous en sortirez en impératrice.

Régine avait eu, dès sa jeunesse, un goût particulier pour l'étude des plantes, dont elle connaissait les vertus cachées. Elle se mit à composer des médicaments, qui guérissaient diverses maladies. Bénic par le Saint-Père, sa main n'essayait aucun traitement sans succès, et bientôt sa réputation se répandit au loin. C'était surtout contre les maladies des yeux qu'elle était puissante.

Il y avait un an qu'elle avait quitté le Brabant, où l'on n'avait appris sa mort qu'avec horreur.

Wenneman, revenu dans ce pays et occupé du souvenir de son forfait, alla machinalement se promener aux bords de l'étang, qu'on a appelé depuis l'*étang du Nid-de-Chien*. Pendant qu'il errait seul, en proie à de noires pensées, le chien de l'ermite, qui avait sauvé Régine, poussé par son instinct, s'élança avec fureur sur le perfide. Wenneman effrayé prit la fuite et tomba dans une fondrière d'où ses valets le retirèrent aveugle. Mais cette punition ne le toucha point. Il chercha seulement les moyens de se guérir; aucun médecin ne put en venir à bout.

L'Empereur, qui aimait Wenneman, dont il ne soupçonnait pas la noirceur, ayant entendu parler de la femme miraculeuse de Rome et voulant revoir le pape Léon III, conduisit son coupable frère dans la capitale du monde chrétien. L'aveugle alla trouver Régine à sa cellule; elle le reconnut, et lui dit:

— Venez demain à l'église de Saint-Pierre, au moment où le Pape et l'Empereur s'y rendront.

Wenneman y vint, conduit par Charlemagne. Léon III était présent; l'Impératrice voilée prit la main du malade.

— Vous avez sur le cœur un crime effroyable, lui dit-elle. Aux lieux mêmes où vos yeux se sont fermés, vous aviez trahi l'Empereur. Confessez le forfait; après quoi Dieu vous guérira.

Le coupable, à ces mots, témoigna un grand trouble. Charlemagne, inquiet et agité, le pressa d'avouer son forfait. Wenneman, à genoux, confessa toute l'iniquité commise à Bruxelles.

L'Empereur au désespoir pleura sa chère Régine, qui cependant, lavant d'une eau balsamique les yeux de Wenneman, lui rendit l'usage de la vue. En même temps elle ôta son voile (1).

Charlemagne à ses genoux lui demandait pardon, offrant de la venger par la mort du coupable épouvanté. Léon III le calma; la princesse implora elle-même la grâce de Wenneman; elle revint dans les Gaules avec son époux. Elle voulut revoir la Vallée des Roses et le vieux chien son sauveur, qui ne la quitta plus. Quant à Wenneman, il fut exilé dans une île de la Hollande, où il mourut peu après.

L'ÉPREUVE DU CERCUEIL.

> Et ne devrait-on pas à des signes certains
> Reconnaître le cœur des perfides humains?
> RACINE, *Phèdre*.

Sous l'administration du commandeur de Castille don Louis de Requesens, nommé par Philippe II gouverneur-général des Pays-Bas après le duc d'Albe, on remarquait partout dans les villes de ces

---

(1) Ce trait est sculpté, en figures détachées, hautes de deux pieds, sur la bande du portail latéral de gauche, à la splendide métropole de Reims.

haines violentes, de ces profondes antipathies qui sont toujours la suite funeste des troubles politiques. Les différents partis se regardaient de travers. Ceux qui avaient tenu pour les Gueux évitaient tout contact avec les amis du roi d'Espagne. Toutes les relations en étaient altérées; et plus d'une fois on vit une jeune fille conduite à l'autel, liée à la main d'un homme qu'elle n'aimait point, parce que ses parents ne pouvaient souffrir l'opinion de celui qu'elle eût préféré.

Ce n'était pourtant pas le sort de Madelaine Jacmart, fille d'un catholique ardent et fidèle. Deux jeunes Anversois l'avaient recherchée : André Vinck, le plus riche, avait été repoussé, il suivait la religion dite réformée; Joseph Rans, moins beau, moins brillant, moins favorisé par la fortune, s'était donc vu préféré; le père de Madelaine, qui trouvait chez lui les sentiments qu'il souhaitait dans son gendre, lui avait accordé sa fille.

André avait fait de vains efforts pour toucher le cœur de Madelaine; il n'en avait reçu qu'une froide compassion. Dans son orgueil, ne se figurant pas qu'il n'était point aimé, et attribuant à la déférence filiale la conduite de la jeune Anversoise, il n'étouffa pas son amour; il continua de s'occuper d'elle après qu'elle fut mariée : et malgré la sage et vertueuse conduite de la jeune femme, il persista à la poursuivre de ses lettres et de ses protestations, tentatives qui n'ébranlaient pas un instant sa vertu, appuyée sur une piété profonde. Mais elle ne dit rien à son mari, dans la crainte de troubler son bonheur ; elle eût joui elle-même du sort le plus doux, sans les persécutions d'André.

On a déclamé beaucoup contre les passions. On ne s'élèvera jamais assez contre leurs suites déplorables. André, livré à sa violente ardeur, en perdit le repos et presque la raison. Il en était venu au point d'écrire à la pauvre Madelaine des lettres menaçantes, décidé qu'il était, disait-il, à se porter aux dernières extrémités, si elle ne prenait pitié de son coupable amour. La jeune femme épouvantée ne trouvait de forces, contre les agitations et les terreurs que lui causait la frénésie d'André, que dans les consolations religieuses. Elle habitait avec son mari une petite rue écartée. Un soir du mois d'octobre de l'année 1575, qu'elle était un peu plus tranquille, parce que depuis huit jours elle n'avait plus de nouvelles de son persécuteur, elle sortit avec sa servante, resta deux heures chez sa mère, et s'en revint calme et satisfaite, par un beau clair de lune, sans éprouver le moindre pressentiment du sort qui l'attendait à son retour. Il était huit heures du soir lorsqu'elle rentra chez elle. La servante remarqua avec surprise que la porte était ouverte et la maison sans lumière ; Madelaine appela son mari, qui ne répondit point. Une certaine frayeur commença à s'emparer d'elle ; elle songea aux voleurs, qui dans ces temps de désastres étaient encore plus communs qu'aujourd'hui; et la servante ayant allumé une chandelle, quelle fut l'horreur de Madelaine, en apercevant, dans un coin de la salle, son mari étendu, baigné dans son sang, assassiné!

Elle surmonta un moment sa vive angoisse, pour se pencher sur le corps de son cher Joseph; elle vit qu'il avait eu le cœur percé d'un poignard, que son sang n'était pas encore froid, que le crime venait d'être commis à l'instant même. Elle poussa les cris du désespoir; les voisins accoururent et se mirent en perquisition; mais on ne découvrit rien.

Comme aucun objet n'avait été volé, on fit mille suppositions, dont les plus sages étaient que sans doute les larrons s'étaient enfuis en voyant revenir la maîtresse du logis. Mais Madelaine, se souvenant des menaces d'André, s'abandonna aux plus horribles soupçons et se reprocha amèrement sa funeste sécurité. N'osant témoigner ce qu'elle pensait, ne pouvant non plus dominer ses craintes, elle envoya demander André Vinck chez lui. On la jeta dans une perplexité nouvelle en lui rapportant que depuis huit jours il était à Mons. Épuisée d'une situation si cruelle, elle perdit enfin l'usage de ses sens, comme si la nature eût voulu la contraindre au repos.

Elle ne revint à la vie qu'à deux heures du matin. Son mari était enseveli; un bon vieux moine veillait auprès du corps. Elle se jeta sur Joseph Rahs en fondant en larmes, ouvrit le suaire pour embrasser encore celui qu'elle avait aimé; et remarquant qu'il tenait sa main droite serrée contre son cœur, elle s'aperçut qu'il y avait dans cette main quelque chose de brillant. On lui dit qu'aucun effort n'avait pu arracher cet objet d'entre les doigts du cadavre; elle redevint pensive et troublée.

Le vieux moine qui gardait le corps lui demanda si elle ne soupçonnait personne du meurtre de son mari?

— Hélas! dit-elle; je soupçonne, à tort peut-être; mais je ne puis accuser.

— Ma fille, dit le religieux, j'espère que nous rentrons maintenant dans les voies de Dieu, et que le ciel s'apaise pour nous. Dieu autrefois, dans les causes obscures, rendait quelquefois son jugement d'une manière visible. Vous lui êtes dévouée; peut-être vous accordera-t-il une faveur. Il n'y a pas long-temps que nos pères avaient encore l'usage de rechercher l'assassin ignoré par l'épreuve du cercueil. C'est une ordalie qui se pratique souvent avec succès dans plusieurs parties de l'Allemagne.

Lorsqu'un meurtrier est inconnu, on dépouille le corps de la victime, poursuivit le moine; on le met sur un cercueil, et tous ceux qu'on soupçonne d'avoir eu part au crime sont obligés de le toucher. Si l'on remarque du dérangement dans le cadavre, du changement dans les yeux, dans la bouche, ou dans toute autre partie du corps, surtout si la plaie saigne, celui qui touche le mort, dans l'instant de ce mouvement extraordinaire, est soupçonné, presque toujours avec fondement.

On cite de grands exemples des effets terribles de cette épreuve judiciaire, dit encore le religieux. Richard-Cœur-de-Lion, roi d'Angleterre, s'était révolté contre Henri II, son père, à qui il succéda ; aussi l'on rapporte qu'après la mort de Henri, le roi Richard s'étant rendu à Fontévrault, où son père était enseveli, à l'approche du fils rebelle, le corps du malheureux père jeta par la bouche et par le nez du sang qui jaillit sur Richard. Vous pouvez éprouver ce moyen ; et qui sait s'il ne vous fera pas connaître le criminel ?

Plusieurs voisines, qui étaient présentes à ce discours, en furent si vivement frappées, qu'elles renchérirent sur ce qu'avait dit le bon moine. Une heure après, le cadavre de Joseph Rans était exposé sur son cercueil, dans le vestibule de la maison.

On amena tous ceux que le moindre soupçon frappait, et le corps resta froid et immobile ; tous ceux qu'on savait ennemis du défunt se retirèrent absous. Mais André Vinck n'avait pas paru. On apprit, le soir de ce jour-là, qu'il venait de rentrer à Anvers. Une voisine, qui avait remarqué la passion demesurée de ce jeune homme, soupçonneuse, zélée et curieuse, alla trouver André avec une certaine perfidie :

— Vous savez, dit-elle, ce qui est arrivé à Madelaine. Son mari est mort....

Elle remarqua à ces mots que le jeune homme pâlissait et changeait de contenance; et quoique Madelaine ne lui eût pas confié ses pensées, les craintes de la jeune veuve devinrent aussitôt pour la voisine une conviction.

— S'il est vrai que vous l'ayez aimée, reprit-elle, que ne venez-vous la consoler? Je sais qu'elle n'a pas répondu à votre recherche; mais alors elle n'était pas peut-être maîtresse de le faire.

André suivit la voisine, singulièrement préoccupé. Il se trouva bientôt introduit dans un vestibule très-éclairé, auprès du cadavre entouré de cierges et d'assistants en prières. Reconnaissant devant lui la triste Madelaine, assise en deuil au chevet de son mari, et qui fixait sur lui des regards pénétrants, il voulut s'avancer vers elle. Mais un vif ébranlement convulsif se saisit de lui, lorsqu'il reconnut le mort; il trembla de tous ses membres; ses genoux fléchirent; il était comme un spectre, et n'avait la force ni d'avancer ni de reculer.

Avant que le moine, qui s'apprêtait à parler, eût dit un mot, André, cherchant un appui, tomba à genoux devant le cercueil; par un mouvement involontaire, il mit la main sur la jambe du cadavre; aussitôt les yeux du mort tournèrent deux fois; la plaie se rouvrit et saigna; les doigts qu'on n'avait pu desserrer s'écartèrent et laissèrent tomber un bouton doré du pourpoint d'André Vinck....

Une exclamation d'horreur jaillit de toute l'assemblée. Madelaine s'évanouit de nouveau. André, arrêté, confessa le meurtre, qu'il n'avait commis que comme moyen d'obtenir celle qu'il aimait.... Il fut condamné à mourir ; et la veuve prit le voile dans une maison religieuse.

Nous rapportons ce fait, sans en garantir les détails. C'est une tradition populaire, qu'il est permis de juger avec le degré de confiance qu'on voudra bien lui donner.

Dixième commandement.
Biens d'autrui ne convoiteras
Pour les avoir injustement.

LA LÉGENDE DU WATERGRAVE.

> Grand justicier, fort et très-redoutable.
> RONSARD.

I.

Baudouin VII, qu'il faut d'abord vous faire connaître, était fils de Robert de Jérusalem; il fut reconnu comte de Flandre en l'année de notre salut 1111. On l'appela Baudouin-à-la-Hache, parce qu'il portait toujours, pendue à son côté, une hache d'armes du poids de trente livres, avec laquelle il faisait prompte justice; car il était puissant en force, grand et vaillant seigneur, quoiqu'il n'eût que dix-huit ans lorsqu'il commença de régner.

Il vivait dans un temps où les lois et l'équité semblaient parfois avoir quitté la terre. Les seigneurs et les riches n'avaient plus de frein qui les retînt; un seul droit subsistait, celui du plus fort; en dépit de la paix que son père avait fait jurer, les pauvres gens étaient asservis, opprimés, pillés, mis à mort par les châtelains, sans recours ni assistance. Les chevaliers, qui détroussaient les passants sur les grands chemins et vivaient dans le crime, pendant que les hommes d'honneur combattaient en Asie sous les bannières de la croix, ne connaissaient presque partout d'autres lois que celles qu'ils faisaient eux-mêmes, chacun pour son usage. La voix des ministres du Seigneur, restés en trop petit nombre, était impuissante contre des désordres portés à leur comble.

Baudouin avait l'âme généreuse. Il prit la résolution de mettre un terme, dans ses états héréditaires, à tous les maux qui écrasaient le peuple. Il convoqua donc l'assemblée de tous les seigneurs dont il était le suzerain, barons, nobles et autres du pays de Flandre, comme dit Oudegherst; il les réunit dans la populeuse ville d'Ypres et il leur tint ce discours:

— Mes amis et bons vassaux, je vous ai rassemblés pour mettre ordre aux plaies qui désolent notre patrie. Nous qui sommes les premiers parmi le peuple, c'est à nous de faire une paix qui laisse enfin respirer les bonnes gens. Je vous prie donc, au nom du Dieu tout-puissant, qui nous a donné les biens dont nous jouissons, de recueillir là-dessus vos esprits, d'examiner le mal et de songer au remède. Je vous déclare que je suivrai vos loyaux avis; mais que je veux une justice sérieuse et stable. Vous pouvez vous consulter là-dessus tout à loisir; et dans un mois de ce jour, je vous attends à mon château de Wynendaele, où nous prendrons des résolutions qui feront loi.

Le mois expiré, tous les chevaliers se trouvèrent au rendez-vous. Le plus vieux prit la parole :

— Sire, dit-il, les prélats, barons et autres gentilshommes, vos vassaux, ici présents, ont pesé votre harangue. Ils sentent et reconnaissent que la justice est morte dans vos domaines, et qu'il faut qu'une main ferme la rétablisse.

— Avec une balance si égale, dit Baudouin en se levant, que la faiblesse des petits ne soit plus opprimée désormais par la force. Malgré les promesses faites à mon noble père, vous avez vu, dans nos campagnes, la misère et le désespoir d'un côté, et de l'autre le brigandage et la violence. Par le nom du Dieu très-haut, et je jure ici ce nom redoutable, personne, si vous êtes chevaliers, ne sortira de ce château, sans avoir fait serment de donner paix et trêve au pauvre peuple, de protéger le faible et de punir le crime, quel qu'en soit l'auteur.

En disant ces mots, Baudouin posait sa hache sur le coussin de cuir qui était devant lui.

— Je jure, reprit-il, de punir de ma main *(manu propriâ)* et de punir de mort quiconque enfreindra cette paix. S'il en est parmi vous qui refusent ce serment, qu'ils se lèvent, et que nous connaissions nos ennemis !

Toute l'assemblée intimidée garda le silence.

— Je me réjouis, dit encore le jeune comte, de vous

voir tous d'accord avec moi. Que toutes les fautes du passé tombent et meurent dans un complet oubli! Mais l'avenir est à nous.

Tous les barons, chevaliers, prélats ou abbés jurèrent donc dans les mains du prévôt de Saint-Donat de Bruges, sur la croix et sur le bras de saint Georges, relique sainte que Robert de Jérusalem avait rapportée de la Palestine, le serment que Baudouin appelait, selon l'usage du temps, une paix ou une trêve, mais qui n'était qu'une promesse de retour à la justice. En ces temps horribles, la religion pouvait seule adoucir des mœurs féroces. Ce n'était guère qu'en l'honneur de Dieu qu'on obtenait, de la part des puissants, une trêve aux désordres. On appelait ces trêves paix de Dieu ou trêves du Seigneur.

Après que tous eurent juré de donner bonne paix aux gens d'église, aux laboureurs, aux vilains et manants, même en temps de guerre, le Comte reprit sa hache, et la brandissant avec vigueur : — Par la mémoire de mon père, dit-il, cette paix sera maintenue. A moi donc et à ma sauvegarde l'orphelin et la veuve, et tous ceux qui ont besoin de justice et d'appui!

Séance tenante, plusieurs chartes et ordonnances, qui réformaient les abus, furent adoptées, entre autres celle qui établissait que nul homme désormais, de quelque condition qu'il fût, n'aurait le droit de marcher avec des armes, s'il n'était officier du Prince ou député pour la garde ou la défense du pays et des villes. Les seigneurs se séparèrent de leur comte, persuadés tous qu'ils avaient un surveillant sévère de leurs actions. Aussi, pendant quelque temps, les chevaliers se montrèrent-ils plus modérés ; et les bonnes gens, respirant enfin, bénissaient Baudouin-à-la-Hache.

Bientôt cependant un grand forfait vint faire sentir le besoin de sa justice (1). En l'année 1112, un an après le serment de Wynendaele, trois marchands de bijoux, qui pouvaient être des Juifs et qu'à leur costume on reconnaissait pour des Orientaux, arrivèrent à Bruges et allèrent se loger dans une taverne de la rue des Pierres, qui avait pour enseigne de la Clef-d'Or. Ils se rendaient à la foire de Thourout.

Il y avait déjà, dans l'auberge, un grand nombre de personnes ; entre autres Henri de Calloo, du pays de Waes, l'un des plus riches de la contrée, et avec lui neuf de ses amis. Apprenant là que les marchands étrangers apportaient avec eux des bijoux de grande valeur, ces chevaliers, qui pourtant avaient juré la paix depuis peu, se concertèrent ensemble et conçurent le dessein d'assassiner les étrangers et de s'emparer de leurs trésors.

Les trois marchands, étant prêts à partir, dépêchèrent leurs valets en avant, en les chargeant de faire

(1) Cette anecdote est tirée spécialement des *Chroniques et traditions de la Flandre* publiées par M. Octave Delepierre.

préparer pour eux des logements à Thourout. Henri de Calloo, saisissant l'occasion de lier entretien, dit aux étrangers que son intention était aussi de se rendre à la foire avec ses amis, et que, l'affluence devant y être grande, il les priait de faire retenir des logements pour eux tous. Ravis de cheminer avec des hommes puissants, qui pouvaient les protéger, les trois marchands s'empressèrent de condescendre aux désirs du sire de Calloo. Ils se mirent bientôt en route de compagnie. Mais en traversant un bois qui se trouvait à mi-chemin entre Bruges et Thourout, Henri de Calloo et ses amis tombèrent à l'improviste sur les marchands, les assassinèrent, et, les ayant dépouillés, jetèrent les trois cadavres dans les fossés qui bordaient la route.

Cependant les serviteurs des marchands de bijoux attendaient leurs maîtres à l'entrée de Thourout. Voyant arriver sans eux les chevaliers flamands, ils leur en demandèrent des nouvelles. Henri de Calloo témoigna de l'étonnement. — Ils sont partis de Bruges un peu avant nous, dit-il ; mais nous n'en avons plus entendu parler.

L'inquiétude des serviteurs devint plus grande, lorsqu'ils apprirent qu'un meurtre avait été commis près d'un bois, sur le chemin. Ils s'y dirigèrent en toute hâte et reconnurent les corps de leurs malheureux maîtres. Sans perdre un instant, ils se rendirent à Wynendaele, où se trouvait alors Baudouin-à-la-Hache, et lui dénoncèrent le crime.

Après les avoir écoutés, le comte de Flandre leur demanda s'ils n'avaient aucun soupçon, et quelles personnes ils avaient vues en dernier lieu, dans la compagnie de leurs maîtres? Ils hésitèrent un moment; puis ils avouèrent qu'ils ne pouvaient s'empêcher de croire que les chevaliers flamands étaient pour quelque chose dans l'assassinat. Baudouin ordonna que les dénonciateurs fussent gardés à vue dans son château; et il partit pour Thourout, sans permettre à personne de l'accompagner.

Arrivé à l'auberge où logeaient les meurtriers, il se fit connaître; et, pénétrant dans l'appartement dont Henri de Calloo et ses amis étaient momentanément absents, il ordonna qu'on brisât les serrures de leurs coffres. On y trouva les bijoux des marchands orientaux. Le comte fit arrêter immédiatement, dans Thourout, le sire de Calloo et ses complices; ils furent conduits à Wynendaele, jugés en sa présence, et tous les dix pendus aussitôt aux poutres de la salle d'armes et aux arbres de la cour....

Baudouin, à quelque temps de là, fit subir ce même supplice à des écuyers qui avaient enlevé une jeune fille. Il parcourait le pays, annonçant sa présence et invitant les opprimés à venir réclamer sa justice. Il tua de sa hache plusieurs brigands. Il fit démolir bon nombre de manoirs dont les possesseurs avaient fait des repaires.

Parmi les hommes puissants qui refusèrent de

respecter la paix, Gauthier, comte de Hesdin, et Hugues Champ-d'Avaine, comte de Saint-Pol, étaient les plus formidables ; ils dévastaient les contrées qui depuis ont formé la Flandre française. Baudouin marcha contre eux en armes, enleva leurs châteaux, les battit et les soumit par la violence.

Ce ne fut guère qu'en 1117 que le peuple qu'il gouvernait respira complétement.

Plusieurs fois les hommes puissants qu'il épouvantait dans leurs mauvais desseins avaient voulu, par d'habiles insinuations, l'engager à s'en aller, comme son père, recueillir des lauriers dans la Palestine. Mais Baudouin, jugeant sa présence trop nécessaire en Flandre, se contenta d'envoyer à l'aide des croisés son cousin Charles de Danemarck, qui devait être son successeur ; il fit partir aussi quelques chevaliers qui avaient des crimes à expier, et auxquels il imposa ce voyage.

Rapportons encore un trait de la justice terrible de Baudouin-à-la-Hache. Un jour qu'il dînait à Bruges, on vint lui dire qu'une bonne femme se lamentait en grand désespoir, parce qu'un chevalier, de ceux mêmes qui étaient attachés à sa personne, Pierre, seigneur d'Oostcamp, venait de dérober aux champs deux vaches qui faisaient toute sa richesse. C'était jour de marché. Baudouin se leva de table à l'instant, sans achever son dîner. Il se rendit sur la place où la pauvre villageoise en pleurs réclamait ses deux vaches, qu'elle avait reconnues et qui étaient exposées en vente. Tout le peuple se pressait autour du Comte. Il fit venir Pierre d'Oostcamp, et lui lança un regard formidable. Le voleur, commençant à trembler, avoua son honteux larcin. Il y avait à deux pas, sur le marché, une vaste chaudière qui bouillait, et dans laquelle un teinturier allait mettre ses pièces d'étoffes. Baudouin, en présence de tout le peuple, jeta Pierre d'Oostcamp dans cette chaudière ardente, tout vêtu et tout éperonné. Ce qui causa encore un tel effroi aux oppresseurs, disent les chroniques, qu'ils n'osèrent plus toucher aux pauvres gens du pays (1).

A présent que vous pouvez vous faire une idée de l'homme, voici la légende :

II.

— C'est un homme puissant que le Watergrave, mon enfant. Prenez-y garde; dans un temps comme le nôtre et dans un pays comme notre bonne ville de Gand, on n'est pas pour rien comte et seigneur des eaux (2). Il dirige nos fleuves et nos rivières, surveille nos digues, règne sur nos ponts, ouvre ou ferme les écluses, arrête ou fait aller nos moulins, décide en souverain sur les alluvions et les

(1) On peut voir, dans les légendes des Sept Péchés capitaux, deux autres faits de Baudouin-à-la-Hache : — Les Duels d'Ypres et la légende du Cheval de l'Huissier.

(2) C'est ce que veut dire Watergrave.

polders, impose et suspend la navigation. Je le répète, c'est un homme puissant que le Watergrave ; et notre sire le comte Baudouin-à-la-Hache n'a donné cette grande fonction publique au seigneur Mathias Brower, que parce qu'il voyait en lui un homme ferme et solide.

— Quoiqu'il soit solide et ferme, c'est bon, répliqua Brice Coppens, le jeune nourrisseur de bestiaux ; mais qu'il soit juste ! Le comte Baudouin est d'une fermeté que rien n'ébranle ; personne ne se plaint de sa justice ; au lieu que son Watergrave....

— Songez, reprit le premier interlocuteur, honnête brasseur Gantois, que c'est un des grands officiers de Flandre.

— Qu'importe ! le Comte nous a prouvé qu'il fait autant de cas du dernier de ses sujets que de la plus haute tête de ses États. Et je veux justice.

— Comment l'obtiendrez-vous ? Le Watergrave a pour lui les apparences. Vous possédiez, à la rive droite de la Lys, deux bonniers de terre. La Lys change de lit, vous enlève un bonnier ; Mathias Brower le prend, en soutenant son droit qui lui donne les alluvions.

— Ce n'est pas ici une alluvion. J'avais deux bonniers à la droite de la Lys ; à présent j'ai un bonnier à la droite et un bonnier à la gauche. Je ne réclame que mon bien. Je prouverai que la rivière a changé de lit, parce que le Watergrave, au coin d'un petit champ qu'il possédait vis-à-vis de moi, a planté des saules et des pieux qui ont fait obstacle au courant. Je réclame aussi, en dédommagement du nouveau lit que je fournis sur ma terre, l'ancien lit de la rivière ; c'est ce qu'on ne peut pas me contester.

— Vous ne gagnerez pas, dit le brasseur. Le bailli et les juges de Gand sont amis de Mathias. Votre fiancée Mélanie Ghierts est encore ce qui vous tient le plus au cœur ; pour la ravoir, abandonnez le reste.

— Je ne le dois pas. Son enlèvement est la plus abominable des iniquités. Mais est-ce que les Gantois sont aussi devenus des serfs ? Est-ce que le comte Baudouin VII ne règne plus ? Est-ce que ses lois sont mortes ? Est-ce que sa justice est endormie ? Comment ! Mélanie va lever avec sa barque les nasses de son père malade ; c'est un travail qu'elle n'a jamais fait ; elle se trompe ; par erreur elle enlève quelques livres de poisson dans les places réservées du Watergrave. Si c'est un délit, il ne mérite qu'une amende. Au lieu de cela, il l'enferme dans sa prison. Que du moins il la juge ! Comme il sait qu'elle est ma fiancée, il a voulu m'effrayer. Maintenant qu'il l'a vue si belle, il veut la séduire ; il veut me l'ôter ; je le sais ; et vous croyez que je le souffrirai ?

— Mais que ferez-vous, Brice ?

— Ce que je ferai ? Si je n'ai pas justice demain, j'irai trouver le Comte. Il n'est terrible que pour les coupables. Il a mis à mort des seigneurs qui avaient volé les pauvres gens ; il a toujours doublement puni les exactions des officiers publics. Les petits, à ses yeux, sont aussi hauts que les grands. Et puis c'est un homme de cœur. On l'a divorcé, pour cause de parenté, d'avec sa cousine Agnès de Bretagne, qu'il aimait tendrement ; et quoiqu'il n'ait que vingt-cinq ans, il ne se remarie point.

— Dieu et saint Pierre vous soient en aide ! dit le brasseur.

Le lendemain, 5 mars 1117, Brice Coppens, ayant de nouveau trouvé les portes du Watergrave fermées pour lui, s'en alla, en cheminant avec courage, à Deynze, où le comte Baudouin-à-la-Hache était venu en ce moment, de son château de Wynhendaele, pour mettre fin à quelques désordres. À l'exemple de Charlemagne, dont le sang coulait dans ses veines, Baudouin parcourait sans cesse, du midi au nord et de l'est à l'ouest, ses États de Flandre, relevant tout ce qui tombait, punissant tous les crimes, rendant justice à tous, mais ne faisant jamais grâce.

En arrivant à Deynze, Brice se rendit chez le bailli, où le Comte se trouvait alors. Il venait de se mettre à table pour souper. On l'introduisit néanmoins ; car à toute heure, en tout lieu, Baudouin était abordable pour le dernier de ses sujets qui demandait justice.

En voyant ce jeune prince, à l'air grave, à l'œil austère, populaire néanmoins malgré sa sévérité, Brice, le nourrisseur de bestiaux, se sentit pourtant intimidé. Le comte de Flandre soupait seul.

— Que demandez-vous? dit-il doucement au Gantois.

— Justice, Sire, répondit Brice Coppens.

— Asseyez-vous, reprit le Comte en désignant un escabeau de chêne qui était devant lui.

Le jeune homme obéit; et s'enhardissant bientôt, il exposa tous ses griefs. Le Prince l'écoutait sans l'interrompre. Quand le récit fut achevé, il garda le silence quelques instants.

— Il m'a déjà été fait, dit-il ensuite, de certains rapports sur le Watergrave Mathias Brower. Si ce que vous dites est vrai, la peine ne se fera pas attendre. Mais si vous me trompez, votre châtiment n'est pas moins certain.

— Je m'y soumets, Sire.

— Il suffit. Vous aurez justice. Demain, à onze heures, vous vous trouverez à la porte de la maison du Watergrave; et jusque-là vous vous tairez.

Brice Coppens, un peu agité, fit un signe d'assentiment respectueux, se leva et s'en revint à Gand où il arriva assez tard. Il se mit au lit sans dire un mot à personne; et le lendemain matin, toutes les questions du brasseur, son voisin, ne lui purent arracher une parole.

Mais, à onze heures, il était à la porte de la maison du Watergrave, lorsqu'il vit arriver, sur un gros cheval du Furne-Ambacht (1) un homme qui de loin

(1) Furne Ambacht, ou plutôt Veurne-Ambacht, quartier ou canton de Furne, renommé pour ses chevaux de forte taille.

avait l'air d'un jeune fermier de bonne mine. On remarquait toutefois sous les pans de son justaucorps une lourde hache d'armes; et Brice n'eut pas de peine à reconnaître le comte de Flandre, qui lui tenait parole.

Baudouin mit lestement pied à terre et frappa à la porte du Watergrave. Un domestique vint ouvrir. Le Comte tira de sa bourse une pièce d'argent, qui pouvait valoir un florin d'aujourd'hui; il la fit passer de sa main dans celle du valet, en disant :

— Voici pour vous un sou d'argent; je suis étranger à la ville, et j'ai besoin de parler à votre maître, pour affaire pressante qui est de son ressort.

Le domestique rentra. Deux minutes après, il revint et dit que le Watergrave venait de se mettre à table, et que dans un tel moment il ne se dérangeait pour personne, quelque affaire qui intervînt.

— Voici deux sous d'argent, dit le Comte, en fouillant de nouveau dans sa bourse; retournez auprès de votre maître; dites-lui que je viens de Gend-Hof, qui est terre du Prince, que la digue de Baesrode est à demi rompue; qu'il faut sur-le-champ dépêcher des secours, et que je ne puis attendre.

Le valet rentra donc, encouragé par la générosité de l'inconnu; mais il reparut aussi vite que la première fois.

— Mon maître a répondu, dit-il, que la digue prendra patience; que vous aurez à revenir dans deux heures, et que si vous l'importunez davantage, il fera lâcher sur vous ses chiens.

— Il a dit cela ! reprit froidement le Comte ; — voici trois sous d'argent, pour lesquels je ne vous demande plus qu'un léger service. Dites seulement au Watergrave Mathias Brower que je suis Pier-Jan-Claes.

Ce nom ne fut pas plus tôt prononcé devant le Watergrave, qu'il accourut tout en désordre et comme hors de lui. Ce nom formidable de Pier-Jan-Claes, qui depuis est devenu si singulièrement populaire dans les Pays-Bas, était le nom secret sous lequel Baudouin-à-la-Hache s'annonçait à ses officiers, lorsqu'il arrivait comme un juge. Il confia la garde de son cheval au valet qui lui avait servi de messager, et il entra, accompagné de Brice, dans la maison du Watergrave.

— Je reconnais, dit-il d'une voix sévère, que les plaintes qu'on m'a faites sont fondées. Vous avez rendu mauvais compte des péages d'eau ; les inondations qui vous ont enrichi ont été quelquefois causées par vous dans le gouvernement des écluses ; vous avez dépouillé des orphelins et des veuves, quand vous saviez qu'ils sont sous ma sauvegarde. Ce qui me concerne, je vous le pardonne. Mais le vol que vous avez fait à ce jeune homme ne vous sera pas pardonné. Vous n'ignorez pas ce que prononcent nos lois sur le vol sans danger, comme le vôtre. Et maintenant, faites venir la jeune fille que vous retenez dans vos prisons, par violence inique.

— Sire ! s'écria le Watergrave, dans un tremblement convulsif, elle a commis un délit...

— Qui méritait une amende, peut-être. Nous l'interrogerons.

Les serviteurs du Watergrave devinaient enfin, à la contenance de leur maître, qu'ils avaient devant eux le redouté comte Baudouin, leur souverain. Ils s'empressèrent de lui obéir ; et Mélanie parut, pâle et défaite de ses larmes. Un éclair de joie brilla dans ses yeux, lorsqu'elle vit son fiancé devant elle ; et un instinct rapide lui fit sentir, à l'air des personnages qui l'entouraient, que Brice venait la délivrer.

Baudouin lui-même fut frappé de la beauté modeste et des grâces naïves de la jeune fille.

— Parlez sans crainte, mon enfant, dit-il. Vous êtes libre. Vous allez être unie à celui que vous aimez ; et justice sera faite. Mais dites-nous quelles conditions le Watergrave mettait à votre délivrance?

Le visage de Mélanie Ghierts se couvrit d'une profonde rougeur ; elle baissa les yeux ; et après un moment d'hésitation, elle répondit :

— Sire, je n'oserais les dire.

— Elles sont donc coupables. Que répondez-vous? ajouta le Comte, en se tournant vers Mathias Brower.

Le Watergrave tomba à genoux, éperdu.

— Ah! sire, dit-il, châtierez-vous une faiblesse? Je suis prêt à réparer.

— Vous réparerez, certes ! dit Baudouin. Vous n'avez pas d'héritiers : tous vos biens, dès ce moment, appartiennent à cette jeune fille. Votre maison sera rasée ; un chemin public, où l'on circulera librement, traversera votre manoir déshonoré. Voilà pour la réparation.

Mais vous appelez faiblesse ce qu'il faut appeler crime. Confessez vos péchés ; car voici pour la justice.

En disant ces mots, il entr'ouvrit son pourpoint de gros drap ; il en tira une corde solide et la remit aux valets, pendant qu'un moine, qu'il avait mandé, entrait pour donner au condamné les secours spirituels.

Quand le pauvre moine eut rempli ses fonctions pénibles, sur un signe que fit le Comte aux valets du Watergrave, ceux-ci pendirent leur maître à sa porte.

Tous les assistants tremblaient, dans un silence farouche et glacial. Aussitôt qu'il vit que le Watergrave était mort, Baudouin-à-la-Hache, sans dire un mot de plus, remonta sur son gros cheval et partit.

Brice et Mélanie, palpitants d'émotions diverses, n'avaient pas encore retrouvé la force de s'éloigner, lorsque Joseph Barth, nommé depuis un instant Watergrave à la place du défunt, arriva, selon les ordres du Prince, mit la jeune fiancée en possession des biens de Mathias Brower, fit abattre sa maison, et tracer à travers un chemin public, de la forme d'une

19.

potence. Ce chemin s'est appelé depuis la rue du Watergrave.

Huit jours après, Brice et Mélanie étaient mariés ; et le brasseur disait : — Le comte Baudouin est juste ; mais il est redoutable.

Le nom mystérieux de Pier-Jean Claes, qu'il prenait dans certains moments, est devenu après lui un épouvantail ; et par un abus assez commun, on a appliqué ce nom à un personnage fictif, qui domine tout par la force, qui détruit et qui assomme. C'est le polichinelle flamand, aussi jovial dans un autre style que le polichinelle italien, aussi rude que le polichinelle français, plus moral que le polichinelle britannique.

Ainsi Jeannot et Lapalisse, qui furent de grands généraux, sont devenus, dans les idées populaires, des personnages ridicules. Ainsi, en Hollande, on effraie les enfants du grand et glorieux nom de Piet Hein. Les noms ont aussi leurs fatalités.

LE MÉNÉTRIER D'ECHTERNACH.

> Ohé! Sint-Jan!
> Heu! eh! ohé!
> *Chants des danseurs épidémiques.*

I. — LE VIOLON.

Avant d'entreprendre le singulier récit qui va suivre, il est utile, en manière de précaution oratoire, que nous disions un mot de recherche sur un instrument musical fort répandu de nos jours, mais que les doctes prétendent n'avoir pas été connu avant la renaissance. C'est du violon que nous voulons parler.

A la vérité, les violons des temps anciens n'avaient peut-être pas exactement la forme de ceux qu'il nous est loisible d'entendre aujourd'hui. Peut-être aussi nos pères du moyen âge ne possédaient-ils pas des instrumentistes comme Viotti, Lafont, Kreutzer, Beriot, Hauman, Paganini. Qui sait cependant? N'ayons pas trop de vanité et ne faisons pas dédain de nos pères. Il y a encore, dans le domaine des arts, quelques champs qu'ils ont moissonnés plus habilement que nous.

Toutefois, M. Fétis a dit que le violon n'était qu'un diminutif et une variété de la viole; qu'il commença seulement à fleurir vers les premières années du seizième siècle; que les luthiers français fabriquèrent les premiers cet instrument. Il s'appuie, à ce propos, sur la locution employée alors par les Italiens, qui appelaient le violon une *petite viole à la française*. Il combat ensuite ceux qui font remonter le violon au onzième siècle, parce qu'ils le confondent, dit-il, avec le rébec; et il ajoute : « Le rébec avait à peu près la forme d'un battoir de blanchisseuse, échancré par les extrémités; dans sa construction on ne trouvait ni voûtes, ni éclisses; la table d'harmonie, au milieu de laquelle il y avait une rosace, était collée à plat sur les bords de l'instrument. »

Sur cette description, passablement obscure, il s'écrie : « Ce n'était donc pas un violon! » Comme si la forme emportait toujours entièrement le fond! Mais les violons de Chanot, quoiqu'ils n'eussent pas complétement la forme des Stradivari, des Amati, des Steiner, n'en sont pas moins des violons, proclamés par la classe des beaux-arts de l'Institut de France supérieurs à toute l'ancienne lutherie italienne si vantée.

Le commun des amateurs a toutefois adopté l'idée que le violon n'a pas quatre cents ans d'existence; qu'il est né au commencement du seizième siècle; qu'il a eu son éclat dans le dix-septième et le dix-huitième; et que, si l'instrumentation prospère, l'instrument penche vers son déclin. Aussi on recherche avec passion les violons des Amati; on paye dix, douze, quinze mille francs un Stradivari. On cite même ce trait du comte de Trautmansdorf, seigneur de la cour de l'empereur Charles VI, qui acheta du luthier Jacob Steiner un excellent violon aux conditions suivantes : 1° Qu'il lui payerait huit cents francs comptant ; 2° qu'il lui ferait servir chaque jour un bon dîner ; 3° qu'il lui fournirait tous les ans un habit galonné d'or, deux tonnes de bière, douze paniers de fruits pour lui et douze pour sa vieille nourrice ; 4° qu'il lui payerait vingt francs par mois jusqu'à sa mort. Le vendeur vécut seize ans après ce marché ; de sorte que le violon fut payé une vingtaine de mille francs.

Il ne faut voir dans ce prix excessif qu'une folie, et dans les clauses de ce marché qu'une originalité bizarre, qui n'est pas unique.

Nous ne serons donc pas d'accord avec M. Fétis. Nous aimons mieux les chercheurs d'origines qui font remonter le violon aux premiers temps de la monarchie des Francs. Montfaucon a recueilli les traces du violon dans de vieux monuments mérovingiens. Saint Julien des Ménestriers était sculpté à Paris, sur le portail de son église, avec un violon ; et cette statue remontait à l'année 1335. Dans le treizième siècle, le poète brabançon Adenès et le comte de Champagne Thibaut-aux-Chansons se servaient de cet instrument. Ils sont représentés jouant du violon sur des manuscrits de leur temps. Les femmes s'accompagnaient du violon ; dans les récits des croisades, on l'exprime formellement. M. de Reiffenberg, dans sa lettre à M. Fétis, sur la musique, appuie cette assertion. Il parle aussi de Louis de Vaelbeke, artiste bruxellois, célèbre joueur et fabricant de violons, qui florissait en 1294.

Il est vrai qu'on appelait en France ces violons des rébecs. Mais parce qu'ils variaient dans certaines parties de leur configuration, parce qu'ils n'avaient souvent que trois cordes, et qu'aujourd'hui ils en ont toujours quatre, ce n'en est pas moins le même instrument à archet. La viole, qui a sept cordes, n'en avait que six avant le dix-septième siècle. Tout ce qu'il est permis de dire, c'est qu'on a perfectionné le violon et que son nom peut être nouveau. Quant à son existence, si on la conteste à l'époque du roi Dagobert, qui était assez malin pour en jouer, il faut brûler Montfaucon et cacher les vénérables monuments de l'antiquité qu'il a gravés.

Nous avions besoin de ce préambule pour nous prémunir contre la critique des archéologues, relativement à la chronique qu'on va lire.

II. — Le Ménétrier.

Echternach, que l'on appelle aussi Epternach, est une petite ville du Luxembourg, peuplée de trois à quatre mille habitants. Elle est bâtie au pied de plusieurs petites montagnes où croissent des vignes, qui produisent joyeusement un léger vin aigrelet, que l'on décore du nom splendide de vin du Rhin. Elle est arrosée par la Sure, rivière sans prétention qui va se perdre dans la Moselle à Wasserbilich. C'est la Suisse des Pays-Bas que cette contrée romantique.

L'église d'Echternach est élevée aujourd'hui sur un pic de rocher où l'on monte par deux escaliers en pente, de deux ou trois cents marches. De là on découvre un paysage varié, un horizon plein d'accidents. Autrefois, les sites étaient comme de nos jours. La nature, ouvrage de Dieu, ne change guère. Mais les travaux des hommes, après quelques siècles, ne se retrouvent plus; les vieux monuments sont remplacés par de nouveaux édifices; et nous serions embarrassés de dire ce qu'était Echternach il y a onze cents ans.

C'est pourtant à cette époque reculée qu'eut lieu l'aventure du ménétrier. On sait peu de détails sur les localités d'alors, sinon que la petite ville subsistait, bourg ou village, où s'agitaient de nombreux habitants. La plupart des peuples de ces contrées avaient déjà embrassé la foi chrétienne; Echternach restait obstinément idolâtre, attaché au culte des vieilles divinités gauloises, lorsque le bon saint Willibrod, l'apôtre de la Frise et le premier évêque d'Utrecht, vint convertir ces païens. Mais tout régénérés qu'ils étaient depuis peu, c'étaient encore des cœurs sauvages.

Un jeune homme d'entre eux, plus éclairé, était parti depuis quinze ans pour le pèlerinage de la Terre-Sainte, œuvre alors très-recommandée et qu'il avait voulu faire après avoir reçu le baptême. Il se nommait Guy ; et selon les usages du temps on avait caractérisé sa tournure par un sobriquet : on l'appelait Guy-le-Long. Il avait emmené avec lui sa jeune femme, devenue chrétienne à son exemple. Personne, pendant un si long temps, n'ayant apporté de leurs nouvelles, on les crut morts; et leurs parents, qui étaient en bon nombre, se partagèrent leurs biens. Ils furent donc très-surpris lorsque, le jour de Pâques de l'année 729, on leur annonça que Guy venait de reparaître. On ne pouvait pas en douter; Guy était conformé de manière à n'être jamais oublié, et tout le village le reconnaissait parfaitement. C'était toujours, comme à son départ, un homme de très-haute taille, excessivement maigre, aérien, un vrai squelette, convenablement revêtu de peau, de muscles et de nerfs. Il avait de grandes jambes que l'on comparait aux échalas de ses vignes, des pieds immenses, des mains dont les doigts osseux ne finissaient pas, une tête longue comme un ennui d'hiver, selon l'expression d'un plaisant du pays. Il faisait d'énormes enjambées, bondissait par saccades; et on le citait comme l'être le plus fluet, le plus agile et le plus disloqué que l'on eût jamais vu.

Malgré tout, sa figure plaisait; son regard était doux; et tel qu'il était, il avait réussi à gagner le cœur de la jeune femme qui l'avait accompagné dans son pèlerinage, mais qu'il ne ramenait point. Il avait quelques-unes des qualités qui éclatent dans les hommes que nous appelons des artistes, et qu'alors on appelait des fous. Il ressentait de fréquents mouvements d'enthousiasme. Il chantait avec un sentiment profond ; et avant son départ, tout le monde savait qu'il jouait à ravir d'une sorte de flûte.

Ses parents furent peu joyeux de son retour. Rudes autant qu'il était doux, ils devinrent sombres à la pensée qu'il fallait lui restituer ses biens. Ne sachant que lui dire, ils lui parlèrent de sa femme, qu'il avait emmenée avec lui, lorsque dans un moment de ferveur il était parti pour la Terre-Sainte, et qu'ils ne revoyaient pas.

— Je l'ai perdue, dit-il tristement ; et moi, échappé à travers mille périls, je n'ai rapporté que cet objet, qui quelquefois me console.

Il montrait un instrument que ses compatriotes ne connaissaient pas, un violon (un rébec, si vous voulez, mais permettez-moi de lui donner son nom moderne). Il n'aurait pu raconter sans frémir comment les Sarrasins avaient massacré, à cause de sa foi, sa compagne chérie. Il se contenta d'annoncer que bientôt des armées d'infidèles allaient fondre sur l'Occident. Puis, voyant qu'on ne le comprenait point, il changea de matière et demanda si on avait entretenu ses vignes, paraissant tout-à-fait disposé à rentrer dans ses possessions.

Les parents de Guy se rassemblèrent le soir pour aviser. A la suite d'un long conciliabule, ils imaginèrent quelque chose d'odieux et de féroce; c'était de l'accuser d'avoir tué sa femme.

— Par ce moyen, dit l'un d'eux, les juges nous déferont de lui; et nous garderons ce qui est en nos mains.

L'accusation fut portée le lendemain. Trois des plus robustes parmi les accusateurs offrirent de soutenir la cause par le duel, selon les vieilles coutumes du pays. C'était une justice usuelle qui avait au moins cela de bon qu'elle dispensait des avocats. Guy fut cité; il entendit avec surprise l'exposé de l'action que l'on intentait contre lui; mais il accepta le combat judiciaire, quoiqu'il fût inhabile à ces sortes de joutes. On remplit quelques formalités promptes; puis on lui donna quarante jours pour trouver des champions, et on le mit en prison. Comme on lui laissa son violon, il ne se désola point. Mais personne ne se présenta pour le défendre, car rien n'appuyait la présomption de son innocence; et l'on redoutait, dans tous les environs d'Echternach, les trois adversaires que la cupidité lui avait donnés.

Le duel de justice eut lieu le lendemain de la Pentecôte, à midi. Il ne dura qu'un instant. Au premier choc, Guy fut renversé. Son vigoureux parent lui mit le pied sur la gorge; et, comme il était vaincu, il fut déclaré coupable, condamné à être pendu le lendemain, et reconduit en prison.

Au moment de le mener au supplice, on voulait lui lier les mains derrière le dos. Jusque-là il avait tout supporté ; alors il supplia qu'on lui épargnât une humiliation inutile, et demanda pour toute faveur dernière qu'on lui permît d'emporter son violon et d'en jouer encore une fois sur l'échelle de la potence. Ses accusateurs, qui avaient hâte de sa mort, voulaient qu'on lui refusât cette grâce légère ; mais la foule du peuple prit parti pour lui sur ce point, qui lui promettait un plaisir ; et il fut fait comme il avait demandé.

Le mardi de la Pentecôte de l'année 729, par un beau soleil de midi, on vit donc arriver, escorté par le bourreau et ses aides, au pied de la colline sur laquelle s'élevait une chapelle que l'église d'Echternach a remplacée, Guy-le-Ménétrier qui s'en allait mourir. Sa tête nue laissait flotter au vent ses longs cheveux ; il marchait avec un air d'indifférence ; ses grands bras se balançaient à peine ; son violon, attaché par un ruban de laine, était jeté sur son dos, l'archet pendait à sa ceinture. Au mouvement de ses yeux et de ses lèvres, on voyait qu'il priait, dominé par quelque inspiration.

Il monta en silence jusqu'au milieu de l'échelle dressée contre le gibet. Alors il prit son violon, leva son archet, et, appuyant son menton osseux sur l'instrument chéri, il lança sur-le-champ, sans préluder une seconde, une masse de notes éclatantes, exécutant sur un air de complainte populaire ce qu'on appellerait aujourd'hui des variations. Il devait à l'Orient, et plus encore à son âme, l'art magnifique qu'il déployait devant une assemblée grossière. D'abord la foule fut étonnée, frappée, étourdie, remuée, puis émue. Dès qu'il le vit, il fit vibrer les cordes avec plus d'expression ; il tira de son violon des sanglots et des larmes, il le fit pleurer et gémir avec angoisses. Il avait amolli les nerfs de ses auditeurs ; il les ébranla et les crispa violemment. Il vit bientôt leurs fronts s'élever, leurs yeux jeter des lueurs d'égarement, leurs mains se débattre. Le bourreau, qui était au-dessus de lui, chancela, laissa tomber sa corde et descendit éperdu, ne pouvant plus se soutenir sur la potence.

Guy cependant jouait toujours ; son agile archet semblait produire des étincelles, et la foule, clouée là, immobile, dominée, n'avait plus ni pensée ni volonté. Elle était uniquement soumise aux sensations que lui donnait l'artiste. Un moment, qui fut très-court, il changea de ton ; et ce fut un repos. Il passa à des modulations plus douces : il pria. Les cordes sonores prirent la voix suppliante ; tous les assistants tombèrent à genoux. Le cœur de Guy priait aussi ; ses lèvres parlaient ; ses grands yeux levés au ciel laissaient tomber des larmes. Dieu entendit sans doute l'harmonieuse prière du pauvre ménétrier, et, détournant son visage de la foule criminelle, il lui livra ses cruels accusateurs.

Aussitôt donc, le condamné, reprenant son rhythme

violent, joua, dans une sorte de délire, l'air le plus animé, le plus vif, le plus bondissant, le plus entraînant, le plus joyeux qui jamais eût frappé les voûtes du ciel. Tout le peuple, machinalement agité, se trouvait debout et se balançait comme pour se mettre en danse. Ce fut d'abord un grand bal intérieur et contenu ; ce fut bientôt une danse véhémente. Les hommes et les femmes, les vieillards et les jeunes filles, les pères et les enfants, tout dansait. Les parents de Guy-le-Long dansaient autour de son échelle ; les juges dansaient à côté ; le bourreau dansait sous la potence. Les animaux domestiques, attirés de leurs pâturages, se mirent à danser aussi. Tout ce qui était animé dans Echternach et son territoire était saisi d'une agitation cadencée que rien ne pouvait plus calmer.

Le ménétrier, qui venait ainsi de fasciner ses assassins, descendit alors, jouant toujours, au pied de son échelle ; il traversa la foule, qui ne pouvait plus l'arrêter, et s'éloigna lentement. Au bout d'un quart d'heure, on entendait encore les modulations de son magique instrument ; mais Guy avait disparu ; et jamais plus on ne le revit dans la contrée.

Tout le bourg dansa jusqu'au coucher du soleil. Alors chacun se retira brisé, épuisé, abîmé et comme sortant d'un rêve accablant. Mais les dix-huit parents de Guy ne s'arrêtèrent pas là ; et la légende, qui peut bien exagérer un peu, dit qu'ils dansèrent pendant une année, sans boire ni manger et sans prendre de repos, autour de l'échelle. Déjà ils s'étaient enfoncés dans la terre jusqu'aux genoux, quand le bruit de cette merveille parvint à Utrecht, où les nouvelles alors n'arrivaient pas vite. Nous continuons de suivre la tradition, sans la garantir. Le bon évêque Willibrord accourut, prit les pêcheurs en pitié et les délivra de leur châtiment. Après un profond sommeil de cinq jours, les trois premiers accusateurs revinrent à eux-mêmes, reconnurent leur crime, s'en confessèrent avec repentir et moururent bientôt. Les quinze autres, ajoute-t-on, gardèrent toute leur vie un tremblement qui ne leur permit jamais d'oublier leur mauvaise action.

III. — L'Épidémie dansante.

Cette maladie, qui obligeait à danser, reparut dans la suite ; et par une coïncidence dont nous ne saurions donner la raison, on plaça les affligés de ce mal sous la protection d'un saint qui portait le nom du ménétrier. On appelle donc l'affection dansante la danse de Saint-Guy. On la nomma aussi danse de Saint-Jean, parce qu'elle apparaissait surtout vers l'époque de la fête du saint précurseur, et qu'on attribuait à ce saint la puissance de la guérir.

Cette puissance ne pouvait être refusée à saint Willibrord. Aussi, après sa mort, qui eut lieu en 740, les habitants d'Echternach, ayant obtenu son corps, le placèrent dans leur église (1); il devint le but d'un pèlerinage célèbre; plusieurs princes s'y rendirent en pompe ; l'époux de Marie de Bourgogne, Maximilien, offrit à saint Willibrord un cierge qui pesait trois cent cinquante livres et qui était encore à Echternach en 1794. Nous ignorons s'il fit ce don pour être guéri de l'envie de danser.

En 1015, on vit, près de Bernbourg, dans la principauté d'Anhalt, des danseurs que rien ne pouvait arrêter, et qui furent guéris par un pèlerinage à Saint-Willibrord. En 1237, à Erfurth, cent enfants furent possédés de la danse épidémique. En 1278, sur le grand pont d'Utrecht, deux cents personnes dansèrent le 17 juin, et ne s'arrêtèrent qu'en tombant épuisées, sans connaissance. On n'a pas expliqué suffisamment cette singularité, qui du moins, en Italie, est produite par la piqûre de la tarentule. Etait-ce, dans les Pays-Bas et l'Allemagne, l'effet de certains remords éveillés par le récit de l'histoire de Guy-le-Long? On lit, dans une vieille chronique du Limbourg, que la danse de Saint-Guy fut très-contagieuse en 1374. Dans plusieurs contrées des bords du Rhin, on vit des gens danser deux à deux, comme s'ils eussent été fous, pendant tout un jour, tomber ensuite par terre et ne se relever que lorsqu'on leur avait marché sur le corps. « Ils couraient

(1) Depuis 1839, les reliques de saint Willibrord, apôtre révéré de la Néerlande, ont été transférées à la Haye, où elles sont honorées dans une église érigée tout récemment sous son invocation.

d'une ville à l'autre, poursuit la chronique, et le nombre de ces danseurs s'accrut tellement, qu'on en a vu jusqu'à cinq cents à Cologne. » Se tenant par la main et formant des rondes immenses, ils envahissaient les places publiques et les édifices sacrés, pour se livrer à leurs danses furieuses. Lorsqu'ils tombaient exténués, ils se plaignaient de violentes douleurs, que l'on soulageait en leur donnant des coups de poing et des coups de pied dans le ventre. Après l'accès, ils racontaient presque tous des visions bizarres qu'ils avaient eues durant la danse. Les uns disaient qu'il leur avait semblé qu'ils marchaient dans une mer de sang, et que c'était pour échapper à ces vagues horribles qu'ils se livraient à des sauts désordonnés; d'autres contaient qu'ils avaient vu un coin du ciel s'ouvrir devant eux, et que leur danse avait été l'expression d'une heureuse extase.

Si ces danseurs étaient des visionnaires, ajoute M. Rabon, dans ses recherches sur la danse de Saint-Jean et de Saint-Guy, on faisait donc bien de les exorciser, puisque, généralement, les exorcismes les guérissaient. C'est ce qui eut lieu en 1374, à Utrecht, à Liége et à Tongres; car, cette année-là l'épidémie dansante s'étendit fort loin: on compta, à Metz, jusqu'à onze cents danseurs frénétiques, qui sautaient à la fois et dont la musique redoublait les accès au lieu de les calmer. On ne les délivra qu'en les exorcisant. Que les philosophes nous donnent là-dessus leurs raisonnements creux ! A défaut d'exorcisme, il n'y avait de remède provisoire aux transports dansants que les coups de pied et les coups de poing solidement appliqués : remède très-simple, d'ailleurs, très-peu dispendieux, que les danseurs trouvaient aisément partout et qu'on leur prodiguait avec une obligeance empressée.

Ce mal incompréhensible se rencontre encore quelquefois, avec des symptômes divers, qu'on met tous sur le compte des nerfs ébranlés. Mais il est maintenant individuel, et non plus épidémique.

Ajoutons que de nos jours on fait encore tous les ans le pèlerinage d'Echternach, dont l'importance, grâce à l'absence des reliques de saint Willibrord, diminue de plus en plus chaque année. Mais on monte toujours en dansant les escaliers gigantesques qui conduisent à son église; on fait en dansant le tour du saint édifice. Ceux qui, dans leur marche cadencée, ont égard aux vieilles traditions, doivent sur trois pas en avancer deux et en reculer un. Ils vont ainsi trois à trois; et cette fête, joyeuse et pittoresque, n'est plus tranchée par rien de triste. Napoléon voulut, on ne sait pourquoi, la supprimer. Les gendarmes qu'il envoya pour arrêter les danseurs d'Echternach, où le violon de Guy-le-Long semble résonner encore le jour de la fête, qui est le mardi de la Pentecôte, dansèrent avec les pèlerins. On laissa faire et on fit bien.

RÉCOLLECTION.

LA REINE BERTHE AU GRAND PIED.

> Ces mécréants, qui volent et meurtrissent,
> Félons à Dieu, parjures au prochain,
> Font plein mépris de la loi, qu'ils trahissent
> En ses dix points, se jouant de leur fin.
> Leur fin pourtant viendra. Dur épilogue !
> Sans foi, sans cœur, sans frein, non sans méfait,
> Que diront-ils alors, ayant forfait
> A tous les chefs du divin Décalogue ?
>
> PEYRARD.

I.

Un beau jour du mois de septembre de l'année 737, dans une petite salle du château de Laon, très-ornée pour l'époque, deux jeunes filles s'entretenaient, avec naïveté d'une part, avec quelque affectation de l'autre.

Le château des comtes de Laon n'était, au premier aspect, qu'une forteresse rudement construite en pierre de roche, couverte de dalles superposées comme des tuiles et soutenues par une charpente énorme. Des planches peintes, placées sur de longues poutres, formaient le plafond des appartements, tous de plain-pied ; des trophées d'armes avaient fait long-temps le seul ornement des murs blanchis ; un pavé mal poli composait le parquet; de hautes fenêtres étroites, dont les angles s'arrondissaient un peu, étaient percées dans les épaisses murailles. Les poternes étaient lourdes, massives; la porte d'entrée, bardée de fer, était protégée encore par une double herse. C'était le manoir féodal; car la féodalité était née. Mais ce qui distinguait alors le château de Laon des résidences de cette sorte, c'est que le comte Charibert, à qui Charles-Martel avait donné cette ville, ayant suivi le duc d'Austrasie dans toutes ses guerres, avait trouvé moyen de rassembler quelques riches objets, qui faisaient regarder l'intérieur de son fort comme un palais. A la prise du camp des Sarrasins dans les plaines de Tours, il avait enlevé des tapis et des meubles précieux ; il avait rapporté, du pillage des villes romaines dans la Gaule méridionale, des joyaux inconnus aux Francs ; et les ornements des plus élégantes dames gauloises paraient sa fille unique, qui était son orgueil.

Berthe, en effet, la fille chérie du comte Charibert, était un ange ravissant. Elle entrait dans sa dix-huitième année, avec ses épais cheveux blond-cendré, ses yeux bleus pleins de tendresse, son teint frais et vif, et cet embonpoint potelé si gracieux et si attrayant dans une jeune fille. Elle avait l'esprit cultivé, le cœur généreux, l'âme grande et forte sous des dehors timides. Mieux que cela, elle était pieuse, et de cette piété solide qui donne une vertu inébranlable. Elle était si bonne, que pour plaire à son père et malgré ses répugnances modestes, elle consentait à être un peu coquette, mais de cette coquetterie seulement qui est de la dignité et de la grâce.

Elle était parée, ce jour-là, d'une longue robe de soie orientale, ornée de broderies en or. Une ceinture de pierreries dessinait sa taille ; des bracelets de perles faisaient ressortir le léger incarnat de ses bras arrondis, qu'on voyait tout entiers dans ses longues manches d'une ampleur démesurée ; des festons d'or retombaient sur ses épaules ; un collier de corail, auquel pendaient une croix d'or et un petit reliquaire, fermait sa robe, sans plis autour du cou. Elle portait le noble manteau des Francs, qui consistait en une pièce d'étoffe, étroite par en haut, très-large par en bas, espèce de triangle dont la pointe se rabattait par derrière. On le fixait aux épaules au moyen de deux petites chaînes agrafées sur la poitrine. Des pierreries et de légères figurines d'or et d'argent en orfévrerie étaient parsemées sur ce vêtement roide. Berthe avait la tête nue ; ses longs cheveux formaient autour de sa figure de petites spirales terminées par des boucles que des épingles d'or retenaient en rond. Lorsqu'elle sortait du manoir, elle portait, pour soutenir son voile, une sorte de turban plat couronné de larges banderoles qui retombaient autour de sa tête, courtes par devant, pendantes sur les côtés, assez développées par derrière, comme les barbes d'une mitre d'évêque. Des bas fins de laine rouge et des souliers de même étoffe, pointus et fort couverts, complétaient sa parure.

Elle était assise sur un tabouret à dossier, sorte de lourd fauteuil garni de cuir jaune très-brillant. Elle avait sous ses pieds un tapis de Smyrne, et devant elle une petite table incrustée d'arabesques d'argent, sur laquelle était, à côté d'un petit missel, une pelote de laine violette traversée par des aiguilles à tricoter ; car elle faisait les chausses de son père. Dans un coin étaient son rouet et sa quenouille ; elle filait, disait-on, comme les fées.

L'autre jeune fille, qui se trouvait assise vis-à-vis sur un escabeau, était Aude, sœur de lait de Berthe, plus âgée de six mois, belle aussi, mais dans un genre moins suave ; ce qui peut-être était l'effet d'une âme moins pure. Berthe avait désiré d'avoir toujours auprès d'elle sa chère Aude et sa nourrice, qui étaient de condition serve ; le comte et la comtesse de Laon y avaient consenti. Aude était presque aussi parée que sa jeune maîtresse ; mais elle n'avait ni manteau, ni pierreries. Sa robe, montant jusqu'au cou, sans plis au corsage, était d'une étoffe de lin avec de petites rosaces noires semées assez rares sur un fond rose. Aude avait les cheveux plus châtains que Berthe, la figure piquante, la taille bien prise. Elle était un peu plus grande que la princesse. Son regard était hardi ; mais, soit à cause de l'humilité de son origine, soit dissimulation native, elle cherchait habituellement à cacher ce que ses yeux pouvaient exprimer. Elle avait dans l'âme une passion cruelle, l'envie. Elle était jalouse intérieurement de sa jeune maîtresse ; et dans cet égarement, que sa situation rendait inexplicable, elle souffrait à la pensée qu'elle n'était que la fille d'un serf, tandis que Berthe, née d'un comte, était destinée à commander.

Berthe ne soupçonnait rien des honteux sentiments secrets de son amie. Elle l'entretenait avec abandon de ses joies et de ses plaisirs ; elle la traitait comme une sœur ; elle lui montrait les bijoux que lui donnait son père.

— Mais, lui disait Aude, le duc d'Austrasie se repose à présent. Il n'y a plus de conquêtes, ni de butin.

— Ce n'est pas Charles-Martel dont on peut dire jamais qu'il se repose, répondit Berthe. Mon père ne l'a pas suivi, parce que ses blessures le retiennent. Mais n'avons-nous pas assez ? Il y a cinq ans, dans cette grande journée qui anéantit les Sarrasins aux plaines de Tours, mon père ramena tous ses chars de guerre remplis d'objets précieux. Des colliers d'or et des couronnes ornées décoraient sa hache d'armes, et la riche poignée d'un cimeterre de roi brille aujourd'hui à son épée. Dans l'Aquitaine, il a conquis aussi, à côté de Charles-Martel, des trésors et des bijoux qui font de ce château un glorieux séjour. Dieu veuille, et sa sainte Mère nous l'obtienne, que mon père ne nous quitte plus pour de nouvelles guerres!

Comme Berthe achevait ces mots, on entendit, à la porte du château de Laon, le son du cor pendu au poteau extérieur du pont-levis. Ce son fut répété trois fois.

— Voici assurément, dit Aude, un important message. Ma mère nous en apporte des nouvelles.

— Je ne sais rien encore, répliqua la nourrice en entrant dans la petite salle. Mais c'est un héraut de notre puissant suzerain le duc d'Austrasie. Il est accompagné de la bannière au lion debout.

— Un envoyé de Charles-Martel! s'écria Berthe; mon Dieu! vient-il encore réclamer le bras de mon père?

La jeune fille impatiente ouvrit l'étroite fenêtre et se pencha vers la cour. Elle aperçut le comte de Laon qui, tandis qu'on levait les herses, allait lui-même, par déférence pour son suzerain qu'il chérissait, recevoir jusque sur le pont son envoyé. Il lui tint l'étrier pendant qu'il descendait de cheval, le conduisit par la main à la salle d'honneur, et fit appeler sa fille. Déjà on préparait à la hâte un festin.

En entrant dans la salle, Berthe vit le héraut vêtu d'une dalmatique pourpre dont les pans étaient tailladés en bas et festonnés. Il était accompagné d'un écuyer qui tenait sa bannière.

— Ma fille, dit le comte Charibert, vous m'aiderez

à recevoir dignement l'hôte que nous envoie notre duc.

Berthe apporta une aiguière, dans laquelle le héraut se lava les mains ; la comtesse de Laon lui présenta une serviette brodée ; après quoi Charibert le fit asseoir seul à la grande table, qui se couvrit rapidement de mets et de fruits. Le révérend chapelain bénit le repas ; le comte, sa famille et tous ses officiers restèrent debout pour servir le héraut, qui recevait tous ces honneurs sans observations. C'était l'usage. Il représentait son maître, le chef souverain des Pays-Bas et des royaumes occupés par les Francs.

Le comte de Laon remplit d'un vin généreux une grande coupe d'or ; il en but le tiers au salut de son hôte, et la lui présenta. Le héraut, avant d'y porter ses lèvres, se leva avec gravité et offrit la coupe à Berthe ; ce qui causa quelque surprise.

La jeune fille rougit, fit le signe de la croix, but une gorgée et remit d'une main tremblante le vase pesant au héraut, qui le vida tout d'un trait, en disant : — A vous, demoiselle !

Après cette singulière formalité, il dîna sans ajouter un mot, et sans que personne fît autre chose que le servir.

Son écuyer, entouré de quatre officiers du comte, dînait à part dans la même salle, sur un petit dressoir.

Cependant le comte et la comtesse de Laon ne

savaient que penser de l'honneur que le héraut avait fait à leur fille; et Charibert commençait à douter que ce fût une mission guerrière que l'envoyé eût à remplir.

Quand il eut fini son repas, le héraut invita Berthe, son père et sa mère qui l'avaient servi, et le révérend chapelain, à s'asseoir à sa table; il but de nouveau à leur prospérité.

— Et à celle de Charles-Martel ! répondit le comte de Laon.

— Dieu vous a entendu, ajouta le héraut; puis il reprit : — Je dois présentement remplir le devoir qui m'amène. Le duc des Francs, le puissant Charles-Martel, toujours vainqueur, lui à qui toutes les Gaules obéissent, depuis l'embouchure de la Meuse jusqu'aux Pyrénées, et depuis les sources du Rhin jusqu'à l'Océan; lui dont toutes les nations voisines sont tributaires jusqu'au Danube, Charles, voulant donner au jeune et vaillant Peppin, son second fils, une noble épouse, m'envoie à vous, messire comte de Laon, vous l'un de ses leudes les plus dévoués, l'un de ses plus illustres chefs, vous qui comme lui avez grandi sur les champs de bataille et qui avez rehaussé votre noblesse par les faits de l'épée....

Le héraut fit une pause. Berthe, le front couvert de rougeur, avait les yeux baissés, dans une anxiété profonde; elle savait la renommée du jeune Peppin, dont on lui avait vanté plus d'une fois la bonne mine et les nobles qualités. Elle pouvait déjà penser qu'il s'agissait de sa main. Le comte et la comtesse de Laon, pleins d'une joie muette, se taisaient avec une sorte d'orgueil et attendaient que le messager de Charles-Martel se fût expliqué formellement.

Il prit des mains de son écuyer une boîte d'argent ciselé, que saint Éloi avait travaillée, disait-on, pour la reine Nantilde, épouse de Dagobert. Elle contenait un anneau de mariage, un sou d'or et un denier d'argent, pour arrhes des fiançailles, un collier de perles, des bracelets et des pendants d'oreilles. Tenant cette boîte de ses deux mains, le messager reprit :

— Charles Martel, mon maître et votre suzerain, messire, vous demande, pour son fils Peppin, la main de votre fille Berthe, dont le renom est venu jusqu'à lui.

Charibert, tremblant d'allégresse, allait répondre que sa fille, comme son sang, était à Charles-Martel. Mais en voyant la comtesse de Laon, qui s'était jetée au cou de sa fille et l'embrassait en pleurant de joie, il sentit aussi sa voix étouffée par l'émotion. Le héraut comprit ce muet langage ; il mit un genou en terre devant Berthe et lui présenta la boîte :

— Acceptez-vous ces fiançailles, demoiselle ? dit-il.

Berthe, essuyant ses larmes, un peu honteuse de son extrême rougeur et encouragée par la joie de son père et de sa mère, se tourna vers le chapelain et lui dit : — Mon père, que ferai-je ? — Ce que votre cœur vous dira, ma fille, répliqua le bon prêtre. Elle répondit donc :

— J'accepte ces gages.

Puis elle baisa le messager sur la joue, et, s'étant signée de l'anneau, le mit à son doigt. Après quoi elle se retira dans la chapelle du palais, où elle offrit à Dieu et à la Sainte-Vierge ses actions de grâces, priant le Père universel de protéger son avenir.

Cependant le vieux comte, un peu calmé, ordonnait que tout se mît en fête dans le château et dans la ville. Il fit faire des distributions aux pauvres gens. Il donna à l'écuyer une robe somptueuse, il combla le héraut de présents; et, dès qu'il revit sa fille, il lui recommanda d'être prête à partir le surlendemain pour la cour d'Austrasie.

II.

Berthe, toujours accompagnée de sa chère Aude, donnant le bras à sa mère, dont elle sentait avec douleur la séparation prochaine, s'occupa donc des apprêts de son départ.

Aude, à qui la scène qui venait d'avoir lieu avait donné à la fois de la joie, de l'espérance et de la jalousie, souffrait, comme les envieux souffrent de tout le bien qui ne leur vient pas, en songeant que sa jeune maîtresse allait devenir une princesse suzeraine; mais en même temps elle pensait que

Berthe sans doute l'emmènerait avec elle à la cour d'Austrasie ; elle espérait que, là, ses charmes lui feraient trouver aussi quelque noble époux. — Qui sait? disait-elle en elle-même ; Frédégonde était fille d'un cardeur de laine, et elle devint reine de Neustrie.

La nourrice, mère de l'ambitieuse Aude, avait des pensées aussi vaines. Plus dangereuse que sa fille, plus profondément dissimulée, en affectant un air de simplicité et de soumission dévouée, elle était femme à ne reculer devant aucun moyen pour parvenir. Les derniers rois mérovingiens avaient donné tant d'exemples de filles de basse extraction mises sur le trône, que de telles idées n'avaient rien d'extraordinaire. Seulement, la nourrice et sa fille étaient trop pressées peut-être de se voir grandes dames.

Comme pour réaliser la première espérance de sa sœur de lait, Berthe demanda à sa mère qu'il lui fût permis de l'emmener avec elle, ainsi que sa nourrice. Cette faveur, après qu'on eut consulté le messager, qui l'approuva au nom de son maître, fut accordée d'autant plus volontiers que le comte de Laon, à cause de ses blessures, ne pouvait accompagner sa fille, non plus que la comtesse, dont les soins étaient nécessaires à son époux ; et Charibert se sentait moins inquiet sur le grand voyage que Berthe allait faire, en songeant qu'elle avait un appui dans sa nourrice, que son affection lui faisait regarder comme une seconde mère.

Berthe, dans sa bonté, demanda alors à son père une autre grâce ; c'était l'affranchissement de sa sœur de lait et de sa nourrice, bienfait qu'elle leur avait promis pour l'époque de son mariage.

— Si vous l'avez dit, ma fille, répondit le comte de Laon, votre parole ne sera pas démentie. Mais je souhaite que cet affranchissement ait lieu devant les autels, le jour même où vous serez l'épouse de Peppin.

— Il en sera selon votre désir, mon père, répondit Berthe.

Tous les vêtements, tous les joyaux, tous les bijoux, tout le trousseau de la fiancée furent emballés le lendemain dans de grands coffres, que l'on chargea sur dix-huit chariots. Le jour suivant, de bon matin, Berthe, après avoir entendu la sainte messe et récité les prières du voyageur, longuement embrassée et tendrement bénie par son père, par sa mère, recommandée aux anges du ciel par le bon chapelain, descendit, escortée par le clergé de la ville, les chemins escarpés de la forteresse et sortit de Laon, emportant les vœux et les acclamations de tous les vassaux de son père.

Dès qu'elle eut franchi l'enceinte de la ville, elle prit sa route, protégée par cent hommes d'armes, tous vieux soldats dévoués au comte de Laon. Les rudes guerriers chargés de cette mission d'honneur se réjouissaient surtout de ce voyage, en ce qu'il leur donnait l'espoir qu'ils verraient enfin les traits de leur princesse. Comme plusieurs jeunes filles de haute maison dans l'Austrasie, qui ne sortaient jamais sans voile jusqu'au jour de leur mariage, Berthe, hors du château, n'avait pas encore découvert son visage. L'espérance des vieux braves fut déçue. La jeune fille, à la vérité, était au milieu d'eux sur un cheval blanc; mais sa nourrice l'avait enveloppée de voiles si épais qu'on ne pouvait rien distinguer de sa gracieuse figure. Aude, voilée comme la noble demoiselle, était avec sa mère dans un chariot couvert. Le héraut et son écuyer marchaient à cheval aux côtés de Berthe; la moitié des hommes d'armes précédait le cortége, l'autre moitié allait derrière.

On fit, dans la journée, trois stations d'une heure pour les repas. Mais alors on dressait rapidement une tente élégante, que le comte de Laon avait conquise sur les Sarrasins; Berthe s'y enfermait avec ses femmes et n'en sortait que lorsqu'on sonnait la trompette du départ, pour remonter sur son beau cheval arabe, autre présent que la victoire de Charles-Martel avait fait aux Gaules. On campa pour la nuit; et, le second jour, le cortége entra dans la forêt des Ardennes, qu'il fallait traverser pour arriver au palais de Herstal sur la Meuse, où Peppin impatient attendait la jeune princesse.

III.

La nourrice de Berthe était une femme de quarante ans, d'origine serve, mais devenue ambitieuse, comme on l'a dit, dans le château de Laon. Lorsqu'elle entendait raconter l'histoire de la reine Bathilde et de tant d'autres qui, de la plus humble condition, s'étaient vues portées au trône, elle regrettait de n'être plus jeune; et en contemplant sa fille, belle et séduisante, elle se livrait à de singulières imaginations. Elle se figurait parfois, dans ses rêves de fortune, qu'on la saluerait un jour comme mère d'une reine.

Cependant les jours passaient; Aude avait déjà plus de dix-huit ans, et le prince qui devait se passionner pour elle n'arrivait pas. Mais comment fût-il venu dans un château peu fréquenté et chez un Comte qui ne tenait point de Cour! — Tout allait changer.

Souvent la nourrice avait fait part de ses idées à sa fille. Aude les accueillait d'autant plus avidement, qu'une devineresse du pays des Maures, amenée parmi les prisonniers sarrasins, lui avait prédit, à l'inspection des lignes intérieures de sa main gauche, qu'elle partagerait le trône d'un prince souverain. Son ambition orgueilleuse ne faisait qu'une avec celle de sa mère.

Dans le silence et la méditation d'un long voyage,

une tentation, infernale sans doute, vint à la nourrice. Elle songea qu'elle pouvait aider la fortune et profiter d'une heureuse occasion. La fiancée de Peppin était en son pouvoir. Elle s'abandonna à d'horribles calculs, les travailla, les caressa; et dès le matin de ce second jour, elle avait dressé tous ses plans, avec une habileté dont les méchants seuls sont capables.

Pendant que la confiante Berthe cheminait sur son élégant palefroi, recueillie en elle-même, occupée intérieurement, comme les jeunes filles, de se faire le portrait de son fiancé, de se le figurer devant elle, de l'embellir selon son cœur pur, la nourrice, toute entière à son projet, entretenait le héraut et l'écuyer, — étudiant leur âme, sondant leur cœur, pesant leur conscience. Elle avait promptement reconnu que le messager avait l'âme intègre et le cœur dévoué. Elle avait remarqué dans l'écuyer des inclinations moins nobles et une conscience dont elle pouvait avec de l'or trouver le chemin. Elle était fixée.

Ce qu'on va lire pourra sembler extraordinaire; mais c'est l'exacte chronique, et personne jusqu'ici n'a songé à en douter.

Le soir de ce second jour, on dressa la tente dans la forêt. Les hommes d'armes, après la prière, s'endormirent autour des chariots. Le héraut se coucha en travers de la porte, devant la tente où reposaient Berthe, sa nourrice et sa sœur de lait.[1]

Il y avait, parmi les conducteurs des chariots, deux hommes grossiers et robustes, que la nourrice connaissait et qu'elle savait propres à son dessein. A minuit, pendant que tout le monde dormait profondément, elle sortit sans bruit de la tente, alla réveiller Kokkes et Servais, ces deux hommes, et leur demanda s'ils voulaient tout d'un coup faire une grande fortune. Les deux charretiers se frottèrent les yeux et tendirent les mains.

— Voici, dit-elle, en leur montrant une petite cassette de bijoux, votre première récompense; et dans un mois je vous donnerai à chacun vingt livres d'or.

— Que faut-il faire? demanda vivement Kokkes en épanouissant sa rude figure et cherchant à lire, à la lueur des étoiles, dans les mouvements de la nourrice.

— Une action hardie, répondit-elle.

— Quelle action hardie? répliqua, avec une sorte d'hésitation, le second complice.

— Un coup de hache, porté par chacun de vous... Parlons bas...

— Nous ne serions pas de vieux hommes de guerre, reprit Kokkes, si un peu de sang nous faisait peur... C'est bien. Mais quel sang faut-il répandre, pour un si haut prix?

— Un sang que vous verserez sans péril. Vous devez, pour me comprendre, savoir mon projet. Le prince d'Austrasie ne connaît pas sa fiancée. A sa place, je veux lui donner Aude... Les bijoux de Berthe ainsi nous appartiennent... Et quand ma fille sera l'épouse de Peppin, l'or me sera aussi facile à compter qu'il vous est aisé présentement de me prêter assistance...

— Je conçois, dit Servais; et pour lors il faut d'abord que la fille du seigneur comte disparaisse... que personne n'entende plus parler d'elle... Mais que dira le comte de Laon?

— Il ne le saura jamais. Avant peu, il mourra de ses blessures.

— Et la bonne comtesse

— Comment l'apprendrait-elle? Ma fille portera le nom de Berthe, en paraissant à Herstal. Si un jour la comtesse de Laon venait la voir, nous aviserions alors de nouvelles ressources. Mais elle n'osera jamais entreprendre un tel voyage.

— Pour nous d'ailleurs, ajouta Kokkes, après un coup comme celui que vous méditez, bonne dame, nous gagnerions la Lombardie avec notre butin; et on ne viendrait pas nous y chercher. Mais que pensera l'escorte?

— Aucun des hommes d'armes qui la composent n'a vu les traits de Berthe; ma fille est voilée comme elle.

— Nous arrivons, dit Servais, aux deux coups de hache; je vous ai devinée: le héraut et l'écuyer...

— Non pas ainsi, répliqua la nourrice. Je fais mon affaire de l'écuyer; il sera des nôtres. En arrivant à la cour d'Austrasie, il nous faut au moins, pour témoigner au besoin qui nous sommes, l'un des deux officiers du Prince. Quant au héraut, c'est là le premier sang qu'il faut verser.

— Hum! dit Kokkes, un officier qui porte les insignes du souverain!

— Qui le saura?.... Vous allez le trouver endormi devant la tente... Tous les autres sont plongés dans un sommeil profond.... Un coup de francisque, — appliqué par cette main vigoureuse, — empêchera bien cette tête de parler, en la séparant du corps.

— Il faut que ce soit Satan qui vous inspire! Mais que diront les hommes d'armes?

— J'en fais aussi mon affaire.

Il y eut un moment de silence.

— Et maintenant, reprit Servais, quelle est donc l'autre personne qui vous embarrasse?

— Vous avez besoin de me la faire nommer? Vous ne m'avez pas comprise?

— Je n'ose pas comprendre, dit Kokkes.

— Vous me comprenez pourtant. Vous avez entendu qu'il faut que Berthe disparaisse.

— Mais pas de la sorte, murmura Servais. On peut la mettre dans un couvent, dans une prison, dans une tour.

— Non, dit la nourrice avec impatience; nous serions toujours en trouble.... Il faut...

Elle ajouta tout bas quelques paroles.

— La fille de notre suzerain! C'est très-rude, marmotta Kokkes.

— Une si bonne princesse! dit à mi-voix Servais agité.

— Qui le saura? reprit la nourrice; et dans un mois vous fuirez...

Toute cette histoire, nous le répétons, semblerait invraisemblable d'horreur, si elle n'était généralement attestée par toutes les vieilles traditions.

Après quelques minutes encore d'un entretien épouvantable, tout fut convenu. Les deux brigands tranchèrent la tête du héraut endormi, si habilement et si vite, qu'il ne put pas même pousser un soupir. Ils reçurent les bijoux et la promesse formelle des vingt livres d'or pour chacun d'eux. Ils enlevèrent doucement Berthe, sans l'éveiller, et l'emportèrent au loin dans la forêt. La nourrice leur avait indiqué un étang où ils devaient jeter le corps, après l'avoir défiguré. Ils devaient aussi rapporter, pour preuve du fait accompli, la chemise de la princesse, teinte de son sang.

Pendant que la nourrice tirait du sommeil l'écuyer et le faisait entrer dans son effroyable projet, les deux assassins marchaient, en s'éloignant, avec leur fardeau. A la distance d'un quart de lieue de la halte, ils se trouvèrent au bord de l'étang. Alors ils éveillèrent Berthe; elle se crut le jouet d'un rêve horrible, en apercevant, à la lueur de la lune qui se dégageait un peu, qu'elle était presque nue dans un bois, devant un lac sombre, ayant à ses côtés deux figures sinistres.

— Où suis-je? demanda-t-elle éperdue.

— Au bord du cercueil, répondit Kokkes d'une voix farouche. Préparez-vous à la mort, demoiselle. Il a fallu nous faire violence pour nous décider à vous tuer ; et parce qu'on dit que vous êtes bonne, nous vous laisserons faire votre prière.

A ces paroles funestes, la jeune fille tomba à genoux, en s'écriant : O mon Dieu! Elle prit dans ses mains la croix et la petite relique qu'elle avait au cou et se mit à prier et à trembler. Voyant alors l'autre brigand qui ne parlait pas, elle se traîna jusqu'à lui.

— Oh! défendez-moi, lui dit-elle. Ne souffrez pas que si jeune on me tue!... Êtes-vous donc des Sarrasins?

— Non, répondit l'autre. Mais je ne puis être votre défenseur; vous êtes condamnée.

Berthe crut reconnaître cette voix. — C'est vous, Servais, dit-elle; je ne me trompe point; vous me protégerez. Vous protégerez la fille de votre comte.

Le conducteur de chariots, devenu assassin pour un peu d'or, fut ému de cette circonstance. — Pauvre princesse! dit-il; elle me reconnaît à ma voix... Eh bien! non, ajouta-t-il brusquement, elle ne sera pas tuée.

L'autre brigand s'avança : — Que dis-tu? s'écria-t-il. Pouvons-nous faire autrement? Le messager n'est-il pas mort déjà ? N'avons-nous pas promis sur nos serments ?

— C'est vrai. Mais pourtant elle ne sera pas tuée.

— Il le faut. — Et en disant cette parole, le meurtrier, faisant un effort violent, s'élança sur Berthe, la hache levée. Servais se jeta au-devant du coup, le para, saisit la hache de son camarade; et plus prompt peut-être qu'il ne l'eût voulu, le repoussa d'un coup de revers si violent, qu'il l'étendit à ses pieds.

La princesse était restée à genoux, dans l'épouvante.

— L'aurais-je tué ? dit Servais en se penchant sur le cadavre de Kokkes. Il est presque mort, poursuivit-il.

Il abattit aussitôt la tête du brigand et la lança dans le lac. Après quoi il ajouta :

— Ne craignez plus, demoiselle. Mais si vous échappez à ce danger, bien d'autres vous environnent.

Il se recueillit un moment pour imaginer une fable. Il reprit :

— Le puissant Charles-Martel, duc d'Austrasie, a fait demander votre main à monseigneur le comte de Laon, votre noble père. Mais il faut que vous sachiez que le prince Peppin, son fils, à qui il vous destine..., a déjà une femme, qu'il a épousée en Saxe, et qu'il ne veut pas quitter.... C'est pourquoi il a envoyé des hommes qui nous ont surpris, qui ont tué le héraut, et qu'il avait chargés de vous mettre à mort.... Je me suis mêlé parmi eux, demoiselle, dans le vague espoir de vous protéger.... Je vous ai sauvée. Mais nous sommes ici dans les domaines du prince Peppin; et je viens de tuer un de ses fidèles. Il faut, pour mon salut et pour le vôtre, que vous me juriez devant Dieu, sur la relique de saint Martin et sur la croix d'or qui sont attachées à votre collier, de ne plus reparaître à la cour de votre père, d'oublier votre nom et votre qualité de princesse; de ne réclamer jamais vos droits auprès de Peppin, et de vivre dans l'obscurité, où vous pourrez. A ce prix seulement, vous conserverez la vie.

Berthe écoutait tout ce singulier discours, anéantie dans les plus amères pensées; ne sachant si elle devait se réjouir d'échapper à un homme aussi cruel que Peppin, car elle croyait Servais, ou se désespérer d'être maintenant seule au monde; — destinée dont elle ne soupçonnait pas les misères.

— Que ferai-je? dit-elle enfin, sans trop sentir la valeur de ses paroles.

— Moi qui vous ai sauvée, reprit le brigand, je suis perdu, si vous reparaissez. Jurez donc, puisqu'il le faut, de ne jamais contredire ceux qui vous feront passer pour morte.

Berthe, pressée, jura par les plus forts serments tout ce que Servais lui dicta. Le brigand rassuré se mit alors à dépouiller son camarade; il commanda à la princesse de se déguiser sous les vêtements de

Kokkes et de lui donner sa chemise. — Je dois la montrer ensanglantée, dit-il, pour prouver que vous êtes morte.

La jeune fille obéit en pleurant. Servais trempa la chemise de fin lin dans le sang de son camarade tué ; il souleva ensuite le corps encore chaud et l'envoya dans l'étang rejoindre la tête. Il donna à la Princesse quelques deniers d'argent, lui montra le chemin qu'elle devait suivre pour trouver des habitations, dans une direction opposée à la route du cortége, et se hâta de la quitter.

Le misérable regagna la halte, où le silence du sommeil n'avait pas encore été troublé. Il se félicitait de son action, d'autant meilleure pour lui que la cassette de bijoux lui restait tout entière.

Il entra dans la tente ; la nourrice inquiète avait réveillé sa fille, qui était très-agitée. Ces deux femmes s'entretenaient à voix basse avec l'écuyer, devenu leur complice par l'appât de grandes récompenses. En voyant Servais seul, les premiers mots de la nourrice furent ceux-ci :

— Où est l'autre ?

L'assassin fut obligé de faire une nouvelle histoire. Ayant déjà pris tous les bijoux, il prétendit avoir droit seul aux quarante livres d'or, car lui seul avait tout fait, disait-il ; la Princesse, voyant qu'il fallait mourir, s'était montrée tout à coup la fille héroïque du vaillant comte de Laon ; elle avait saisi la hache de son camarade, l'avait abattu, et l'eût tué lui-même, ajouta-t-il, s'il ne l'eût frappée sur la tête en même temps qu'elle luttait contre l'autre. Comme dernier argument, il jeta aux pieds de la nourrice la chemise trempée de sang.

— Je n'ai pas songé, dit-elle, en examinant cette pièce de conviction à la lumière d'une petite lampe, qu'il eût fallu rapporter aussi l'anneau nuptial, la croix d'or et la relique.

— Je n'y ai pas pensé non plus, répondit Servais. Quant à la croix et à la relique, qui sont bénites, je n'aurais pas osé les toucher. Mais si vous tenez à l'anneau, il est dans le lac; je sais où j'ai jeté le corps; et, ajouta-t-il effrontément, donnez-moi un compagnon; je puis vous l'aller chercher.

— Il est trop tard, dit la nourrice, que ces dernières paroles et le ton dont elles étaient dites tranquillisaient complétement. Le jour va bientôt paraître….

L'écuyer fit avec son épée un trou dans la terre. Il y ensevelit la chemise de Berthe. Après cela, Aude, sa mère et leurs complices, ayant poussé de grands cris, tous les hommes d'armes s'éveillèrent; ils furent debout en un moment, s'informant des causes de l'alerte. La nourrice avait revêtu sa fille des habits et du voile de Berthe. Elle exposa, en sanglotant, aux guerriers et aux conducteurs de chariots, que des brigands venaient d'entrer dans la tente pour voler les bijoux de la princesse; qu'ils avaient tué le héraut, et qu'ils emmenaient sa fille.

La moitié du cortége se forma en cercle autour de la tente pour protéger Berthe, dont ces braves gens ne soupçonnaient pas l'absence ; l'autre moitié se dispersa dans la forêt. Pendant ce temps-là, l'écuyer, s'attribuant l'héritage du héraut, l'avait dépouillé et le faisait enterrer aussi. Les hommes d'armes, qui s'étaient élancés à la recherche des prétendus bandits, revinrent au bout d'une demi-heure, n'ayant rien découvert. Le jour était venu et il fallait se remettre en marche. Le capitaine des hommes d'armes, à qui l'on venait de faire remarquer que l'un des conducteurs de chariots avait disparu aussi, profita de cet incident. Le salut de Berthe étant tout pour lui, il dit à la nourrice que le robuste Kokkes, ne reparaissant pas, était sans aucun doute sur les traces de sa fille, qu'il la retrouverait certainement et la lui ramènerait, mais que son devoir lui prescrivait d'ordonner le départ. La nourrice ne demandait pas autre chose ; elle ne répondit que par les feintes larmes d'une mère qui se sacrifie. Le cortége se remit en mouvement.

On arriva, sans nouvelles aventures, mais le sixième jour seulement, à la porte de Herstal.

IV.

Le palais de Herstal était un séjour charmant sur la Meuse. Charles-Martel l'affectionnnait, et son fils Peppin aimait à s'y reposer des fatigues de la guerre.

Peppin-le-Bref devait son surnom à sa petite stature, qui était pourtant celle d'Alexandre-le-Grand. Sa taille était svelte et gracieuse ; il avait les traits fins et nobles. Son esprit cultivé était cité déjà ; il annonçait l'homme dont l'habileté politique devait passer en proverbe. Il était vaillant et digne, par son courage, du héros qui lui avait donné le jour. Il s'était fait remarquer dans plusieurs batailles ; et les occasions ne lui avaient pas manqué ; car les vingt-sept années que régna Charles-Martel sont peut-être l'époque de nos annales la plus féconde en combats ; c'est assurément la plus riche en victoires. Aussi Charles-Martel, quoiqu'il ne portât pas le nom de roi, était-il le plus puissant souverain de son temps ; l'Europe entière tremblait devant lui. C'était donc une noble alliance que la sienne. Cependant il voulait que ses fils épousassent, non des princesses étrangères, mais les filles de ses fidèles.

Peppin avait vingt-deux ans. Il n'eût pas été prince que toute jeune fille l'eût aimé. Son père lui avait laissé le choix dans plusieurs partis illustres ; il s'était décidé pour Berthe, qu'il n'avait jamais vue, mais dont on vantait la grâce, la piété, la modestie, la sagesse, l'esprit et la beauté. Il l'attendait, comme nous avons dit, avec impatience.

Enfin, une demi-heure en avant du cortége, l'écuyer, qui avait lancé son cheval, vint lui annoncer que sa fiancée arrivait. Peppin se hâta d'aller au-devant d'elle, lui baisa la main et la conduisit, empressé de la voir, jusque dans la cour du palais de Herstal, où elle descendit de sa monture.

Pendant la route, comme il cherchait des yeux son héraut, l'écuyer lui avait raconté l'aventure de la forêt, selon l'arrangement convenu. Peppin gémit de ce malheur. Mais il le ressentit surtout pour se féliciter du salut de Berthe; car il prenait Aude pour la fille du comte de Laon.

Tous les leudes de la suite de Peppin étaient assemblés dans la grande salle du château, pour recevoir la fiancée de leur chef. En y arrivant, Peppin la fit asseoir sur un siége élevé qui formait trône, et la pria d'ôter son voile. Aude obéit. Elle était si émue, dans ce moment solennel, qu'une grande rougeur couvrait tous ses traits et les rendait plus doux et plus touchants. Toute la cour admira sa beauté, par un murmure flatteur. Mais Peppin, quoiqu'il trouvât dans la fausse Berthe une belle personne, en fut moins enthousiasmé. On eût pu croire qu'il ne reconnaissait pas là la jeune épouse dont il s'était fait une si charmante image. Ce n'était pas la figure d'ange qu'il avait rêvée. La nourrice, dans cette première entrevue, couvrait de l'œil sa fille, très-agitée et très-inquiète. Peppin réprima promptement son propre embarras; dans la crainte que sa fiancée n'eût remarqué ce qui se passait en lui, il se montra plus ardent. Il trouva Aude instruite, parlant bien et avec mesure; il revint un peu de sa prévention; et la nourrice triompha.

La fausse Berthe, après une demi-heure d'entretien, fut conduite avec sa mère dans l'appartement qui lui était destiné. Elle se reposa quelques instants; puis elle changea de toilette pour le festin. La nourrice mit tant de soins à la parer des ornements de la fille de Charibert, qu'elle fut plus belle que jamais; et quand Peppin la ramena dans la salle, ce furent de nouvelles acclamations. Les fidèles du jeune prince le fêtèrent tellement sur les charmes de sa fiancée, qu'il finit par se laisser entraîner et se persuada qu'il était fort épris.

Après le joyeux dîner, l'écuyer, complice du crime commis dans la forêt, fut largement récompensé de ce qu'on appelait son dévouement; car il se vantait d'avoir sauvé la Princesse. Peppin l'envoya ensuite à Maestricht, où se trouvait alors Charles-Martel, pour le prévenir de l'arrivée de Berthe.

Charles, qui aimait le comte de Laon, mais qui n'avait jamais vu sa fille, arriva le surlendemain à Herstal, pour l'embrasser. Ce héros, dont la belle taille peut être cause aussi que l'on appliqua à son fils le sobriquet de Bref ou petit, était la plus remarquable personnification que présente l'histoire de l'homme de guerre au moyen âge. Il froissa Aude en l'embrassant avec transport, et put lui faire croire un instant qu'il l'étouffait. Car, toujours équipé pour la guerre, sa vive affection, il venait à une fête avec la cuirasse, le casque, les cuissarts et les chaussures d'airain. Des gantelets recouverts de lames de fer enfermaient ses mains. Une énorme épée brillait sans ornements à son côté gauche ; une hache pesante pendait à sa droite. Il avait quarante-huit ans. Vaincu dans sa première bataille en 714, il avait toujours été vainqueur depuis. Tous les pays qui entouraient l'Austrasie avaient servi de théâtre à ses exploits. Il y avait peu de jours dans l'année qu'il ne pût marquer d'une victoire ; et son épée avait brillé dans toutes les contrées de l'Europe.

Il amenait avec lui son frère Childebrand, vainqueur d'Avignon, prince brave et instruit qui faisait écrire nos annales. Il amenait aussi l'évêque d'Auxerre, qui avait été son compagnon d'armes à la fameuse défaite des Sarrasins. Ce qui paraîtrait singulier aujourd'hui, l'homme évangélique portait une épée à sa ceinture de prélat ; et sa mitre couvrait un petit casque d'airain. Mais il n'était armé, disait-il, que contre les infidèles. Hors de là, c'était un ministre de paix.

Comme tous les leudes, Charles-Martel trouva la fausse Berthe ravissante. Son regard un peu rude ne la rendait que plus digne d'être la fille d'un guerrier. Charles ne voyait pas d'autre gloire que la gloire militaire. Il était ému de tout ce qui se rattachait à l'épée. Il fallait que ses fils, ses amis et tous ceux qui voulaient lui plaire fussent toujours prêts à marcher au premier appel de la trompette.

Il ordonna que le mariage de Peppin et de Berthe fût célébré immédiatement. On n'osa pas lui objecter que le long voyage de la princesse avait dû la fatiguer; il ne comprenait pas la fatigue. On para la fiancée de tout ce qui avait été conquis de plus brillant sur les Sarrasins. Charles-Martel, voulant lui faire un noble présent, lui donna un poignard oriental et un cheval arabe de grand prix. Elle fut obligée de placer le poignard à sa ceinture, de monter le noble coursier; et Charles la conduisit à la chapelle du palais, où l'évêque d'Auxerre l'unit à Peppin, en lui recommandant d'être héroïque et au jeune prince d'être vaillant et de faire triompher la croix.

Le reste du jour fut une fête pour tous. La nourrice était au comble du bonheur.

Le lendemain, un bon moine fut envoyé à Laon pour annoncer au père et à la mère de Berthe l'arrivée de leur fille et l'heureuse célébration de son mariage.

V.

Les jours suivants, Peppin conduisit sa femme à Maestricht. Il lui fit voir Jupille, Landen, Nivelles, Cologne, et toutes les résidences royales de son père. Le premier mois fut enchanté, surtout pour Aude et pour sa mère; car Peppin aimait sans ardeur sa jeune épouse. Il ne trouvait pas dans la compagne de sa vie cette élévation d'âme, cette dignité de cœur, cette haute portée d'esprit, ni cette piété solide et vraie qu'on lui avait fait espérer. La beauté ne fixe long-temps que si elle est secondée par d'autres charmes.

Mais Aude et sa mère, ravies de leur sort, ne s'apercevaient pas de l'attiédissement des sentiments de Peppin. Aude était princesse ; elle savait déjà que, dans le partage de ses vastes états, Charles-Martel, qui régnait sur les Pays-Bas et les Gaules, souverain incontesté avec le titre de duc, devait donner à Carloman l'Austrasie, à Peppin la Neustrie. Elle voyait qu'elle serait un jour duchesse ou reine. Que lui importait le reste ?

Une seule crainte troublait son orgueil. Si le hasard ou quelque devoir amenait à la cour un vassal du comte de Laon, elle pouvait être reconnue. Mais les voyages longs étaient si dangereux et si rares, qu'elle se rassurait.

Ses motifs de craintes n'étaient pourtant pas vains. Elle le reconnut plus tôt qu'elle ne pensait.

Un matin, que, joyeuses et triomphantes, Aude et sa mère se promenaient seules à Herstal, aux bords de la Meuse, une femme étrangère s'approcha d'elles, en sollicitant une aumône. C'était une mauresque, de cette race d'Égyptiennes qui faisait partie de la grande irruption des Sarrasins. Elle s'était enfuie de la maison d'un Franc chez qui elle était esclave. Son œil ardent avait reconnu la fausse Berthe, à qui autrefois elle avait dit la bonne aventure; car les enfants de l'Égypte se vantaient encore de posséder, entre autres sciences superstitieuses, le don de faire les horoscopes et la connaissance profonde de la chiromancie, qui est l'art de juger et de prédire sur l'inspection des lignes de la main.

— Vous m'avez oubliée, dit-elle à Aude; cependant, au château de Laon, j'ai annoncé, quoique vous fussiez serve, que vous partageriez le lit d'un prince; — et voici que vous avez dans votre coiffe une petite couronne.

Ces flatteuses prédictions que font les devineresses n'ont jamais d'inconvénients. Elles son toujours bien accueillies; et quand la bonne fortune les réalise, elles deviennent tout un triomphe.

Pendant que l'Égyptienne se redressait avec fierté, la nourrice frémit épouvantée de voir sa fille reconnue.

— Silence! dit-elle, en mettant un sou d'or dans la main de la vieille. Voici pour l'aumône de ce jour. Ce soir, vous recevrez un prix qui vous mettra désormais hors du besoin, si vous voulez venir à la tente des jardins, examiner de nouveau la main de la princesse.

— J'y serai, dit la mauresque.

— Vous garderez le secret?

— Je le garderai. J'ai besoin de secret pour moi-même; car je suis fugitive.

— Eh bien! si l'on vous inquiète, dites que vous appartenez à la princesse Berthe.

En prononçant ce nom, la nourrice avait intrépidement désigné sa fille. L'Égyptienne aussitôt comprit ou devina tout le mystère. Elle avait fait deux pas pour s'éloigner, espérant bien trouver dans la contrée quelques lumières pour le nouvel horoscope qu'on lui demandait; mais se sentant assez éclairée, elle se rapprocha de la nourrice :

— Que n'allons-nous à l'instant où vous dites? reprit-elle; la journée est longue encore. Avec l'argent que vous me donnerez, si vous y pouvez joindre une petite charte de sauf-conduit, je prendrai, aujourd'hui même, le chemin de l'Espagne.

— Elle a raison, dit la nourrice; le Prince est à la chasse.

Raffermie par la pensée qu'elle ne perdait pas de vue cette femme, et soulagée comme si on lui eût ôté un poids qui lui chargeait le cœur, la nourrice retourna au palais, emmenant sa fille et la mauresque. Elle rentra par une petite porte qui donnait dans les jardins, et, s'absentant un moment, chargea Aude de conduire la vieille à la tente.

Le pavillon qu'on appelait la tente des jardins était bâti immédiatement au bord de la Meuse, qui en baignait le pied. Au bas d'un escalier qui descendait de la tente, il y avait toujours une barque élégante, pour les promenades sur l'eau, et vis-à-vis, à la distance de douze à quinze brasses, une petite île factice, couverte d'arbres touffus qui cachaient à tous les yeux ce qui pouvait se passer dans le pavillon.

La nourrice y rejoignit bientôt sa fille; elle apportait un grand flacon, une corbeille de gâteaux et une bourse; elle posa le tout sur une petite table et s'arrêta en silence, parce que la devineresse tenait déjà la main de la fausse Berthe.

— Tout va bien, dit la sorcière. Cependant, du fait qui s'est passé dans le grand bois, il reste un témoin — qui vous perdra.

— Expliquez-vous, dit la nourrice consternée; de quel fait voulez-vous parler?

— Je ne le vois pas clairement, reprit la mauresque. Mais ce fait, vous le savez; et je vois un témoin redoutable.

— Un témoin, répéta Aude palpitante; un seul?

— Plus d'un peut-être; mais un seul qui puisse vous nuire.

— Un seul! marmotta la nourrice, ne pouvant plus dissimuler, ni se contenir; — où Servais? où l'écuyer?

Elle s'enfonça dans quelques réflexions. Puis elle reprit, en secouant la tête pour rappeler ses idées:

— Vous ne voyez pas autre chose?

— Pas autre chose que d'heureuses fortunes, répliqua la vieille.

Elle prédit du bonheur, des fêtes, des enfants, et tout ce que pouvait souhaiter Aude.

Alors la nourrice se mit à compter de l'argent, tout en priant la mauresque de manger un gâteau et de boire un coup de vin vieux qu'elle versa elle-même. La mendiante but et mangea, sans soupçonner, malgré sa prévoyance, que le vin était empoisonné d'une dose énorme d'opium ou de quelque autre narcotique pesant.

Dès qu'elle se fut assoupie, les propres bandelettes de sa coiffure étrangère devinrent l'instrument de sa mort ; la nourrice s'en servit pour lui attacher au cou l'un des lourds chenets de fer battu qui garnissaient la cheminée de la tente ; puis obligeant sa fille, qui ne pouvait s'accoutumer à tant de férocité, à lui prêter aide, elle ouvrit la petite porte qui donnait sur le fleuve, descendit l'Égyptienne dans la barque et la fit couler sans bruit au fond de la Meuse.

Après cette expédition, promptement terminée, la nourrice, imposant silence aux scrupules qui agitaient Aude, fit venir Servais, maintenant homme d'armes dans la maison de Peppin. Déjà il avait reçu vingt livres d'or, et depuis huit jours il pressait le payement du reste ; il ne paraissait pas tranquille et voulait, avec sa fortune, aller respirer dans une autre contrée.

— Ce qui t'est dû encore est tout prêt, dit la mère de la fausse Berthe, et même la somme sera doublée. Mais il faut achever l'œuvre.

Servais pâlit et se troubla. Aude émue sortit alors.

— Que faut-il donc faire? dit-il avec une sorte d'effroi.

— Crains-tu déjà le danger? Il n'y en a point. Mais nous avons un témoin qui n'a pas mis la main dans le sang.... Tu le sais.... Nous avons été forcés de le mêler à nos secrets, afin qu'il attestât nos récits. — C'est l'écuyer. — Il faut qu'il meure; autrement il nous vendra.

Servais se récria. La nourrice reprit :

— Que peux-tu redouter? Tu lui chercheras une querelle, à la suite de laquelle tu le tueras. La loi permet une composition en argent pour le prix de ces meurtres. Si tu es découvert, je payerai ce qui sera fixé. Ne sais-tu pas que ta destinée est liée à la nôtre? Va donc sans terreur.

Servais réfléchit, hésita un instant, gémit, — et se décida.

Il sortit en regardant le flacon de vin, comme un homme qui aurait eu besoin d'y puiser du courage et qui était piqué de voir qu'on ne lui offrît rien. Car le crime établit une familiarité brutale entre ceux qui le font en commun. La nourrice n'avait pas perdu ce mouvement.

Ce même jour, — une heure peut-être après qu'il fût sorti de la tente, — Servais dressa une embûche à l'écuyer, le tua en secret; et personne ne découvrit l'auteur de ce nouvel homicide.

Il alla sur-le-champ rejoindre la nourrice, pressé de son salaire.

— Rends-toi, lui dit-elle, à la tente des jardins. J'y serai dans un moment.

Le meurtrier entra dans le pavillon, s'assit dans un siége moelleux; et voyant sur la table la corbeille de gâteaux, il en prit un sans façon et le mangea.

Le flacon, qui avait empoisonné la mauresque, n'était pas à moitié vide. Pensant qu'il avait autant de droits que la nourrice à se refaire de ce bon vin vieux, il ne put résister à la tentation et but un coup. Il le trouva si bon qu'il redoubla; l'heureuse nouvelle qu'il apportait le rendait d'ailleurs intrépide.

Au bout d'un quart d'heure, lorsque la nourrice arriva, le flacon était vide et Servais s'endormait. Aude ayant refusé son assistance à des actes violents si rapprochés, sa mère fut obligée d'achever seule l'exécution sinistre de son projet. Elle entraîna Servais à l'escalier, en lui balbutiant quelques paroles sur le besoin de prendre l'air, le fit descendre dans la barque, alla chercher l'autre chenet, le lui lia au cou, et poussa le corps dans le fleuve, où il tomba à côté de l'Égyptienne.

Quand l'épouse de Peppin, inquiète, vint enfin rejoindre sa mère, elle la trouva encore dans la barque, où elle semblait s'assurer que les flots gardaient bien leurs victimes. D'un geste silencieux, mais triomphal, elle montra à sa fille le fond du fleuve, comme pour lui annoncer que personne n'existait plus qui pût les trahir ; que tous ceux qui avaient trempé dans leur fraude criminelle avaient péri. — Elle embrassa Aude et la félicita ; — car elle ne doutait pas de la mort de Berthe dans les Ardennes.

Pour surcroît de bonheur, quinze jours après cette matinée formidable, Aude reconnut qu'elle était enceinte. Cette nouvelle mit tout le palais en fêtes.

Qu'était devenue cependant la véritable Berthe ?

VI.

Au moment où Servais s'était éloigné de l'étang, qui avait servi de tombeau à son compagnon mis à mort, la nuit était encore sombre. Berthe, sous les grossiers vêtements du conducteur de chariots, ne commença à respirer que lorsqu'elle se vit complétement seule. Elle rendit à Dieu de profondes actions de grâces, et le pria avec ardeur de la protéger.

Au moindre bruit, mille terreurs venaient l'abattre ; et quand le jour reparut, il ne la rassura pas ; sa piété seule la soutint. Elle croyait voir devant elle la terre marquée d'une longue trace de sang. Elle ne savait quel jugement former sur Servais, qui ne l'avait défendue qu'à la cruelle condition de passer pour morte. Elle l'avait juré : ainsi donc elle ne devait plus revoir ni son tendre père, ni sa mère si affectueuse et si bonne, ni sa nourrice, ni sa sœur Aude, qu'elle aimait encore. Elle était loin de soupçonner la trame inexplicable dont elle était enveloppée.

Après des moments si pénibles, un malaise la prit; elle eut froid; elle se mit à marcher, honteuse et gênée dans son habillement ignoble, agitée par la crainte d'être reconnue et de tomber dans une nouvelle embûche de ses ennemis, pleurant à chaque instant, s'efforçant de haïr Peppin-le-Bref, brisée par les sanglots, et ne retrouvant un peu de courage que dans la prière. Elle avançait timidement, allant toujours devant elle et suivant la direction que lui avait indiquée Servais.

Elle aperçut des maisons et se détourna. Tout ce qui pouvait la rapprocher de l'espèce humaine, dans ces premières heures, lui causait de l'effroi. La faim et la fatigue l'obligèrent enfin à chercher de l'aide. Elle s'adressa à une petite cabane isolée, où la femme d'un bûcheron lui donna du pain noir et du vin de cerises. Elle était si épuisée qu'elle accepta l'offre qu'on lui fit de se reposer. Le soir venu, le mari et les enfants de la villageoise rentrèrent; ils prirent Berthe pour un jeune garçon, dont ils eurent pitié; car sa figure touchante et belle gagnait tous les cœurs. Ils lui demandèrent qui elle était. Elle répondit qu'elle allait en pèlerinage et qu'elle s'était imposé de taire son nom. Ces bonnes gens se contentèrent de cette raison; et Berthe passa la nuit dans leur cabane.

Le lendemain matin, elle se remit en route, un peu plus affermie; elle avait fait dans son cœur le projet de se rendre à Herstal, où, sans être connue, elle voulait apercevoir une fois au moins son cruel fiancé, de qui elle avait conservé l'anneau.

Au bout de dix jours d'une marche, incertaine souvent et toujours accablante, l'épuisement l'obligea de s'arrêter à Jupille. Elle ignorait le nom de ce beau village, où s'élevait une des maisons de plaisance de Charles-Martel. Elle demanda l'hospitalité à un meunier qui avait son moulin sur la Meuse, et qui vivait là, heureux et tranquille, avec sa femme déjà vieille et ses deux filles. La bonne femme eut compassion du jeune voyageur ; elle appela ses deux filles et leur dit : — Croyez-vous que dans tout Jupille il y ait rien de si beau que cet enfant?

En entendant ce nom de Jupille, Berthe sentit battre son cœur. Elle bénit le ciel, qui l'avait conduite ; car elle savait que Peppin venait souvent là, qu'elle pourrait l'y voir ; elle souhaita donc d'y demeurer. C'est pourquoi, après que le meunier fut couché, les deux filles et leur mère demandant à Berthe d'où elle venait, elle résolut de confier à ses hôtesses tout ce que son serment ne l'obligeait pas à taire.

— Je viens de fort loin, leur dit-elle ; et je ne puis vous faire connaître qu'une partie de mon secret. Je suis une jeune fille, contrainte de fuir. Pouvez-vous, sans chercher à en savoir davantage, me recevoir chez vous et me donner des vêtements qui soient de mon sexe ? Je ne vous serai point à charge ; car je sais filer le lin avec adresse et on m'a enseigné tous les ouvrages qui vont aux mains des femmes.

La meunière étonnée sentit redoubler l'intérêt qu'elle portait à Berthe. Elle se hâta de l'habiller avec une robe de sa plus jeune fille ; et l'embrassa, sans lui faire d'autres questions. Parmi les vertus hospitalières des vieux habitants de la Gaule était surtout la discrétion la plus délicate. La Princesse fut fêtée aussi par les deux filles du meunier, heureuses d'avoir une nouvelle compagne.

Le lendemain, le bon homme émerveillé approuva tout ce qu'avait décidé sa femme. Berthe ne fut plus considérée que comme la troisième fille de la maison. Elle aida la meunière dans tous les travaux domestiques ; fila merveilleusement bien, tricota des chausses pour le meunier, apprit à ses filles de belles broderies ; et se rendit aussi chère par ses talents utiles que par sa piété, sa douceur et sa grâce.

Il y avait quelques jours qu'elle était dans l'honnête famille qui l'avait adoptée, quand on annonça que le prince Peppin allait venir avec sa jeune épouse au château de Jupille. Cette nouvelle la fit tressaillir. D'après l'histoire que Servais lui avait faite, elle avait cru Peppin marié depuis long-temps. Elle demanda quelle princesse il avait épousée ?

— Il a épousé Berthe de Laon, lui répondit-on.

Son cœur bondit alors ; son embarras devint plus grand. Elle se fit répéter deux fois ce nom, crut qu'elle rêvait et fut longuement absorbée dans une méditation triste et profonde. Elle en sortit en disant :

— Je voudrais bien voir le Prince!

— C'est chose facile, dit le meunier; le château n'est qu'à un quart de lieue d'ici. Nos filles vous y conduiront.

Le matin du jour où Peppin devait arriver, Berthe, avec ses simples ornements de villageoise, mit, sans y songer peut-être, un peu plus de soins à sa toilette. Elle alla ensuite avec ses compagnes se ranger sur le bord de l'avenue, où la jeune cour allait passer. Elle aperçut le brillant cortége qui devançait le Prince. Elle avait conçu d'étranges soupçons. Pour ne pas être reconnue, elle se recula derrière ses deux amies, et se croyant en sûreté elle regarda.

Elle remarqua les grâces de Peppin. Elle crut même rencontrer un regard du Prince, qui s'arrêtait sur elle avec une certaine expression de surprise; mais toute son attention n'eut bientôt plus d'objet que le spectacle qui termina ses incertitudes. Elle vit Aude tenant sa place; elle comprit le forfait tenté contre elle; et sentant son cœur défaillir, elle s'appuya contre un arbre.

Toute la cour était déjà loin; quand les filles du meunier, se retournant du côté de Berthe, remarquèrent sa pâleur. Un nuage semblait étendu sur ses yeux. Leurs soins empressés lui firent reprendre ses sens. Mais elle ne dit pas un mot; elle se rappela son serment, — tourna les yeux encore du côté du château de Jupille — et s'en revint à la maison du meunier. Elle expliqua comme elle put sa faiblesse, s'excusant sur le spectacle extraordinaire qui l'avait frappée ; — on se contenta du peu qu'elle voulut bien dire ; et depuis elle ne sortit plus, — sinon les jours de dimanche et de fête pour aller à l'église.

Elle se félicita de n'avoir été vue, ni par Aude, ni par sa mère, dont la pensée la faisait trembler. Elle excusa Peppin ; et quoiqu'elle sentît qu'elle l'aimait tendrement, elle prit la résolution de ne plus chercher à le voir. D'ailleurs, comme femme, elle se sentait humiliée, sans pouvoir se rendre compte de ce mouvement, à la seule idée qu'il était l'époux d'une autre ; et comme chrétienne, quelque chose lui disait qu'elle ne pouvait plus être rien pour lui, puisqu'il était marié.

Berthe s'accoutuma, dans le silence et la tristesse, à sa nouvelle condition, — toujours bonne et douce, cherchant à ne pas affliger ses amies du poids de sa peine ; et pieusement résignée aux volontés de Dieu.

Mais, comme on le voit, elle vivait à peu de distance d'Aude et de sa mère, au moment même où ces deux femmes, dans la tente des jardins de Herstal, se croyaient délivrées de tous les témoins de leur crime.

VII.

Le temps marcha. L'année suivante, on fit dans tout le pays des réjouissances publiques, parce que la fausse Berthe venait d'accoucher d'un fils, à qui l'on donnait le nom de Léon. Cette nouvelle vint encore froisser le cœur de la fille adoptive du meunier.

Deux autres années passèrent, durant lesquelles Peppin-le-Bref fut presque constamment occupé des guerres de son père.

En l'an 744, quelques mois de paix survinrent; et Peppin, que quatre ans de mariage avaient encore refroidi pour la superbe Aude, se livrait aux délassements de la chasse dans les résidences de Herstal, de Landen et de Jupille. Un jour qu'il se reposait à ce dernier château, il fut surpris de retrouver dans son esprit le souvenir de la gracieuse villageoise qu'il y avait vue, à l'époque de ses noces. C'était Berthe, de qui les traits l'avaient vivement touché. Souvent la pensée de cette jeune fille, dont il était loin de soupçonner la naissance, avait occupé son cœur. Mais, indépendamment des liens sacrés du mariage, qui devaient le retenir, les devoirs nombreux auxquels l'obligeait l'activité de Charles-Martel ne lui avaient pas permis de la rechercher. Il profita de l'occasion pour s'informer d'elle. Il avait laissé Aude à Herstal.

On lui apprit qu'en effet il y avait, chez le meunier de Jupille, une jeune fille charmante, qui se montrait peu, et dont aucun des villageois n'osait espérer la main, quoiqu'elle fût bonne et abordable. Il partit aussitôt pour le moulin, accompagné seulement de son astrologue.

En cheminant, il demanda au docte vieillard ce qu'il pouvait lui découvrir sur la jeune fille dont il avait l'esprit frappé.

— Le meunier n'est pas son père, répondit l'astrologue.

Tout le monde le savait.

Il s'arrêta toutefois un instant, examina l'état du ciel, dressa son thème, et déclara, sans trop se faire attendre, que parmi les trois filles qui étaient en ce moment à la table du meunier, l'une, — celle du milieu, — se trouvait infailliblement destinée à quelque chose de grand.

Ce sont les paroles de la chronique.

Peppin entra. A son aspect, le meunier se leva, ainsi que toute sa famille. Le Prince jeta les yeux sur la fortunée jeune fille que désignait l'horoscope ; c'était bien celle qu'il cherchait, l'objet de ses rêves depuis trois ans. La Princesse rougit excessivement et se troubla. Peppin la pria de se rasseoir. Le meunier, étonné de cette scène, et soupçonnant quelque secret entre son seigneur et Berthe, jugea à propos de s'éloigner un peu ; il quitta la table et se retira dans un coin de la chambre avec sa femme et ses filles. L'astrologue et Peppin restaient debout devant la Princesse.

Berthe s'était promptement remise. Mais Peppin, intimidé par un charme qu'il ne pouvait définir, ne trouvait point de paroles. Il s'était approché de la jeune fille. A sa main, plus mignonne et plus fraîche que celles des villageoises, il aperçut un anneau qui attira son attention. Il prit, avec un respect qui sans doute l'étonna lui-même, cette main tremblante, et reconnut, non sans une grande surprise, l'anneau de fiançailles qu'il avait envoyé à la fille du comte de Laon. — Comment cet anneau se trouvait-il là? — Et que pouvait signifier une si merveilleuse rencontre?

Avant toute explication, quelque chose de vague, qui entra dans le cœur de Peppin, semblait lui dire que celle qui portait ce joyau lui était nécessairement fiancée. Aude, pour en expliquer la perte, avait dit qu'ayant mis sa bague avant de se coucher parmi ses autres bijoux, les brigands qui avaient assailli la tente l'avaient emportée.

— Vous auriez dû savoir, avait répondu Peppin, qu'un anneau de mariage ne quitte jamais le doigt qui l'a reçu.

Et il n'avait plus été question de cette circonstance.

La présence de cette bague au doigt de la belle inconnue plongeait Peppin dans une perplexité dont il craignait de sortir avec douleur. Celle qu'il voyait devant lui était-elle la femme ou la fille d'un brigand? — Oh! non ; sa beauté noble et touchante repoussait au loin une telle honte. — Était-elle la fille de la nourrice, enlevée par les bandits? — Mais elle ne pouvait être née de condition serve. — Il ouvrit enfin la bouche pour lui faire toutefois cette question : — Si elle n'était pas Aude?

— Je ne suis point cette femme, dit-elle avec une singulière expression de dédain ou de fierté qui, dans des traits si doux, frappa vivement le prince.

Elle ajouta :

— Un serment très-sacré ne me permet pas de dire mon nom.

Après que Peppin, dont les doutes ne purent obtenir aucune solution précise, eut pris son parti sur tout ce mystère, il se tourna vers son astrologue :

— Assurément, lui dit-il, ce bijou aura été vendu ou égaré?

L'astrologue ne répliqua rien.

— De qui tenez-vous cet anneau? dit alors le prince, en se rapprochant de la jeune fille.

— D'une main qui m'a été bien chère.

— Vous avez été mariée?

— Jamais.

— C'est donc le cadeau d'un amant?

Berthe ne répondit point.

— Cet homme vous aime-t-il? reprit Peppin.

— Je l'ignore.

— Et vous avez reçu de lui ce présent?

— Jusqu'à ce jour, je ne lui ai jamais parlé…

Le prince, que chaque mot surprenait, fit beaucoup d'autres questions, auxquelles Berthe répondait timidement :

— Je ne puis rien dire de plus.

Il marchait à grands pas dans la chambre, — sans faire attention à la famille du meunier, que tous ces mouvements devaient étonner. — Puis il reprenait la main de la jeune fille, et, n'osant avouer tout ce qu'il sentait, car Berthe lui imprimait, à force de candeur et d'innocence, un respect profond, il laissait retomber cette main et s'arrêtait devant son astrologue, — qui se tenait impassible comme un homme étranger à la scène.

Enfin le prince saisit encore une fois la main de la belle inconnue, la serra doucement et lui dit d'une voix précipitée :

— Je sens que je vous aime et que ma vie est dans vos mains…

Aussitôt, comme s'il eût craint de l'avoir offensée, il s'enfuit. — L'astrologue s'empressa de le rejoindre.

Quand le meunier et sa famille se trouvèrent seuls avec Berthe, il y eut mille avis sur tout ce qui venait d'avoir lieu. Dans les mœurs du temps, — qui étaient encore un peu sauvages, — il n'était pas rare de voir un prince, oubliant, dans la fougue de la passion, les lois de Dieu et de l'Église, épouser plus d'une femme. — Oh! certes, dit la meunière, qui ne pesait, malgré ses bonnes qualités, que l'intérêt matériel des choses de ce monde, si le prince est épris de vous, nous serons tous heureux et riches.

Berthe frissonna légèrement et ne répliqua rien. Mais tout le reste de la soirée et toute la nuit, elle ne fit que songer à Peppin, dans un malaise extrême ; elle reconnaissait qu'elle l'aimait, et ce sentiment effrayait sa conscience. Un instant, pour se soustraire au danger d'une flamme qui lui semblait criminelle, elle projeta de s'échapper encore. Mais elle résista à cette idée. — Je suis sa légitime fiancée, dit-elle en elle-même ; — n'ai-je pas sur lui plus de droits que celle qui occupe ma place à sa cour ?....

Cependant elle hésita devant le plan de conduite qu'elle devait se tracer. — Avant de prendre une résolution, elle voulut s'assurer que rien dans ses démarches ne pouvait offenser sa foi de chrétienne.

— Elle alla donc, comme elle faisait souvent, confier ses peines et ses doutes à un vieux et saint religieux, qui habitait auprès d'une chapelle de Notre-Dame, à quelques pas de Jupille. — Là, après avoir prié celle qui a tant souffert et qui adoucit tant de souffrances, elle découvrit, sous le sceau de la confession, au bon solitaire, tout ce qu'elle était, son secret, son vœu et ses pénibles aventures, sachant bien que le silence qu'elle avait promis n'était pas rompu ainsi, qu'elle déposait sa confidence dans un tombeau fermé, et que son vœu n'était pas violé par là.

— Ma fille, dit le religieux étonné, ce que vous m'apprenez est grave. — Le serment que vous avez fait vous lie. — et quand même vous pourriez en être relevée, — le mariage du prince est sacré. — Continuez donc à garder le silence ; achevez le sacrifice — et marchez sans cesse devant Dieu, — qui a ses desseins.

Peppin revint le lendemain et les jours suivants, plus tendre, plus ardent et à la fois plus respectueux à mesure qu'il se croyait plus près de devenir familier. L'astrologue, en lui répétant sa phrase imposante : — Destinée à quelque chose de grand ! — ennoblissait encore à ses yeux cet amour. Il lui donnait en même temps de l'espoir ; car il dressait des horoscopes qui déclaraient formellement que jamais autre que Peppin ne toucherait le cœur de la jeune fille.

Berthe, néanmoins, ne donnait au prince aucun espoir. — Mais tant de vertu unie à tant de douceur l'enflammait au point que la princesse troublée en concevait de l'effroi, et qu'elle ne demandait plus à Dieu que la force de s'éloigner tout à fait d'un prince pour qui elle ressentait un penchant condamné.

Dans ces entrefaites, une maladie grave de Charles-Martel obligea Peppin à une absence qui devait durer un mois. Il y avait deux ans que Charles s'affaiblissait ; et quoiqu'il n'eût que cinquante-deux ans, il sentait qu'il allait s'éteindre, épuisé, comme Clovis, cet autre guerrier, mort de vieillesse ou de fatigue à quarante-cinq ans.

Après s'être mis pieusement sous la protection de saint Denis, Charles, ayant partagé ses domaines entre ses enfants, rendit l'âme, auprès de Compiègne, le 21 octobre 741.

En revenant du deuil d'un père si révéré, Peppin alla, triste encore, revoir Berthe, — qui tressaillit à son retour, — mais qui le supplia de ne plus l'offenser par un amour impossible, — devant lequel ses poursuites l'obligeraient à fuir....

VIII.

Pendant que Peppin agité n'osait ni résister à Berthe, ni lui promettre de l'oublier, le comte et la comtesse de Laon, qui recevaient deux fois par an des nouvelles de leur fille, attention dont la fausse Berthe s'empressait d'autant plus de s'acquitter, qu'elle ne désirait pas que ceux qu'elle appelait son illustre père et sa noble mère, lui envoyassent, dans leur inquiétude, des messagers qui eussent connu la véritable princesse, — le comte et la comtesse nourrissaient depuis long-temps le doux projet de revoir et d'embrasser encore leur chère Berthe, et de serrer dans leurs bras leur petit-fils. Les blessures du vieux comte étaient complétement guéries.

Il se disposait au voyage de Herstal, quand le bruit de la mort de Charles-Martel vint le presser de partir. Il lui fallait aller faire hommage à Carloman, son nouveau suzerain. Sachant la tendre amitié qui unissait Carloman et Peppin, il était sûr que, beau-père du plus jeune de ces princes, il ne pouvait manquer d'être bien accueilli. La comtesse de Laon, qui devait l'accompagner dans ce long voyage, n'avait plus de force contre le besoin maternel de presser encore, avant de mourir, sa fille bien-aimée sur son cœur.

Charibert et sa femme partirent donc, avec un cortége convenable. Ils traversèrent les Ardennes; et avant de se rendre à Cologne, séjour de Carloman, ils se dirigèrent sur Herstal, ne sachant pas que Carloman, leur suzerain, les y précédait, et devancés eux-mêmes par un courrier qui les annonça à Peppin. L'effroi de la nourrice fut immense, à cette nouvelle imprévue. Elle courut trouver sa fille qui, par bonheur en ce moment-là, était dans la chambre où elle couchait. Aude pâlit et trembla comme une criminelle :

— Tout est découvert, dit-elle; il nous faut prendre la fuite.

— Ne perdons pas courage ainsi, dit la nourrice. C'est une dernière épreuve à subir. Si tu me secondes, ma fille, nous saurons tromper la comtesse même. Tu vas te mettre au lit, à l'instant; je cours chercher le médecin; je dirai que tu es malade. Il l'attestera. Le jour est sombre dans cette alcôve ; la comtesse de Laon ne fera que t'entrevoir ; et elle te prendra pour Berthe, si tu l'appelles ma mère, en contrefaisant la voix douce et tendre de la princesse, comme tu le savais autrefois, quand nous étions avec elle. Pour mettre Peppin dans nos intérêts, nous dirons que c'est une nouvelle grossesse. Plus de quatre ans ont passé depuis que nous avons quitté le château de Laon ; la comtesse doit avoir un peu oublié les traits de l'autre. Tu n'es pas si différente, sous ses habits de princesse. Elle te prendra pour sa fille.

Aude, qui n'était pas si rassurée, car elle avait des remords, eut pourtant l'air de comprendre sa mère ; elle se hâta de quitter ses vêtements, de s'envelopper de coiffes et de se mettre au lit. Elle abusa le médecin par l'exposé de douleurs imaginées. On répandit dans le palais le bruit de cette indisposition subite, causée, disait-on, par l'émotion, par la joie, par la surprise. Peppin était allé, avec son frère chéri, au-devant du comte de Laon, étouffant de son mieux le mécontentement où il était de l'épouse qu'il lui avait donnée, mécontentement que sa nouvelle passion rendait plus lourd.

Lorsqu'il rentra dans le palais, comme le comte et la comtesse cherchaient des yeux leur Berthe chérie, surpris de ne pas la voir accourir à leur rencontre, on annonça que la princesse, frappée d'une émotion trop vive, s'était trouvée tout à coup indisposée. La comtesse troublée demanda qu'on la conduisît sur-le-champ au lit de sa fille. La nourrice parut aussitôt, et, se ressouvenant de ses devoirs à l'égard de la comtesse de Laon, elle se mit à genoux pour lui baiser la main. Puis elle la rassura, la pria de ne pas faire parler beaucoup la princesse, lui fit embrasser le petit Léon, et l'introduisit dans la chambre de la fausse malade. Le comte Charibert, ayant pris dans ses bras le prince enfant, qu'il croyait son petit-fils, l'accablait de ses caresses et suivait très-ému sa noble épouse.

La comtesse, en entrant dans la chambre où se trouvait celle qu'on appelait sa fille, courut se pencher sur le lit, embrassa longuement la fausse Berthe, et reçut d'elle des caresses si vives, qu'elle ne songea pas d'abord à la regarder attentivement. Charibert embrassa sa fille à son tour avec tendresse, et ne s'aperçut de rien. Alors la dame de Laon s'inclina de nouveau sur Aude; et malgré l'obscurité qui régnait dans l'alcôve, à travers les larmes de joie qui voilaient ses yeux, elle crut trouver sa fille changée.

— C'est l'émotion; dit la nourrice.

Peppin ajouta :

— La princesse s'est toujours portée à merveille.

La comtesse jusque-là n'avait entendu sortir de la bouche de celle qu'elle traitait comme sa fille, que des mots à peine articulés. Elle se mit à lui faire de ces questions qui abondent dans le cœur des mères, après une longue absence.

— Aurais-tu souffert, ma fille? dit-elle; il me semble que tes traits sont devenus moins délicats?

— C'est l'émotion, dit la nourrice.

— Est-ce vrai, mon enfant? reprit la comtesse.

— Oui, ma mère! répondit Aude, d'une voix qui n'avait pas la suavité de celle de Berthe.

— Tes cheveux étaient plus blonds, ma Berthe!

— J'avais quatre ans de moins, ma mère; et puis l'obscurité peut vous les faire paraître plus foncés.

— Tu parlais, mon enfant, avec un accent plus doux et plus harmonieux.

— C'est l'émotion, noble dame! dit la nourrice.

— Je suis si enrhumée, ajouta Aude.

— Ne la faites plus parler, cette chère enfant! dit Charibert en allant l'embrasser encore.

Le médecin rassura la comtesse de Laon. Il exprima l'opinion qu'après une agitation comme celle que la princesse avait éprouvée, il était à propos de la laisser sommeiller un peu.

Peppin-le-Bref emmena ses nobles hôtes dans la grande salle, où l'on avait préparé un somptueux festin. Là, Carloman devait recevoir les hommages du comte. Aude se retrouva donc seule avec sa mère; elle respira. Les deux femmes tinrent conseil.

— Tu ne seras pas reconnue, mon enfant, dit la

nourrice. Tout ira bien. Seulement, garde ta présence d'esprit et fie-toi à ma vigilance. Je ferai attention à tout.

La jeune femme se leva, tout en causant d'un air distrait avec sa mère. Elle tira de son coffre la boîte qui contenait ses bijoux — et se mit à les regarder.

— Ce serait dommage de quitter tout cela ! dit-elle.

La nourrice releva sa confiance. — Dès qu'elle s'aperçut qu'on se levait de table, elle lui fit un signe nouveau. Aude retourna à son lit, s'y enfonça et mit son cher écrin auprès d'elle. La comtesse de Laon rentra. Elle fut surprise de voir sa fille encore assoupie.

— C'est l'émotion, dit la nourrice ; elle dormait ainsi dans le grand voyage.

Et de nouveau, pour distraire cette mère inquiète, elle lui remit dans les bras son petit-fils, que la bonne dame accabla encore de baisers, ne soupçonnant pas que cet enfant lui était étranger.

Aude parut se réveiller deux ou trois fois, continua de jouer son personnage avec celle qui se croyait sa mère ; — et le soir vint.

Pendant le souper, la fausse malade eut un nouveau répit. Après ce dernier repas, le comte et la comtesse de Laon, fatigués par une telle journée, et pressés par le besoin du repos, s'allèrent coucher. Mais la pauvre mère ne dormait point. Elle sentait dans son cœur quelque chose de sombre, dont elle ne pouvait se rendre compte. Il lui semblait qu'un mauvais rêve l'agitait depuis le matin. Elle avait revu sa fille — et ne croyait pas l'avoir retrouvée. C'était une bouche moins fraîche, une figure plus osseuse, une peau moins polie, des mains plus rudes.

Une pensée horrible lui vint. — M'aurait-on changé ma fille ?

Bien vite, elle repoussa cet égarement ; elle se raisonna : Depuis quatre ans, Berthe n'était-elle pas l'épouse de Peppin ? Elle était malade ; elle pouvait être affectée en effet par l'émotion. — D'ailleurs n'avait-elle pas toujours été sous la sauvegarde de sa bonne nourrice, — cette femme si dévouée !

Ces idées lui remirent le cœur.

Mais d'autres pensées s'enchaînant à celles-là, en songeant à la nourrice, elle se rappela que, — tout entière au bonheur de revoir sa fille, — elle n'avait pas même adressé un mot de compassion à la pauvre femme, sur la perte cruelle de la sœur de lait de Berthe. Elle s'étonna aussi de ce que ni Berthe, ni la nourrice ne lui avaient parlé d'Aude. — Ces réflexions travaillèrent la bonne comtesse toute la nuit.

Peu à peu, le souvenir d'Aude lui revint ; — elle lui apparut en quelque sorte. Il lui sembla voir cette jeune fille devant elle. — Celle-là avait les cheveux moins blonds, la figure moins fine, les mains plus fortes, la voix moins veloutée que sa chère Berthe.

Une sorte de délire, comme un cauchemar violent, pesa sur la poitrine de la comtesse.

Mais celle que j'ai tant embrassée, dit-elle, — ressemble plus à Aude qu'à ma fille. — Si c'était ma Berthe que les brigands eussent enlevée? Et si la nourrice avait mis sa fille à la place de mon enfant, — pour m'épargner la douleur d'apprendre sa perte, — pour m'empêcher de descendre au tombeau avec désespoir!....

Une confusion de mille idées incohérentes se heurta dans la tête malade de la comtesse de Laon.

Tout à coup, elle s'avise; — elle se lève; — elle veut s'éclairer; elle a un moyen sûr de reconnaître son sang : — Berthe a un pied plus grand que l'autre!....

Le jour commençait à poindre. La comtesse de Laon se rend à la chambre de la Princesse, qui était éveillée, mais qui feignit de nouveau le sommeil. Sans remarquer la nourrice qui, couchée dans un autre coin, se lève inquiète sur son séant, elle court au lit de sa fille, — le découvre par en bas, — ardente, muette, palpitante, — saisit les pieds de la fausse Berthe, les mesure, les trouve égaux, s'enfuit en criant : — Ce n'est pas ma fille! — et va tomber évanouie dans le sombre corridor.

— Tout est perdu, cette fois! — C'est le seul mot que murmura Aude en se levant brusquement et se hâtant de quitter sa chambre, malgré les supplications de la nourrice.

Mais les cris de la comtesse de Laon avaient été entendus. Charibert, Peppin, Carloman accoururent. Toute la cour fut bientôt debout. La pauvre mère ne reprenait pas ses sens. On lui prodiguait en vain les soins les plus empressés. Ce ne fut qu'au bout de deux heures qu'elle rouvrit les yeux. Elle raconta, en fondant en larmes, sa cruelle découverte. Aussitôt Peppin, Charibert et tous leurs officiers se rendirent à la chambre de la fausse Berthe. — Le lit de la princesse était vide. On la chercha dans tout le palais; elle n'y était plus. — On arrêta la nourrice, qui s'enfuyait par les jardins. On eut des inquiétudes sur l'épouse qui avait usurpé le lit de Peppin. On craignit un instant qu'elle ne se fût jetée dans la Meuse. L'horreur augmenta, lorsqu'on s'aperçut qu'elle avait emporté son fils, le petit Léon. — On fut plus rassuré, en apprenant qu'avec elle avaient disparu sa cassette de bijoux, son riche poignard oriental et le cheval arabe que Charles-Martel lui avait donné.

La matinée se passa dans ces investigations et ces troubles. La nourrice fut mise à la torture. Elle avoua toute la série de crimes qui avait élevé sa fille au rang de princesse. Rien ne peut exprimer le désespoir de la comtesse de Laon et la fureur de Charibert, qui demandait le sang de cette méchante femme. Peppin ne voulut pas que la mère de celle qui avait été sa femme subît une mort infamante. Il la condamna à une prison perpétuelle. — Mais la nourrice se pendit dans son cachot, une heure après qu'elle y fut entrée.

IX.

Pendant que la comtesse de Laon se livrait à des larmes d'angoisses qui semblaient ne plus devoir se tarir, et que Charibert exhalait en rudes sanglots sa douleur de vieux guerrier, la pensée de la jeune fille du moulin vint jeter dans le cœur de Peppin-le-Bref une lueur d'espérance, qui le transporta. Il y avait tant de mystère dans cette jeune fille ; — elle possédait l'anneau qu'il avait envoyé à sa fiancée. — Peut-être savait-elle quelque chose et consentirait-elle à parler dans de si graves circonstances ; peut-être même Berthe, échappée aux assassins.... Il n'osait achever le cours de son pressentiment.

Laissant la pauvre comtesse aux soins de Carloman et du bon évêque d'Auxerre venu avec lui, il emmena insensiblement Charibert, en lui prodiguant des paroles consolantes. Il le conduisit jusqu'au moulin de Jupille. Berthe, comme il s'avançait, se trouvait assise à la porte. — Du plus loin qu'il aperçut la jeune fille, Charibert éprouva une sensation extraordinaire. — Il se frottait les yeux ; — il croyait rêver à son tour.... — Berthe fut plus sûre de son regard ; elle s'élança et se jeta au cou du vieux brave, en s'écriant : — Mon père !....

Une larme de bonheur roula dans l'œil de Peppin. Son cœur palpita avec une violence extrême. En se retournant pour cacher son agitation, il trouva derrière lui son astrologue qui, — lui prenant le bras, — répétait de son ton grave : — Destinée à quelque chose de grand!...

Peppin, ravi de retrouver sa véritable épouse dans celle qu'il aimait et qui en était si digne, rassuré pleinement par un sourire de Berthe, — la fit monter sur son cheval, avec ses habits de villageoise, et, tenant lui-même par la bride le noble palefroi, la conduisit à Herstal.

Elle marchait à côté de son heureux père, qui, en cheminant, ne pouvait détacher ses yeux d'elle.

Des coureurs furent envoyés en avant pour prévenir la malheureuse mère. De l'excès de la douleur, le passage à une si grande joie fit craindre un moment pour sa vie. Mais il y a de la force dans un cœur maternel.

On ne dépeindra pas le bonheur de la mère et de la fille. Des fêtes pompeuses allaient être ordonnées par Peppin, qui partageait leurs transports. Mais pour la pieuse Berthe, après les vives effusions de l'amour filial, après les heureuses larmes de la tendresse et de la joie, — il survint tout à coup, dans l'ardent empressement de Peppin, une nouvelle inquiétude pénible. — Celui qu'elle aimait, de qui elle était la fiancée, et que le devoir inflexible l'avait contrainte à repousser jusqu'alors, — se présentait en ce moment comme un époux. — Hélas! Sire, dit-elle, éclairée subitement par une réflexion douloureuse, des nœuds que rien ne peut rompre, car l'église les a bénis, nous séparent encore; — Aude est votre épouse.

Tous les cœurs se glacèrent à ces mots. On savait Berthe trop religieuse pour transiger avec sa conscience. Le vieux moine, dans le sein de qui elle avait déposé ses scrupules et ses craintes, arriva alors au palais de Herstal, attiré par le bruit de l'événement. Il confirma ce que Berthe avait dit.

— Mais, interrompit en se levant l'évêque d'Auxerre, il y a pourtant une chance; — sans attendre la mort attestée de la fugitive, — de qui peut-être vous n'aurez jamais de nouvelles. Selon les lois des Francs, que respecte et que suit en ce point la discipline canonique, — le premier mariage du prince Peppin est nul, si Aude, comme il est probable, était serve et si elle n'a pas été affranchie. De plus, il y a eu erreur dans la personne...

Des acclamations d'allégresse s'échappèrent de toutes les poitrines pour accueillir ce trait de lumière.

Berthe se rappela alors qu'en effet, à la demande de son père, l'affranchissement d'Aude avait été remis au jour du mariage, qui n'avait pas eu lieu pour elle. Aussitôt elle tendit la main à Peppin, bénissant cette circonstance qui sauvait son bonheur.

Les noces de Peppin et de Berthe se célébrèrent

avec une pompe extraordinaire, et les fêtes en furent prolongées durant tout un mois.

Berthe se montra sous la couronne aussi noble, aussi digne et en même temps aussi affable et aussi bonne qu'on l'avait vue chez le meunier. Elle fit apporter du moulin son rouet et sa quenouille, — déclarant qu'elle voulait filer elle-même le lin des chemises de son époux, et disant qu'une femme doit, jusque sur le trône, donner l'exemple du travail, qui est aussi une vertu, puisque la religion en a fait un devoir.

Les peuples n'ont pas oublié cette parole de la bonne princesse; et lorsqu'on rappelle ces vieilles vertus de famille, qui deviennent rares, on dit encore qu'elles brillaient surtout — au temps où la reine Berthe filait.

Le meunier et sa femme furent comblés de biens. Les deux filles du meunier furent richement mariées et demeurèrent les amies de la princesse qu'elles avaient traitée comme une sœur.

Jupille devint la résidence favorite de Berthe, que sa mère ne voulut plus quitter. Charibert abandonna aussi son comté de Laon pour rester auprès de son gendre. Dans cette grande année 742, Berthe accoucha d'un fils. Ce fils — un jour — s'appellera Charlemagne.

Quatre ans après le mariage de Berthe, Carloman, — dégoûté du monde, — laissa à son frère Peppin ses états, et Peppin devint unique souverain de toutes les contrées occupées par les Francs. En 752, — il fut proclamé et couronné roi; — en 754, le pape Étienne III, venu dans le pays des Francs, sacra le roi Peppin-le-Bref et la reine Berthe au Grand Pied.

Pendant ce temps-là, Carloman avait pris l'habit religieux au Mont-Cassin près de Rome. Aude, qui s'était réfugiée aussi en Italie, sachant sa retraite, lui envoya son fils Léon, et s'en alla finir ses jours dans la pénitence au fond d'un monastère.

Léon fut élevé saintement et ne sut jamais son origine. Devenu pape, sous le nom de Léon III, dit la chronique, ce fut lui qui, en l'an 800, couronna dans Rome Charlemagne empereur.

Et c'est sans doute à Charlemagne que l'astrologue faisait allusion, lorsqu'il disait de Berthe :

— Destinée à quelque chose de grand !

FIN.

TABLE.

1ᵉʳ COMMANDEMENT. — Le chanoine de Liége. . . . . Pages.	1
Une Scène des Gueux.	29
Les Guides du Missionnaire.	42
L'atelier des frères Van Eyck.	51
2ᵉ COMMANDEMENT. — La Tour des Rats.	66
Le Joueur de flûte.	72
3ᵉ COMMANDEMENT. — Fridolin, le jeune page du roi de Portugal.	76
Gérard-le-Diable.	82
4ᵉ COMMANDEMENT. — Adolphe d'Egmond.	94
Le Poète exilé.	102
Le Mort couronné.	119
Le Chevalier du Cygne.	126
5ᵉ COMMANDEMENT. — La dernière parole du Moine. . . .	133
La rue d'Un-à-Un.	147
Les Artistes conspirateurs.	160
6ᵉ COMMANDEMENT. — La Justice de Charles-le-Téméraire. . .	169
Les deux Femmes d'Othon III.	178
7ᵉ COMMANDEMENT. — La Croix de Saint-Jean.	184
Un Vol de nuit.	219
Les Confrères de Saint-Yves	226
8ᵉ COMMANDEMENT. — Le démon d'Alost.	234
La légende de Geneviève de Brabant.	242
9ᵉ COMMANDEMENT. — L'Étang du nid de chien.	261
L'Épreuve du cercueil.	267
10ᵉ COMMANDEMENT. — La légende du Watergrave.	275
Le Ménétrier d'Echternach.	293
ÉCOLLECTION. — La reine Berthe au Grand Pied.	308

www.ingramcontent.com/pod-product-compliance
Lightning Source LLC
Chambersburg PA
CBHW050540170426
43201CB00011B/1505